浙江省高校重大人文社科攻关计划项目"高职院校治理体系与治理能力现代化研究"（2021GH048）研究成果

"高等职业教育高质量发展研究"丛书

走向现代化

高等职业院校内部治理研究与实践

王靖高 等著

ZHEJIANG UNIVERSITY PRESS
浙江大学出版社

图书在版编目（CIP）数据

走向现代化:高等职业院校内部治理研究与实践 /
王靖高等著. —杭州：浙江大学出版社，2022.3
（高等职业教育高质量发展研究丛书）
ISBN 978-7-308-22386-7

Ⅰ.①走… Ⅱ.①王… Ⅲ.①高等职业教育—学校管
理—研究—中国 Ⅳ.①G718.5

中国版本图书馆 CIP 数据核字(2022)第 037958 号

走向现代化:高等职业院校内部治理研究与实践
王靖高　等著

责任编辑	蔡圆圆	
责任校对	许艺涛	
封面设计	周　灵	
出版发行	浙江大学出版社	
	（杭州市天目山路 148 号　邮政编码 310007）	
	（网址：http://www.zjupress.com）	
排　　版	杭州青翊图文设计有限公司	
印　　刷	杭州钱江彩色印务有限公司	
开　　本	710mm×1000mm　1/16	
印　　张	18.25	
字　　数	328 千	
版 印 次	2022 年 3 月第 1 版　2022 年 3 月第 1 次印刷	
书　　号	ISBN 978-7-308-22386-7	
定　　价	68.00 元	

序 言

党的十八届三中全会首次提出"推进国家治理体系和治理能力现代化"这个重大命题,并把"完善和发展中国特色社会主义制度,推进国家治理体系和治理能力现代化"确定为全面深化改革的总目标,从而大大加快了制度建设和治理能力建设的步伐。党的十九届四中全会从政治上、全局上、战略上全面总结党领导人民在我国国家制度建设和国家治理方面取得的成就、积累的经验、形成的原则,凝练概括了我国国家制度和国家治理体系所具有的显著优势,全面回答了在我国国家制度和国家治理体系上应该"坚持和巩固什么、完善和发展什么"这个重大政治问题,明确了新时代坚持和完善中国特色社会主义制度、推进国家治理体系和治理能力现代化的总体要求、总体目标和重点任务。党中央关于"推进国家治理体系和治理能力现代化"的战略决策对于高职院校推进治理体系和治理能力现代化具有重要指导意义。高职院校治理体系和治理能力现代化建设是国家治理体系和治理能力现代化的重要组成部分,也是高素质技术技能人才培养的关键所在。

温州职业技术学院党委坚决执行党中央的战略决策,坚持质量治理理念,以制度为先导,以机制为动力,以效能为核心,在全校范围内全力推进治理体系和治理能力现代化建设;在职能部门、二级学院、部分研究机构的通力协作下,历经五年的艰辛探索,累计完成 500 余个规范性文件废、改、立工作,构建制度体系的"四梁八柱",以"温职之制"开辟"温职之治",赋能高素质技术技能人才培养,并初步形成了具有校本特色的高职院校治理体系:以学校为主体,以制度建设为核心,以促进要素整合为途径,完善人才培养的循环式内部治理体系;以政校行企为主体,以利益共享为纽带,推进要素互动,构建人才培养的开放性治理体系;通过主体协作、要素融合、关系协调,形成内部运转高效、外部关系顺畅、内外部有效衔接的治理新格局，赋能高职院校人才培养。

本书总体分为上下两篇，上篇为治理理念与治理结构，下篇为治理机制与治理路径。上篇包括三章：第一章阐释治理理念与原则、治理体系架构、治理机制构建、治理能力提升、治理文化打造等；第二章从善治、自治、共治、质治等方面阐释治理目标与框架；第三章阐释治理战略与规划的几个重要领域。下篇包括八章，分别阐述专业建设治理体系、科技研发治理体系、人才队伍治理体系、产教融合治理体系、学生育人治理体系、国际合作办学治理体系、信息化建设治理体系、招生—培养—就业联动体系等领域的理论与实践。

本书集中体现了以下几个方面的治理特色：

一、注重质量治理引领，构建具有校本特色的高职院校治理体系

将质量治理作为推动学校高质量发展和人才培养的重要手段，实现高职院校治理自主性与对外部环境的开放性之间有效平衡，形成内外有效衔接、相互促进、高效运转的高职院校治理体系，从治理变革到治理建设，从治理目标转向治理效能，探索出一条适合我国高职院校发展的、内外部治理关系结构调整的新路径。

二、构建新型政校关系，形成高职院校服务县域发展新机制

我国高校治理的逻辑逐步从权力本位向权利本位转变，政府权力、学术力量和市场三种力量的分布和占比在不同区域差异明显。学校形成毕业生服务县域发展新机制，以面向当地招生和留当地就业毕业生数量为主要指标，协同校地关键利益诉求，构建新型政校关系，有效激发县级政府支持高素质技术技能人才培养的动能，进一步调整和平衡政府、高校与社会间的关系，是"扎根区域办大学"的生动实践。

三、融合人才培养要素，建立企业综合服务平台运营新制度

作为全国首家运营企业综合服务平台的高职院校，构建了合作与运营新制度。一方面，通过产教数据互动互通、共建共享，系统打造温台产教融合数据平台，为企业开展"一体化、一站式"服务；另一方面，汇聚政府部门、职业教育机构、行业企业，形成政校行企四方资源，为职教产教融合提供专业建设、课程设置、教育培训、人才实习、就业智能撮合等要素支撑。

是为序。

2021 年 10 月

目 录

上篇 治理理念与治理结构

下篇　治理机制与治理路径

上　篇
治理理念与治理结构

第一章　治理理念与思路

第一节　何为"治理"

党的十九届四中全会将"坚持和完善中国特色社会主义制度、推进国家治理体系和治理能力现代化"列为全党的一项重大战略任务。全面深化改革,最终目的是要推进国家治理体系和治理能力现代化。以前我们一直提的是"管理",为什么要将管理上升为治理? 这里蕴含着两层含义。

一、管理与治理有什么不同?

第一,主体不同。管理主体是一元的,治理主体是多元的。管理是以政府为主导的,政府处于权力、资源和决策的中心,大学作为政府管理部门的下属机构,只是教育治理的参与者、配合者,表现出对政府管理部门的高度依附性。而治理,从外部关系上说,政府、行业、企业、学校是最核心的治理主体,表现为政府主导、行业引导、学校主体和企业参与,政校行企四方联动。从内部关系上说,就是党委领导、校长负责、教授治学、民主监督、社会参与。因此,不论是内外,学校治理都是多元主体共同参与的。

第二,方法不同。管理是简单命令式、完全行政化的管控,是自上而下的刚性模式,往往是靠个人的魅力、威望、能力来行使的。治理是靠制度、机制来运行和保障的,主要是采用宏观管理、规则引导和利益激励,是包含自上而下、自下而上及横向流动的多向复合型模式，体现法治和契约精神，它的精髓就是不因领导人的改变而改变，不因领导人的看法和注意力的改变而改变。

第三，效果不同。管理是单向的、强制的、刚性的，因而它的效果可能受执政者的能力影响，其有效性常常难以保证，还会伴随着风险，甚至可能会出现历史性的悲剧。而治理是依法治理，是一套系统化的制度体系，能够把权力关进制度的笼子里，从而起到调节社会关系、维护社会稳定的作用，保障社会的健康和正常运行。

二、为什么要将管理上升为治理？

第一，善治的需要。常言道"良法善治"。"善治"是治理的最高境界和理想状态，它必须以全体人民的利益为出发点和着眼点，目的是实现公共利益的最大化。善治是经济社会发展的必然要求。从经济发展的角度来看，当今正处于产业变革、云物大智的时代，治理也要跟上时代的变化，充分依托并深度应用现代科技，全面推进智慧治理，开创善治新时代。从社会发展的角度来看，文明、民主、自由、法治是人类共同的价值追求，善治必须建立在这些价值理念的基础上，只有法治才能保证善治。

第二，法治的需要。法治是国家治理体系和治理能力的重要依托，党的十八届四中全会审议通过《中共中央关于全面推进依法治国若干重大问题的决定》，有力推动法律规范体系、法治实施体系、法制监督体系、法治保障体系和党内法规体系建设相互促进、共同发展，为制度发展注入新的活力。高校依法治校是依法治国基本方略的必然要求，也是依法治国在高校治理中的具体体现。学校要建立一套以章程为核心的制度体系，将学校的一切活动都纳入法制轨道，完善内部治理结构，确保教育教学活动的正常运行。

第三，共治的需要。从职业教育发展的需求来说，产教融合、校企合作是职业教育的方向，也是职业教育的生命线。职业教育要实现人才链、教育链、创新链与产业链四链融通，必须要共建、共治、共享。从职业教育校内的顶层设计来说，"党委领导、校长负责、教授治学、民主监督、社会参与"也是一种共治。因此，职业教育的发展需要形成多元共治、合作多赢、跨界互补的治理结构。

第四，自治的需要。国家深化"放管服"改革和"最多跑一次"改革，推进"管办评"分离，就是为了扩大学校的办学自主权。当前，政府依法管理、学校依法自主办学、社会各界依法参与和监督评价的教育治理体系已经基本形成。除了对人财物等部分资源政府需要宏观调控外，大学到底要怎么办主要还是学校说了算。高校作为独立的法人主体，落实办学自主权，推进高校自治，是建设现代大学制度、提高办学水平和质量的重要内容。

第五，智治的需要。近年来，以 5G、人工智能、云计算、物联网、大数据、区块链为代表的新智能技术迅猛发展，信息技术与教育教学的融合不断加深，办学治校也将高度依赖大数据可视化技术。信息化是高校治理现代化的必经之路，推进高校治理体系建设，必须要加强"互联网＋治理"，实现数据共享，推进教育治理数字化转型，构建决策科学、执行顺畅、监督有力的智慧治理格局，开创高校治理现代化新局面。

第二节　高职院校治理体系建设的原则

高职院校刚开始办学的时候主要是复制了普通高校的办学模式。1999 年一大批中专合并组建高职院校的时候，从本科院校调了一批人来担任院长，就是为了把普通高校的经验做法带到高职院校，所以高职院校建校之初就是仿效、移植普通高校教育形态和管理体系，实现了办学升格、管理升级。而现在，《国家职业教育改革实施方案》（简称"职教 20 条"）已经明确指出，"职业教育与普通教育是两种不同教育类型，具有同等重要地位"。高职教育不但讲求高教性，还讲求区域性、职教性，而区域性、职教性的不同使得高职教育的治理框架必然要不同于普通院校的治理框架。因此，如何构建体现职业教育类型特色，同时区别于一般普通高校的治理体系，是需要深入探讨的问题。高职院校治理体系的建设需要遵循以下七条原则。

一、坚持党的全面领导原则

习近平总书记指出，加强党对教育工作的全面领导，是办好教育的根本保证。党的全面领导在时空上是全覆盖的，在内容上是全方位的，在程序上是全过程的，这是中国大学治理体系的特色。因此，要把坚持党的全面领导贯穿办学治校全过程，切实落实到治理体系建设中，确保学校各项事业沿着正确的政治方向发展。

二、坚持社会主义办学方向原则

在西方大学中，大部分运营学校的资金来源不是政府，而是学费和捐款，它们根据自身财力状态对教职工实行聘任制。而我国在大学治理体系现代化过程中，特别强调政府的主导作用，因而主要还是以财政拨款为主，由编办核定教师编制，这与我国的政治制度和经济发展水平有关，也与我国的国家治理传统有关。因此，构建中国特色高职教育治理体系，必须坚持马克思主义的指导地位，坚持中国特色社会主义教育发展道路，坚持社会主义办学方向，扎根中国大地办职教。

三、民主法治原则

民主：提倡"民主监督"，通过加强教代会、学代会、工青妇群团组织建设，建立校领导联系基层、联系学生制度等，畅通广大师生参与学校民主管理和监督的渠道。法治：依法治校、依法治理就是要坚持现代大学制度，充分发挥学校章程的引领保障作用，完善以章程为核心的制度体系建设，形成一整套学校管理与办学活动的基本规范，使学校各项工作有据可依、有章可循。

四、整体系统原则

实现"治理体系的现代化"是一个制度化、系统化的改革目标。围绕这一目标，形成顶层设计、中层运行、基层管理的治理体系。对于教学、科研、产教融合、国际化、信息化、师资队伍等建设来说，都应该形成每个子系统各自的治理体系。

五、价值引领原则

完善治理体系,推进治理能力现代化是"双高校"建设的重要组成部分,也是高校发展的必要保障。高校的本质特征和治理的系统性、复杂性和协同性决定了高校治理既要从制度化路径保障多元利益主体参与高职院校公共事务决策的权利,还应通过非制度化路径强化制度德性和治理文化的培育,形成学术自由、民主公平、技能创新、理性法治的校园氛围,促进高校治理从制度规范到价值引领的优化升级。

六、类型特色原则

职业教育作为一种教育类型,既要借鉴共性的普通教育的制度设计,更要进行辩证的兼容并蓄的制度创新。借用姜大源的话说,"其一,从封闭向开放,要完善职业教育与培训体系,实现横向多类型、纵向多机会的教育;其二,以类型定层次,要健全普职等值而非同类的国家职业教育制度,实现同层次不同类型的教育;三是进行职业需求导向的专业建设、课程开发和教学实施,实现从知识存储转向知识应用的教育"[①]。

七、赋能高效原则

治理体系建设的目的就是把制度优势转化为治理的效能,就是高赋能、强贡献,在制度的轨道上推动职业教育事业更好地发展。教育部职业教育与成人教育司司长陈子季到湖南高职"双高校"考察办学情况时就指出,职业院校治理从"经验办学"到"科学化办学",将成为一种必然发展趋势。要通过大改革促进大发展,建立纵向贯通的职业学校体系,健全横向融通的政策制度保障,整体实现职业教育"增值",同时也为接受职业教育的学生"赋能"。

---

① 姜大源.跨界、整合和重构:职业教育作为类型教育的三大特征——学习《国家职业教育改革实施方案》的体会[J].中国职业技术教育,2019(7):12.

以上七条原则中,前两条原则是我国治理体系不同于西方治理体系的独到之处,第三条、第四条和第五条是治理体系建设的共性之处,第六条和第七条是职业教育治理体系的特色。

第三节　高职教育治理体系的构架

基于这七条原则,以温州职业技术学院为例,构建高职院校的治理体系。

首先,在顶层布局上,完善以章程为核心的制度体系建设,对外实行"管办评"分离,政府管教育、学校办教育、社会评教育;对内实行"党委领导、校长负责、教授治学、民主管理"。对内,完善决策管理机制,坚持和完善党委领导下的校长负责制,修订完善各项决策议事制度及程序,坚持科学决策、民主决策、依法决策;优化学术管理体制机制,保障教授治学,发挥专业建设委员会和教材选用委员会等各类专门委员会对学校相关工作的决策、审议和咨询等作用;创新民主管理机制,加强教代会、学代会、群团组织等建设,畅通师生参与学校管理、审议重大问题的渠道,鼓励支持党外人士为学校改革发展建言献策,形成学校自主管理、自我约束的体制机制。对外,完善社会参与机制,推进"三会二联盟一集团"建设,通过理事会、咨询会、校友会、基金会等吸收各办学相关方参与学校的建设、发展、管理和监督,发挥全国高等职业院校应用技术服务联盟、中国—柬埔寨职教联盟、浙南职教集团的牵头优势,拓宽社会参与和支持学校办学的方式与途径,与政校行企联办校区或平台基地,实现政校行企共治共建共治共享。

其次,在中层架构上,对外探索本科层次职业教育试点、实体化职教集团、中高职一体化、产教融合机制、混合所有制、股份制、现代学徒制等体制机制;对内根据学校业务与"双高校"建设任务,可分为行政组织体系和业务系统体系。在行政组织体系中,学校按照大部制、扁平化理念,通过院系整合等重构内设机构,推动二级管理,推进"以群建院、以系办院";全面梳理岗位职责,完善工作流程和标准,推进"以质兴院";发挥绩效杠杆导向作用,围绕任务清单开展目标考核,推进"以标评院"。在业务系统体系中,围绕"双高"任务中的专业建设、产教融合、科技研发、人才队伍、国际合作、学生管理、信息化建设等建构各子系统,完善专业群建设机制、专业动态调整机制、招生—培养—就业联动改革、"双师型"教师队伍建设机制、办学质量评价机制等，推动各项任务落实落地。依照这样的治理视域与思路，可以反观学校的"双高校"建设，"双高校"建设主要任务中的专业建设、产教融合、科技研发、人才队伍、国际合作、学生管理、信息化建设等各个方面，都可以通过在顶层设计上树立各子系统的治理理念，中层上建立一套运行、评价、激励和约束的机制，基层上通过具体的项目、抓手、要素的实施，建立一套富有执行力的操作系统，形成各个子系统的运行体系，推动各项任务落实落地。

一是构建产教融合体系。顶层层面，树立教育链、人才链与产业链、创新链有机衔接的理念，践行"产教融合、校企合作、工学结合、知行合一"的四合一办学路子。中层层面，建立政校行企四方联动机制和以产业需求和人才培养为指引，"教师、专业、系（院）、学校""四位一体"联动运行机制。制定《关于深化产教融合实施方案》，成立产教融合工作领导小组，各职能部门、二级学院协同配合，齐抓共管。建立《产教融合工作绩效考核办法》的评价机制，强化事中监督管理和事后评估验收，及时通报反馈。建立《产教融合项目资助管理办法》的激励机制，以项目化推动产教融合工作，优秀项目在项目规划、场地安排、教师引进、设备采购等方面实施差异性的策略。建立《进校企业管理暂行规定》的约束机制，以绩效为依据实施项目动态调整。基层层面，以产业学院为载体，探索混合所有制办学模式；以"产学研创用"为路径，推进高素质技术技能人才培养；以温州市企业综合服务平台为依托，打造产教融合"职教数字大脑"。通过产教融合、政校行企四方联动，实现"四个转变"，即校企之间，实现从小到大、从少到多，从松散型到紧密型再到校企命运共同体的转变；校地之间，从点（与单个企业合作），向块（与乡镇政府合作），向网（与行业协会合作），最后向城（围绕温州大都市区建设，嵌入产业集聚区，服务温州块状经济的"东西南北中"办学布局）的转变；校校之间，实现从普职融通到中高职衔接再到中本一体化的转变；校内，实现从传统教室（面壁）到教学工厂（捣墙）再到产学训研创用一体化综合体（破壁）的转变。

二是构建专业建设体系。顶层层面，基于以群建院的理念，根据产业链、岗位群建设专业链。中层层面，实行招生—就业—培养联动改革，建立契合区域产业需求导向的专业动态调整运行机制；以内部的《专业建设诊改办法》为抓手，实现校内专业及时自我诊断与评估，通过外部的高职高专院校教学工作及业绩考核对专业建设的质量进行全方位的评价；依托《教学建设与研究成果计分及奖励办法》，对各级各类标志性成果进行高额奖励，对综合工作业绩优秀的专业在资金上予以重点扶持、重点倾斜；依据《专业建设工作业绩考核及专业动态调整办法》，工作业绩不合格的专业要停招、兼并或者转型。基层层面，全力推进"教师、教法、教材"三教改革，切实推广改革成果，有效提升人才培养质量。

三是构建科技研发体系。顶层层面，基于立地式研发的理念，着力打造"科技研发—创新创业—成果转化"相融合，集"技术开发—应用研究—决策咨询—技术服务—人才培养—创新创业"于一体的"全链式"技术技能创新服务平台，解决生产一线急需的关键技术难题和技术应用最后一公里的问题。中层层面，实行以"亩产论英雄"、腾笼换鸟为导向的平台建设产出效益考核制度，建立契合区域产业需求、产出高效导向的平台动态调整机制，对技术技能创新服务平台建设进行全方位评价，对产出业绩优秀的平台负责人津贴上浮、科研设备优先购置、研发场地优先安排、科研团队优先推荐，对评价结果不合格的平台，予以撤销，并收回结余的办公经费。基层层面，全力推进"平台、团队、项目、转化"改革，切实推广改革成果，有效提升平台科技创新能力和科技服务水平。

四是构建人才队伍体系。顶层层面，基于"精准引才、精心育才、精确用才"的师资队伍建设原则，打造"引育用留"全生命周期的人事制度体系。中层层面，建立以双高专业群师资队伍建设为核心的二级管理机制，以业绩贡献和能力水平为导向，完善年度考核、聘期考核、专业考核和部门考核制度，构建"四位一体"的绩效评价体系。制定向"高精尖缺"人才倾斜的职称评聘办法，实行专业群高层次人才聘任制和年薪制，完善基于绩效、向高水平专业群倾斜和重点工作激励的薪酬分配制度，为高端人才提供激励。强化师德考核，凡不合格者实行"一票否决"，完善高职低聘、低职高聘制度，推进教职工能上能下、非升即走的约束机制。基层层面，以平台—项目—团队为建设思路，以职业能力提升、研发能力提升、行业影响力提升等三类项目为载体，实行师资分类培养模式。

五是构建国际合作体系。顶层层面，基于"与国际接轨"的办学理念，坚持"引进来"与"走出去"，引进中外合作办学项目或机构，创建海外职教共同体。中层层面，以《中外合作办学项目管理办法》《国际学生招收和培养管理办法》为抓手，深化国际交流与合作；以浙江省教育厅评估为依托，实现内部诊断、外部评估对中外合作办学项目进行全方位评价；实行考核指标分值设置重点倾斜、教师赴合作院校学习、国际学生奖学金制度等激励制度,依托系部考核评价机制对国际化办学不力的系部予以约束。基层层面,通过引进优质资源、培养来华留学生,服务"一带一路"建设,探索国际化办学新途径,输出中国职业教育标准,满足国家外交、地方建设和学校发展的需要。

六是构建"三全育人"体系。顶层层面,秉承德技并修的全育人理念,坚持德智体美劳五育并举,培育适应经济社会发展的新时代工匠人才。中层层面,全面实施"四养融通"尚德工程,构建以思想政治素质为根本,以身心健康素质为基础,以专业技能素质为核心,以职业发展素质为关键的大学生综合素质评价体系;形成以优秀学生奖学金、优秀毕业生等评选为基础,以"学习风尚奖"、"榜样温职·校园之星"、"十佳百优"学子、博雅学子等各类评优评先为补充的激励机制;将博雅行动实践学分纳入人才培养方案,规定学时与学分的约束机制。基层层面,通过深化"课程思政"教育教学改革,创新思政育人载体,提升学生政治修养;通过弘扬工匠精神,组织"万生入千企、百工进校园"等主题活动,提升学生的职业素养;开展劳动教育与实践,提升学生的生活涵养;深化体教融合,强化身心结合,提升学生的健康水平。

七是构建智慧治理体系。顶层层面,坚持信息技术与教育教学深度融合,打造互动学习无处不在、优质资源触手可及、信息数据实时共享、校务管理高效透明、生活服务便捷周到的智慧校园"一张网",推进教学信息化,为学校科学决策、实现高质量发展提供信息化支撑和保障。中层层面,依托智慧校园框架,自上向下构建学校教育信息化良性运行机制;对标《浙江省高校智慧校园建设评价指标体系(试行)》,以信息化项目绩效评估机制为驱动,建立学校智慧校园建设评价指标体系;建立部门与教职工个人激励机制,制定信息化应用激励政策,开展两年一轮的评估,对未达到预期实施效果或用户使用不满意的系统提出整改意见,要求相关部门形成整改方案,限期完成整改。基层层面,以完善网络基础设施、打造智慧教学环境、深耕数字化教学资源、规划并集成应用服务、建设大数据协同中心、深化"最多跑一次"改革六个方面建设为载体,推进学校信息化工作有效开展。

再次,在基层管理上,开展规范性文件清理、校园形态整理、人财物规范管理"三清三理"工作,实现基层"神经末梢"的治理。学校已经完成了规范性文件制度清理,编制了《温州职业技术学院制度汇编》,健全了制度体系的"四梁八柱"。以"亩均论英雄"为理念开展实训基地清理和研发机构场地清理工作,并在此基础上研究谋划打造集产学研创用为一体的校园综合体,围绕职业教育特色,构筑体现类型教育特色的高职教育新形态。构建向重点工作、重点专业和骨干人员倾斜的人财物动态管理体系,提升人才管理的匹配性、财务管理的针对性、资源管理的有效性。

一是在人才管理上,按照"精准引才、精心育才、精确用才"的原则,提高人才增量,实施政校行企联动引才聚才机制,重点加强专业领军人才的引进,侧重引进有企业实践经历的高技能人才;盘活人才存量,坚持引培并举、以培为重的原则,通过实施"名师梯队"培育工程、"双师双能"提升工程、"研发服务"激励工程等,完善师资分层分类培养体系,鼓励学生取得"1+X证书"的同时,鼓励教师成为"教师资格证书+多类职业技能等级证书"的持有者,加强"双师型"教师培养培训基地建设,规范教师挂职锻炼、下企业锻炼的管理,定期组织选派专业骨干教师赴国内外研修访学,分门别类地做好新进教师的传帮带,骨干教师、教学名师的培养,强化教师梯队建设,优化教师结构;把握人才变量,建立人力优质资源倾斜机制,深化部门考核、个人考核、职称评审、薪酬改革等多元化绩效评价体系,推进人力资源管理与学校改革发展的高匹配,释放人才活力。

二是财务管理上,实现财务业务化,推进计划与财务相结合,切实围绕学校工作重点来安排年度预算和专项预算,为学校发展提供财力保障;实现预算项目化,不断完善预算管理体制,围绕学校重点工作建立项目库编制预算,按照轻重缓急推进各项目建设工作,突出重点、有保有压、有所倾斜;实现管理精细化,建立健全项目编制的规范体系;实现预算绩效化,做到量入为出、增收节支。在增收上,一方面向政府积极申请经费支持,另一方面鼓励各部门通过社会服务、合作办学、产教融合为学校创收,建立二级单位创收机制,完善校院社会培训二级分配制度,激发二级单位社会服务能力。在节支上,通过规范性文件清理取消不合理的奖励,防止奖励与成果倒挂、投机奖励、重复奖励,完善以绩效为导向的差异化经费投入制度,推进绩效工资分配向重点工作、重点专业和骨干人员倾斜。实现财务信息化,针对师生需求,实现网上报销、网上查询、数据共享。

三是资源管理上,严把资产入口关、使用关和出口关,完善以重点工作、重点专业为核心的校内资源配置机制,推进资产管理改革,健全资产管理标准体系,健全动态、开放的资产共享共用平台,以学校资产经营公司强化社会服务功能,完善国有资产评价考核机制,提高闲置资产利用率,发挥资产功效。

以此类推,通过纵向的顶层、中层、基层,横向各个子系统的顶层、中层、基层建设,立体多维地构建高职院校的治理体系和治理结构。

第四节　高职教育治理机制的构建

制度,是治理之基,有效治理可以提升学校的办学质量,保障学校可持续发展。温州职业技术学院在学校治理体系建设的探索与实践中发现,制度化是实现学校"善治"的逻辑起点和坚强保障,要建立一套先进完善的制度体系,要形成制度优势并有效转化为治理效能,以"温职之制"开辟"温职之治",需要探索如何构建完备制度、形成运行机制、保证长治久安,如何将机制运行效能转化为提升治理能力,如何将治理能力提升为价值认同、打造治理文化,如何从治理文化与认同中输出治理标准,从而为高职治理体系和治理能力现代化提供"温职样板"。

学校治理,涉及多个领域、多个维度的制度安排。建立了各类制度,还需要不断在办学实践中健全完善,形成完备、规范的制度机制,从动态维度勾勒出高职院校治理的不同利益主体从封闭分散到整合协同的演进脉络,从而实现高职院校治理从制度建立走向机制运行。

温州职业技术学院对建校以来的500多个规范性文件制度进行了清理,科研、教学、人事等各个口子都立足自身条块建立健全了制度,搭建了学校制度体系的"四梁八柱",进一步完善了学校的制度化建设。同时,学校对接"双高校"发展任务,将专业建设、产教融合、科技研发、人才队伍、国际合作、学生管理、信息化建设等各个子系统,都从制度机理层面进行系统解剖,从理念—运行—评价—激励—约束形成"五位一体"环环相扣的闭环式治理机制,形成由多个相辅相成、相互促进的有机体组成的校本治理框架,从而进一步理顺学校的体制机制,通过制度的指引及其理性权威理顺内外部体制机制,形成大学章程统领下权力边界清晰、内部运转高效、外部关系顺畅的治理新格局。

在学校构建的"五位一体"治理机制中,一是要以理念为起点。理念是行动的原始驱动力,各体系构建之初首先要明确指导思想,建立起符合时代精神、符合区域经济社会发展实际、符合职教规律的现代化治理理念。二是要以运行为途径。运行模式要能实现系统内部各要素协同治理效用,反映各要素在协同关系中的基本样式及互动模式。良好的运行模式是治理体系运行顺畅的基础。三是要以评价为保障。评价机制是治理体系建设的中间环节,开展运行评价,有助于衡量职教改革成效,检验制度建设是否有利于学校的运转,并通过这些检验发现存在的问题,为进一步的改革决策提供问题导向。四是要以激励和约束为抓手。正向激励机制有助于激发各利益主体参与办学的活力,同时也需要制定负面约束机制以保障高职院校治理的顺利开展,两者为学校正常运转和顺利发展提供了持续不断的推动力,以制度化形式明确协同治理主体的角色定位和具体职责。"理念—运行—评价—激励—约束"形成了内部治理环环相扣的闭合链条,极大地促进了高职院校治理体系的有效运行。

第五节　高职教育治理能力的提升

高职院校治理的诸多要素结构之间是否有效运行是衡量高水平大学的重要标志。这一良好的治理运行机制通过获取、配置和整合各种有形资源和无形资源形成独特的行为模式,推动学校全面和谐发展,实现着高职院校治理能力有效施展的动态过程,使高职院校治理逐渐从"机制"走向"良治"。

高职院校治理能力是高职院校为达成其治理使命和提高其治理效率,运用系列方法和手段实现其治理体系高效运行的综合性能力,它包括专业建设、科技研发、产教融合、人才培养、队伍建设、国际化建设等各方面的能力,是制度执行能力的集中体现,是把制度优势转化为治理效能的基本依托。良好的高职院校运行机制能高效地运行高职院校治理体系,而高职院校治理体系的高效运行则直接展现出高职院校良好的治理能力。

学校构建出"五位一体"环环相扣的闭环式治理机制,目的就是为了形成高效的治理能力,制度才能得到切实执行,才能具体落实到学校治理中,才能使制度优势真正转化为治理效能。从学校整体能力的角度,对内可以激发活力,增强实力;对外可以扩大影响力,提高竞争力。从"双高校"建设任务的角度,以党建引领治理提升党委领导力,牢牢抓住党建引领这个根本,不断强化党组织的领导力、组织力、号召力,提升学校治理效能。以专业建设治理提升专业发展力,促进专业与产业对接,不断提高专业的社会适应能力和人才培养质量,促进专业可持续发展,培养高水平人才,服务高水平发展。以科技研发治理提升科技创新力,以技术技能积累为纽带,促进创新成果与核心技术产业化,提高平台所在专业群集聚度和配套供给服务能力,并反哺教学助推技术技能人才培养,服务区域发展和产业转型升级。以产教融合治理提升社会服务力,打造政校行企合作新生态,推动产教融合对人才培养、社会服务、科技创新与转化等领域全覆盖,探索校城融合发展、校地联动发展的新模式,深度融入地方创新发展网络,促进学校高质量服务区域经济社会发展。以人才培养治理提升学生竞争力,落实立德树人根本任务,坚持德智体美劳五育并举,培养具有更强使命、更宽视野、更高层次、更精技术和更全素质的"新时代工匠人才",为地方经济社会发展提供人才支撑。以师资队伍治理提升人才聚集力,坚持"精准引才、精心育才、精确用才",打造"引育用留"全生命周期的人事制度体系,为人才成长创设空间,培养更加德技兼修、更加追求卓越、更加关爱学生、更加担当有为的人才队伍。以国际化建设治理提升国际交流能力,坚持"引进来"与"走出去"并举,培养国际化的人才,成为国际事务的参与者、国际标准的建设者、国际资源的提供者和中国企业国际化的协同者。以信息化建设治理提升教育支持力,打造智慧职教新生态,推动学校在"互联网＋""智能＋"条件下构建教育教学新模式、发展教育服务新模式、探索教育治理新模式。

第六节　高职教育治理文化的打造

高校的本质特征和治理的系统性、多元性和复杂性决定了高校治理需要"形""魂"兼备,要使治理的建构和治理的认同双管齐下,以制度保障理念的实现,以价值引领制度的运转。当外在有形的制度内化为内在无形的认同时,制度就有了持久的活力,甚至会使制度优势自动转化为治理效能。学校开展治理体系建设就是为了营造高职院校的治理文化和价值观念,充分调动利益主体参与学校发展建设的能动性,使高职院校治理从"良治"走向"善治"。

"温职之治"意味着学校不仅要搭建治理制度体系的架构和形式,还要打造独有的治理文化。这一治理文化是由内部制度环境与外部政校行企共治环境相互作用所形成的价值定位与行为选择,并转化为师生员工对学校治理文化的认同感和归属感。因此,可以通过打造人本、技术、社会三元价值维度的治理文化，实现学校治理从制度规范到文化引领的优化升级，营造以人为本、民主法治、开放包容、技术创新的校园氛围。

第一，从人本位来说，构建以人为本的价值文化。职业教育面向所有人开放，提供比普通教育更多样化的类型教育，重视"让每个人都有人生出彩的机会"，把实现人的全面发展作为治理的根本目标，也就是说，高职是普惠型教育，本科是精英型教育，这是高职院校区别于传统学术型大学治理的重要特点。高职院校根据产业链、岗位群建设专业链，通过专业建设、"三全育人"体系提升学生竞争力，通过师资队伍治理提升人才聚集力，将学校的发展成果为师生共享，实现学生"人人成才"，教师"人人出彩"。第二，从社会本位来说，构建民主法治和开放包容的价值文化。职业教育以促进就业为导向，对经济发展、民生保障、脱贫攻坚、社会稳定都有不可替代的作用。相较于本科教育，高职是托底型教育，本科是共富型教育。实践证明，对一个人来说，掌握一门技术，就有了谋生的本领；对一个贫困家庭而言，拥有一份职业，就有了脱贫致富的希望；对一个国家而言，当大量劳动力拥有专业技能，经济发展就有了坚实的基础。一是高职院校要构建民主法治的价值文化。完备有力的制度体系和法治保障是推进学校治理的必备要素。在学校治理过程中，制度化建设促进了行为程序化、角色定位规范化、协商议事民主化，打破高校静态封闭的决策体系。通过构建以章程为核心的制度体系，各利益主体都可以通过治理平台将自身的合理诉求全面、完整、充分地表达呈现，实现多元利益主体的民主平等公平公正。二是高职院校要构建开放包容的价值文化。通过产教融合治理，构建了高效有序的政校行企四方联动机制，让高职院校治理体系成为合作共赢、凝心聚力的纽带，体现在治理中责任和担当的共存、利益和美德的交融，创建平等、理性、自由、宽容的共建共治共享氛围。通过国际化治理，借鉴和引进国际优质职教资源，输出中国职业教育标准，引领高职院校治理走向开放性与外向性。第三，从技术本位来说，构建技术创新的价值文化。技术价值的特点和体系是高职院校治理文化区别于传统学术型大学的根本所在，技术技能的创新与应用成为高职院校治理的根本指向。也就是说，高职是技术创新型的教育，本科是科学研究型教育。高职院校坚持立地式研发，通过科技研发治理和信息化建设治理，使改革创新的精神和工匠文化成为学校师生员工的价值追求。

本章小结

制度建设、机制运行、能力提升和文化打造四者是内在统一的整体,相辅相成,有机配合,有效衔接。有了完备的制度基础才能运行形成治理机制,进而提高治理能力,最后凝练出治理文化。可以说,制度建设是前提,机制运行是动力,治理能力是核心,治理文化是结果,四者之间良性运转,才能最终实现治理体系和治理能力的现代化。

"温职之治"以"制度—机制—良治—善治"为治理逻辑,通过纵向的顶层、中层、基层治理框架,横向各个子系统"五位一体"的治理机制,逐步地推进和完善,各维之间既互不干扰,又积极互动、相辅相成,在实践中不断检验、完善、固化,彰显出温职治理结构、机制与内在文化上的特点和优势,构建具有温职特色的治理机制、治理能力和治理文化,从而提升治理能级,服务学校"双高校"建设、职教改革试验区建设、"东西南北中"分布式办学,服务人才培养、科学研究、社会服务、文化传承创新、国际交流合作的重要使命,推进学校高质量、可持续发展。

总之,学校治理体系建设最终就是要彰显新职教类型特色,建设高水平职业院校,培养新时代工匠人才,服务高质量经济发展,真正实现制度优势向治理效能高效转化、自动转化、持续转化和全面转化。下一步,我们要持续探索、深度总结,完善以党建为核心、以多元共治为主体、以纵向的顶层布局—中层运行—基层管理为支撑、以横向的理念—运行—评价—激励—约束机制为基础的温职治理体系,深化治理机制、治理能力和治理文化的建设,打造全国高职院校可复制、可推广、可持续的"温职样板",输出高职院校治理的"温职经验",为高职治理体系和治理能力现代化提供"温职方案"和"中国标准"。

第二章 治理目标与框架

第一节 善治:治理高效化

一、坚持和完善党委领导下的校长负责制

推进高校治理体系与治理能力建设,关键是要贯彻落实好党委领导下的校长负责制。近年来,温州职业技术学院以习近平新时代中国特色社会主义思想为指导,全面贯彻党的教育方针,坚持和完善党委领导下的校长负责制,健全制度体系、完善治理结构、强化责任担当,牢固建立了党委统一领导、党政分工合作、协调运行的工作机制,为学校建设中国特色高水平高职学校提供坚强的政治保证。

(一)坚持和完善党委领导下的校长负责制之源:坚持"四性"

党委领导下的校长负责制是党对高校领导的根本制度,是高校坚持社会主义办学方向的重要保证,是中国特色现代大学制度的核心内容。坚持党委领导下的校长负责制,首先要坚持以"四性"为原则。

一是政治性原则。高校是党领导下的高校,是中国特色社会主义高校。这一根本性质决定高校必须全面贯彻党的教育方针,站稳政治立场,把好政治大局,落实政治要求。要牢牢掌握意识形态工作的领导权,巩固马克思主义在

意识形态领域的指导地位。要把思想政治工作作为学校各项工作的生命线，确保党的路线方针政策不折不扣得到贯彻执行。

二是方向性原则。办好中国特色高水平高职学校，必须走与中国独特的历史、文化和国情相适应的发展道路。习近平总书记指出，我国高等教育要"为人民服务、为中国共产党治国理政服务、为巩固和发展中国特色社会主义制度服务、为改革开放和现代化建设服务"①。这"四个服务"与党的宗旨、党的事业紧密联系，与我国意识形态和制度类型、现阶段发展实际深度契合，也是高职学校建设发展的根本方向。

三是发展性原则。高校党委负责学校改革发展稳定工作的顶层设计、总体布局、统筹协调、整体推进。校长是学校全部日常工作的主要承担者，是落实党委领导相关事宜的关键。党对高校的领导力直接关系高校发展成效，高校发展成效是党对高校领导力的外在显现。

四是育人性原则。高校立身之本在立德树人。人才培养是高校办学的核心点，对高校其他工作具有重要带动作用。高职学校必须把培养社会主义事业建设者和接班人作为根本任务，着力培养德才兼备、全面发展的工匠人才。

（二）坚持和完善党委领导下的校长负责制之导：构建"四种机制"

深化长效机制抓落实，明晰责任、完善制度，积极稳妥地建章立制，通过构建"四种机制"，更好地发挥制度效力，把党委领导下的校长负责制全面贯彻落实到位。

一是科学决策机制。凡是涉及学校改革发展稳定和民生的重大问题，特别是"三重一大"工作，学校党委要严格执行"集体领导、民主集中、个别酝酿、会议决定"的原则，防止个人或少数人专断。

二是民主议事机制。学校修订完善党委会和校长办公会议事规则，进一步明确议事范围、议事主体、议事程序以及议题的提出和确定、讨论的程序、表决的方式等，提升党委议事决策的民主化和科学化。在党委会、校长办公会中书记和校长坚持末位发言制。对于会议形成的集体决议，班子成员按照分工积极主动开展工作，防止议而不决、决而不行。

三是沟通谈心机制。坚持书记、校长定期沟通、重大事项事前沟通制度，

① 习近平.思政课是落实立德树人根本任务的关键课程[J].求是，2020(8).

每周一上午举行书记校长碰头会，书记和校长就学校本周和下一周的主要工作进行工作协调、沟通情况、酝酿协商、统一认识。党政领导班子经常性沟通和谈心谈话制度，领导班子成员按照分管的工作范围，各司其职，抓好落实，成员之间密切配合、团结协作、共同协商，为全面提高领导班子办学治校能力打下良好基础。

四是督办监督机制。加大督办工作力度，党院办加强会议决议的跟踪督办，对照学校党委和校长办公会议形成的会议纪要内容逐条予以落实，并将落实情况及时反馈相关学校领导班子成员。学校在积极接受上级党委领导和监督的同时，要注重党内监督，积极支持纪委充分履行监督职能，严格按议事规则、工作程序办事。严格执行党务、校务公开制度，进一步完善学校信息公开网站，坚持重大事项公示制度，自觉接受群众监督。对于重大改革措施、重要规章制度的出台，要广泛听取各方面意见，并定期召开各类座谈会，向离退休老同志、各民主党派成员和无党派代表人士通报情况，征求意见，发挥他们的参政议政和民主监督作用。

（三）坚持和完善党委领导下的校长负责制之路：探索"四为"

把坚持和完善党委领导下的校长负责制作为全面推进依法治校和推进治理机制和能力现代化的重点，以系统思维贯彻落实党委领导下的校长负责制，注重顶层规划、全面统筹实施，努力探索构建"党委领导、校长负责、教授治学、民主管理"的内部治理结构。

一是以大学章程为依据，推进依法办学治校。2016 年 2 月，《温州职业技术学院章程》通过教育厅核准。该章程颁布实施四年来，有效推进了学校依章办学、依法办学，对加快学校现代大学制度建设起到了重要作用。2020 年 6 月，学校在原章程的基础上，根据形势发展变化对其进行了修订，报教育厅核准后重新发布。《温州职业技术学院章程》把依法办学理念贯穿学校教育教学和管理服务的全过程，保证了党委领导下的校长负责制的高效运行。

二是以学术自由为核心，探索推行教授治学。学校完善学术委员会，明确学术委员会的权利和责任，规范各种学术机构的职责和权限，发挥专业建设委员会和教材选用委员会等各类专门委员会对学校相关工作的决策、审议和咨询等作用，推动学术权力合理有效运行。

三是以民主管理为基础，发挥师生主体作用。学校坚持和完善党代会制度、教代会制度、领导班子成员双重民主生活会制度,加强工会、共青团、妇联等群团组织建设,通过"书记有约""校长请你喝咖啡"及师生"金点子"征集网站等畅通师生参与学校管理、审议重大问题的渠道。

四是以发展实绩为导向,牢固确立党委的领导核心作用。学校切实贯彻落实党委领导下的校长负责制,党政同心同德、上下步调一致,学校事业快速发展,办学综合实力显著提升。学院从国家示范性高职院校到全国优质高职院校,从浙江省重点高职院校到全国"双高校",收获了职教荣誉大满贯;学校在全国高职院校的排名从第 97 名到第 74 名,从第 74 名到第 44 名,前进了 50 多名,成为全国进步最大的 20 所高职院校之一。2018 年学校还荣获了全国教学资源、育人成效、服务贡献等 3 个 50 强,学校社会声誉和示范影响力不断扩大。

(四)坚持和完善党委领导下的校长负责制之效:增加"四力"

认真贯彻落实党委领导下的校长负责制,始终坚持党委把方向、管全局、作决策、保落实,充分保障和发挥校长在教学、科研、行政管理中行使职权,通过增强"四力",使制度优势真正转化为治理效能,使学校领导班子贯彻执行能力和水平明显增强,办学治校能力显著提高。

一是政治统领力。学校党委坚持把政治建设摆在首位,把准政治方向,强化政治领导,提高政治能力,依照党章等规定履行各项职责,把政治建设、政治标准、政治功能、政治责任贯穿到各个方面,营造了良好的校园政治生态。认真落实全面从严治党要求,建立健全党委统一领导、党政分工合作、协调运行的工作机制,使党的政治建设与业务工作特别是中心工作紧密结合、相互促进。

二是思想引领力。学校坚持推动思政课改革创新,提升思政课教学的亲和力、吸引力、感染力,把思政课打造成铸魂育人的"金课"。重视发挥所有课程的育人功能,使专业课、社会实践课与思政课协同一致,相关做法得到了《人民日报》的专题报道。温州职业技术学院与浙江日报温州分社联合打造了《课程微思政》栏目,共录制了 30 期,节目点击率均超过 30 万次/期。做好大学生价值观引领工作,切实加强教师思想政治工作,着力打造既有理论水平又有实践经验的思想政治工作者队伍。

三是组织实施力。学校党委坚持发挥领导核心作用,以提升组织力为重点,健全基层组织,优化组织设置,实现教研室、科研平台、学生公寓、实训车间等党组织全覆盖。树立一切工作到支部的鲜明导向,推进支部党建特色品牌建设,充分发挥党组织在学校的领导核心和政治核心作用。

四是制度约束力。进一步完善党对高校领导的主导性制度,重点处理好三个关系:党委与行政的关系、党委书记和校长的关系、党委领导与党委书记发挥作用的关系,以此为前提细化党委会、校长办公会议事规则。在二级学院层面,完善院系党组织会议与党政联席会议制度,健全院系工作运行机制,推动工作落实。定期开展制度清理工作,做好废、改、立、释的工作,提高大学管理制度体系的现代化水平,保证党对高校领导各项制度的约束力。

二、构建"品牌党建"体系

党建品牌创建是新形势下加强和改进学校党建工作的有益实践,是激发基层党组织生机与活力的创新举措。近年来,学校坚持"围绕中心抓党建、抓好党建促发展"的理念,以党建品牌体系提升基层组织力,切实把党的建设政治优势转化为学校发展优势,为学校打造中国职业教育的"重要窗口"提供坚实政治保障。

(一)强化政治性,确保党建品牌创建的正确方向

学校坚持把党的政治建设摆在首位,在党建品牌建设中始终将政治建设贯穿全过程,坚持党的政治领导,夯实理论武装,营造风清气正的政治生态,确保党建品牌的创建方向不偏离。

一是坚持党的领导,提高政治站位。坚持以习近平新时代中国特色社会主义思想为指导,贯彻落实党的十九大精神和十九届历次全会精神,深刻领会贯彻习近平总书记重要讲话和重要指示批示精神,深入学习《习近平谈治国理政》(第二卷、第三卷),及时传达、学习上级重要会议、文件精神,围绕办学治校重点领域,校领导班子领衔整改重点项目18个,推进主题教育制度化长效化,引导师生树牢"四个意识"、坚定"四个自信"、坚决做到"两个维护"。坚持社会主义办学方向,落实立德树人根本任务,推动中央和省市委精神在学校落地生根。

二是坚持理论先行,提高政治能力。认真开展党内主题教育,落实《关于

推进"两学一做"学习教育常态化制度化的实施方案》,把"两学一做"学习教育融入日常、抓在经常,开展党内主题教育各类集中学习会 120 次,校级领导班子对 8 个专题进行研讨,下属院系领导班子共开展集中学习研讨 36 次。圆满完成"不忘初心、牢记使命"主题教育,推动主题教育常态化长效化,得到了省委巡回指导组的高度肯定。坚持校院两级理论中心组学习制度,各理论中心组每年集体学习研讨不少于 4 次。落实《关于进一步加强党内组织生活的若干意见》,按照"六制"和"六规范"的要求,开展党内组织生活。每月推出党支部重点学习工作任务参考清单,认真落实党支部"三会一课"和主题党日活动制度。落实学校《关于进一步加强教职工政治理论学习的意见》,深入学习《习近平总书记教育重要论述讲义》,保证教师每年参加集中学习时间不少于 40 学时。

三是坚持"严"字基调,防范政治风险。学校坚持把纪律和规矩挺在前面,落实《温州职业技术学院履行全面从严治党主体责任和监督责任实施办法(试行)》,大力推进"清廉校园"建设,出台《关于推进"清廉校园"建设的实施意见》,制定党员管理"十条红线",加强纪律教育。持续推进校内巡察内审全覆盖,运用监督执纪"四种形态",提升监督执纪水平,为学校高质量发展营造良好的政治生态。

(二)强化系统性,抓好党建品牌创建的顶层设计

学校全面贯彻落实中央和省委关于加强基层组织建设的一系列安排部署,按照"提素质、增活力、全覆盖、强服务"的总要求,凝练基层党建工作特色,顶层设计、系统谋划,培育一批"有内涵、有特色、有实效、有影响"的特色党建工作品牌,发挥示范效应,推进工作创新,激发基层活力,提升党建工作质量,为学校事业发展提供组织保证。

一是坚持围绕中心、服务大局。紧紧围绕学校中心工作,用品牌建设的理念、方法和机制提升党建工作水平,提升基层党组织推动发展、服务师生、凝聚人心、促进和谐的能力。

二是坚持突出特色,打造品牌。在总结党建工作成功经验做法的基础上,确定一批特色党建工作品牌建设项目,实行项目化运作、项目化支持、项目化管理、项目化建设。

三是坚持贴近实际、讲求实效。紧密结合各自实际,遵循规律,求真务实,

增强特色党建工作品牌创建活动的针对性和实效性，促进基层党建工作与各项工作统筹兼顾、协调发展。同时，坚持面向基层、服务师生，调动基层党组织和广大党员的积极性和创造性，切实解决基层党建工作面临的难点问题和广大师生关心关切的热点问题。

（三）强化规范性，健全党建品牌创建的体制机制

学校结合自身实际，积极探索构建党建品牌体系"四大机制"，提升了党建品牌工作的制度化、标准化、规范化、体系化水平。

一是构建常态化责任领导机制。党建品牌领导力关系到党建品牌运作能否有效、战略规划方向是否正确、品牌活力是否有长期保障等。学校党委高度重视，将党建品牌建设纳入党建重点工作，制定学校《关于开展党支部党建品牌创建活动的实施方案》，按照"条线贯通、全员覆盖"的网格化建设思路，分批立项基层党建品牌 23 个，建立党组织书记抓品牌建设第一责任人机制，实施品牌项目化管理，系统谋划、顶层设计，统筹各方面的资源，整合各方面的力量，精准定位、调度推进，进一步夯实工作职责、强化组织领导。

二是构建标准化组织管理机制。学校将党建品牌化建设与标准化建设相结合，出台学校《关于落实系（二级学院）级单位党组织建设标准和基层党支部建设标准的实施方案》，构建覆盖各个层级的党建工作标准化程序，提升基层党建工作质量。各基层党组织从标准化建设实践中提炼党建品牌核心价值和内涵理念，按照学校党委制定的品牌创建"六有"标准，即有鲜明的品牌名称和标识、有明确的创建目标、有具体的创建措施、有深刻的工作内涵、有浓郁的创建氛围、有广泛的品牌影响力，结合自身实际特点，制定品牌建设方案，并对各品牌的建设目标、工作措施、建设进度、预期成果等方面提出标准化要求，确保党建品牌"立得住、叫得响"。截至目前，已创建成熟 7 个品牌，16 个品牌正在创建中，逐步在全校形成了浓厚的党建品牌创建氛围。

三是构建特色化品牌培育机制。学校党委发动各基层党组织积极挖掘党建品牌建设的亮点与结合点，构建品牌从"凝练—申报—创建—认定—管理"整体谋划、分布推动的工作机制，形成从无到有、从有到优的态势。学校将基层党建的亮点工作和重点项目打造为品牌的有效载体，将破解党建短板、回应师生诉求、组织价值提升、优势资源引领等融入党建品牌培育，精心打造、丰富内涵，培育出了一批党建特色品牌。学校打造的"五红五亮"工程、"三

师六微"项目还分别被评为全省高校首批党建特色品牌和示范群"双百示范"工程项目。

四是构建科学化质量考评机制。学校健全党建工作考核体系,全面修订《温州职业技术学院二级单位党组织党建工作考核办法》,出台"堡垒指数"与"先锋指数"考评细则,落实抓基层党建工作主体责任,年初,分解落实年度党建重点工作及责任,年末开展党组织书记抓基层党建工作述职评议工作,将党建品牌建设工作纳入学校年度重点工作和部门绩效考核,形成"党委—党总支—党支部"三级联动党建工作考核体系。学校健全"项目监管—中期检查—评审验收—总结表彰"的党建品牌建设工作推进机制,对品牌建设进行过程监管,掌握动态进展,及时进行阶段总结,整改存在的不足,督促创建措施落实,并全面总结、评审验收、评定等级,对品牌创优部门给予通报表彰与奖励,对管党治党不力的实行"双问责",让党建工作失责必问成为常态,推动管党治党主体责任、"一岗双责"和监督责任层层压实。

(四)强化创新性,探索党建品牌创建的方法路径

新形势下,党建品牌建设工作面临新情况新问题,只有不断拓宽思路、找准切入点,改进和创新党建工作机制、方式、载体和路径,才能使党建和业务工作深度融合,真正将党建优势转化为学校发展优势。

一是创新工作模式。学校以"5＋5"模式全力助推党建品牌创建工作,通过抓学习、抓部署、抓制度、抓贯彻、抓载体,让党建品牌创建工作"红起来、统起来、实起来、强起来、活起来",使每个党建品牌在创建过程中系统融入"5＋5"模式,提升创建水平。如学校机关党总支第五党支部打造的"五红五亮"工程,以党员寝室学习读书会创新学习机制,以学生事务中心为依托,在公寓打造阳光书房和博雅小厨等红色基地创新党建阵地,以特色寝室评比、党员集体生日、图书服务、校友进公寓等多样化活动创新工作内容,以线上线下一体化志愿服务平台创新工作载体,以打造党员责任制形象工程、挂牌"党员寝室"等创新师生志愿服务形式,以模式创新形成各个党建品牌的特色建设体系。

二是创新工作思维。学校充分运用"党建＋"新思维,以抓融合擦亮党建品牌。打造"党建＋互联网"模式,校官方微信平台设"红色温职"专栏、校官网及各系部网站设立红色党建网站,使广大党员干部真切感受到"组织就在身

边"；打造"党建＋志愿服务"模式，通过新青年下乡、"红七月·服务月"等形式，面向农村、社区、企业开展服务，校暑期社会实践队荣获全国大中专学生志愿者优秀团队等荣誉；打造"党建＋阵地建设"，因地制宜抓好党员之家、教育基地、志愿者服务等阵地建设，形成了"红色广场"、党建红色走廊、设计创意学院"两室一厅"、电气系"党组织在平台"、机械系"党组织在车间"、机关五支部"党组织在公寓"等温职版"党建示范带"。通过一系列"党建＋"拓展了党建工作形式，增强了党建品牌活力，有效拓展了基层组织和党员教育的广度与深度。

三是创新共建形式。依托温州改革开放先发优势和民营经济肥沃土壤，联合党建工作突出的非公企业党委（支部），成立非公企业党建研究中心，打造校企党建共同体，通过共聘导师、共建基地、共办活动、共建共享党课等，实现优势互补、经验互鉴，在校企党建共建的过程中凝练品牌特色内涵。如财会系党总支已与9家政校企单位共建党建联盟，实现校企党建资源共享、协同共进，把党的组织优势转化为推动企业发展的资源优势、发展优势，实现党的建设与企业发展良性互动，服务区域社会经济发展。

（五）强化实效性，聚焦党建品牌创建的治理效能

学校创建党建品牌的出发点和落脚点，是通过务实有效的创建活动，激发干部职工干事创业热情，实现提升党建质量、服务广大师生、推进学校发展的目标，以学校改革发展成果检验党组织的工作和战斗力。

一是进一步提升了党建质量。党建品牌创建是撬动党建活力的一个支点。党建品牌创建在萌芽期提炼品牌主题内涵，策划党建品牌名称；在成长期从组织领导、质量管理、宣传推广等方面入手培育品牌，提升品牌影响力；在完善期坚持持续创新，不断丰富品牌内涵。通过将品牌理念植入基层党建工作，科学把握基层党建工作规律，不断提升党建工作质量。学校荣获省先进基层党组织、省基层党建工作示范点等省市级党内集体荣誉18项以上。

二是进一步服务了广大师生。全心全意为人民服务是党的根本宗旨，学校将服务师生作为党建品牌创建的一条主线，在"党员朋辈互助成长计划"、"双百制"学生党员成长计划、学生党员交互式平台等各党建品牌的创建实践中，进一步拓宽了基层党组织和广大党员更好地服务党员、服务师生、服务社会的渠道，把创建党建品牌的过程作为践行党的根本宗旨的过程，以创建党建

品牌的实际成效赢得师生的广泛认同。

三是进一步推进了学校发展。学校在党建品牌创建过程中,自觉把品牌创建放到服务学校中心工作、推动学校发展中来定位和把握,与各级工作目标相对接,与基层愿望需求相一致,与关乎学校今后发展的"三件大事"(温台职教试点建设、"双高校"建设、"东西南北中"产教融合新格局建设)相结合,增强创建工作的主动性和实效性,发挥党建引领作用,与学校业务工作同频共振、深度融合。

(六)强化持续性,发挥党建品牌的引领带动作用

创建党建品牌既是一项创新性工作,也是一个长期系统工程,需要不断地探索实践、积累经验。学校党委立足长远,强基固本,从总结提炼、宣传推广和队伍建设着手,久久为功、持之以恒,不断巩固和深化党建品牌创建的成果,发挥党建品牌的示范引领作用。

一是注重总结提炼,增强生命力。党建品牌一旦创立,就要保持稳定性,并结合新的要求和工作实际,不断汲取新的营养,充实新的内容,对党建品牌内涵进行再总结、再提炼,不断丰富党建品牌内涵,努力打造具有恒久生命力的党建品牌。

二是注重宣传推广,增强影响力。坚持宣传先行、舆论先导,不断挖掘创建中的有效措施、亮点经验,利用好宣传阵地和阶段性成果交流会、经验推广会等形式,全方位、立体式宣传推广,扩大品牌影响力,用大家喜闻乐见的形式,讲好党的故事、传播党的声音,把党建品牌擦得越来越亮。如《教育之江》微信平台刊登了《打造"五红五亮"工程让党建在公寓闪光》;《温州日报》刊登了《温职院"5+5"模式擦亮党建品牌——"五红五亮"筑新路"三师六微"展活力》等。

三是注重队伍建设,增强引领力。成事之要,关键在人。学校党委认真贯彻新时代党的组织路线,努力做新时代党的组织路线的模范践行者,为党育人,为国育才。坚持党管干部、党管人才,严格落实选人用人标准,特别是配齐建强党务干部,每个二级学院配备1名专职副书记,配备1名专职组织员,专责抓党建。党员系主任兼任党总支副书记,教师党支部书记均由学校中层干部担任,全校11个教师党支部书记均为"双带头人",进一步充实基层党组织力量。健全党务干部常态化培训机制,党支部书记每年至少参加1

次集中培训。同时,开展"党员示范岗""党员责任区"等创先争优活动,切实做到关键岗位有党员干部带领、关键环节有党员干部坚守、关键时刻有党员干部豁得出去,从而整体提升学校党建工作水平,以高质量党建引领学校高质量发展。

第二节　自治:治理民主化

一、优化学术管理体制机制

温州职业技术学院学术委员会制定《学术委员会章程》,规范学术管理行为,推进教授治学,优化学术管理体制机制,2020年根据《中华人民共和国高等教育法》《高等学校学术委员会规程》等法律法规,结合学校实际,更新了该章程。

学校以人才培养与人才评价、学科建设与学术评价、学风与学术道德建设为重点,以健全规章制度、提升履职能力为抓手,通过着力构建制度、组织、机制、条件"四位一体"的保障体系,强化学术权力、保障学术自由、彰显学术特性,大力推进教授治学在学校全面展开。

(一)健全制度保障

健全的制度保障是推进教授治学的前提。为落实教育部《高等学校学术委员会规程》和学校《章程》,学校也从制度的两个层面为推进教授治学制定了健全的制度保障体系。一是根本制度。学校《章程》经浙江省教育厅核准通过,并已公布实施,学校《章程》对学术委员会的职能定位、职责权限、产生方式等作了明确规定,明确要求学术委员会成员由在校内具有较高学术声望的专家学者中推荐产生。二是基本制度。根据《高等教育法》《高等学校学术委员会规程》《章程》等法律法规和制度的要求,学校重新修订《温州职业技术学院学术委员会章程》。新的《学术委员会章程》从校学术委员会组建、权利与义务、议事规则和形式、会议组织、运行机制、违章责任、旁听制度等方面进行明确规定,进一步规范了学术委员会委员参加学术委员会会议和活动的管理。

《学术委员会章程》为充分发挥高校学术委员会的作用和功能,保障各种学术活动的顺利开展和各项制度的实施,增强了实效性。

(二)严密组织保障

严密的组织保障是推进教授治学的基础。为避免学术委员会在运行过程当中存在的多头管理、体制机制不畅、职责权力不清晰、人员交叉重复、功能重叠等问题,学校按照教育部《高等学校学术委员会规程》要求,以学校《章程》《学术委员会章程》为依据,一是明确学术委员会职责和地位:学术委员会是学校最高学术机构,学术委员会统筹行使学校学术事务的决策、审议、评定与咨询等职权,为保障学术委员会统筹行使学术事务职权建立了完善的组织保障体系。二是明确学术委员会成员产生方式:学术委员会成员由学术造诣高,学风端正,治学严谨,公道正派,责任心强,身体健康,有参与学术议事的意愿和能力,全职在岗的高级专业技术职务人员组成,组成人数为奇数。委员采取二级学院推荐与主任提名相结合的方式产生,保证了学术委员会的学术性和代表性。

(三)完善机制保障

完善的机制保障是推进教授治学的关键。学术委员会是教授治学的有效途径,而规范学术委员会运行是全面推进教授治学,充分发挥学术委员会作用的关键。一是建立约束机制。学校在完善教授治学机制方面实施了一系列的约束机制,如联系校领导负责制,即要求联系二级学院的校领导关注和督促二级学院党政领导班子充分发挥学术委员会的作用;旁听制,即学术委员会可以根据议题,设立旁听席,允许学校相关职能部门负责人、教师及学生代表列席旁听;换届制,即对学术委员会的委员实行届满换届制度,委员可以连任,但连任人数不超过上届人数的三分之二;考核制,将二级学院完善治理结构、推行教授治学、贯彻执行《学术委员会章程》的情况,纳入二级学院目标管理考核的重点内容。

(四)充实条件保障

充分的条件保障是推进教授治学的支撑。学校为支持学术组织依法依规自主管理学术事务,减少行政权力对学术事务的干预,强化学术人员和学术管理机构在学术事务和学校事业发展中的作用，从人员、经费、平台等方面为教授治学提供条件保障。人员保障方面，学校成立由科技处成员组成的学术委员会秘书处，并配备专职工作人员负责协调相关工作，督办决定（决议）落实，做好会务组织、文件起草和印发归档等服务工作。经费保障方面，学校每年安排经费预算用于校学术委员会的日常运行开支。平台保障方面，为加强委员的沟通交流，拓宽委员的视野，学术委员会秘书处通过科技处网站和微信群，积极拓展委员的履职渠道，为学术委员会的高效运行提供优质服务。学术委员会秘书处还通过组织交流活动，加强与兄弟单位的沟通交流，探讨教授治学的先进理念，借鉴学术委员会运行的先进经验，不断提升委员们的履职能力，切实提升秘书处办公室的服务和保障能力。

（五）经验总结

学校通过构建"四位一体"的保障体系，全面推进教授治学取得了一定的成效，但离教授治学的终极目标还存在差距。今后，将以学校《章程》引领为契机，认真梳理学校治理体系，不断健全完善学术委员会的运行保障机制，使教授治学的重要作用得到进一步发挥，教授的学术权威地位得到进一步彰显，参与治学工作的积极性、主动性得到进一步提高。

发挥教学工作委员会、专业建设指导委员会、教材选用委员会等专门委员会的决策、审议和咨询等作用。结合教育教学改革项目规划，为了推进学校中国特色高水平高职学校和专业建设计划、浙江省重点优质校建设目标的实现，以优秀的研究成果引领学校教育教学改革创新，提升学校人才培养质量，学校成立了教学工作委员会，作为学校教研教改项目的决策机构，其主要职责是：对教研教改项目方案进行论证；评审教研教改项目的立项；指导教研教改项目的实施；审核教研教改项目的验收。

专业建设是高职院校教学建设核心，专业内涵建设是办学水平和人才培养质量的标志，它关乎学院的生存与发展。为进一步推进专业间协同作用，深化产教融合、校企合作育人，推进专业人才培养与研发、社会服务之间的协同，提高专业人才培养质量和专业建设水平，实现学校浙江省重点高职院校建设和中国特色高水平高职学校和专业群建设目标，特设专业建设指导委员会指导全校专业与专业群的建设。

教材建设是学校教学基本建设的重要内容之一，是提高教学质量的基本环节,是体现学校办学成果和办学水平的重要标志。为了进一步加强教材建设和教材选用工作,经研究决定,成立教材工作委员会。委员会负责学校教材规划、编写、审核、选用等,及时、客观地向学校党委汇报教材现状、问题、质量等情况,贯彻落实国家教材建设相关文件,切实保障各类教材工作的顺利进行。

二、完善民主管理机制

在职业教育改革和"双高计划"推进的背景下,完善民主管理机制作为提升高职院校治理水平的重要内容,是职业教育的改革发展任务,也是"双高计划"顺利实施的重要保障。

根据教育部、财政部发布《关于实施中国特色高水平高职学校和专业建设计划的意见》中"办好新时代职业教育""提升学校治理水平"的要求,落实立德树人的根本任务,提出"推进民主管理,凝聚育人合力"的理念,从健全民主管理制度、构建民主管理网络、创新民主文化载体出发,以培养高素质技术技能型人才为民主管理使命,构建以党委领导校长负责的核心利益主体为主、利益相关主体参与的多元共治、协同共治的民主管理结构和模式,营造融依法治校、民主协商、"德""技"同育人的民主管理文化,形成广泛参与、民主协商、平等交流的氛围,加强对学校公权力的制约和平衡及对师生合法权益的尊重和保障,调动教职工和学生的积极性和创造性,并最终实现培养人才的终极目标。

(一)健全民主管理制度

第一,完善教代会(工代会)、学代会制度。为了加强民主管理,学校于2002年召开第一届教代会第一次会议,第一届教代会对《院长工作报告》《温州职业技术学院岗位聘任及校内津贴分配实施方案(草案)》《学院财务情况报告》《学院后勤社会化改革方案(试行)》《学院教职工代表大会实施细则(草案)》《学院公费医疗实施办法》等有关学校发展以及事关教职工切身利益的文件进行了审议和表决。依法依规,扎实推进,将教代会制度化,新颁布的《温州职业技术学院章程》明确了教代会职权,设置教代会执行委员会,工会负责日常工作,同时建立二级教职工代表大会制度,保障教职员工参与本单位的民主管理和监督。学校定期召开教代会，截至目前，学校已经连续召开四届教代会，让代表们充分行使审议建议权、审议通过权、审议决定权和评议监督权。通过教代会制度的实施，使得教职工的利益和学校的发展高度融合，广大教职工从学校的发展中得到个人利益和个人价值的实现，学校从教职工的积极配合和努力工作中得到发展。新颁布的《温州职业技术学院章程》，明确校长定期向教代会、学代会报告学校工作。学校认真处理和落实学代会提案，支持学校各级党组织、民主党派基层组织、群众组织等开展工作。学校团委学生会根据全国学联相关要求和学校章程，通过修订学生会章程，进一步完善学生会体系制度建设，完善了各类学生管理制度，充分尊重和保护学生的尊严与权利。

第二，完善校务公开和信息公开机制。学校通过官网公告栏和公示栏，公开校务和相关信息，接受广大教职工群众的监督。对公开之后的意见、建议、质疑、批评等，及时给予解释和答复。对公开程序中存在的问题，在广泛听取意见基础上及时给予改进。建立信息公开的长效机制，确保公开信息的准确性与时效性。

（二）构建民主管理网络

第一，发挥工会、共青团、学生会纽带作用，形成党建带群团建设共同体。动员和组织教职工和青年参与学校管理、推进学校事业发展。通过定期召开教代会（工代会）、学代会，提高广大师生员工的知情权、参与权和监督权，推进"为师生办实事好事十大项目"的落实，不断增强师生们的获得感，与广大师生共享学校改革发展成果。深化推进共青团改革，聚焦主责主业，实施"四养融合"尚德工程，全面提升学生"政治修养、职业素养、生活涵养和健康培养"，团结带领广大青年师生为建设高水平职业高等院校贡献青春力量。实施"红色引领力提升"行动。聚焦红色领航，坚持政治建团，强化党建带团建，锻造共青团政治成色。开展主题教育活动，引导青年学生坚定理想信念，践行社会主义核心价值观。创新理论学习平台载体，增强思想引领实效性，采取有奖竞猜、知识问答等喜闻乐见的活动方式完成理论的碰撞与交流，发挥合唱、话剧、诗歌朗诵等此类美育教育润物无声的特点，推进渗透式的育人模式。构建循序渐进、与思政课同向同行的团课体系。实施"金色组织力提升"行动。推进共青团、学生会、社团等改革，完善工作机制，推进学校共青团治理体系和治理能力现代化。开好团员代表大会和学生代表大会,做到"严规矩""真议事""选准人",推动广大青年学生参与学生事务、参与校园治理的积极性,充分发挥学生组织的战斗力、凝聚力、创造力。促进以团支部为核心的班团集体建设,推行班级团支部与班委会一体化运行,激活支部活力,突出以班级团支部为核心的班集体建设,强基固本,上下联动,充分发挥团支部书记政治核心作用、思想引领以及模范带头的作用。探索推进校区建团、社团建团、工作室建团、顶岗实习单位建团等新型团组织建设。优化团员发展机制,从严把好团员发展入口关。实施"绿色服务力提升"行动。发挥党联系青年的桥梁和纽带作用,形成"团支书—二级学院团总支—团委书记"三级交流平台和团干部直接联系青年制度,为青年成长发展提供力所能及的服务,提高团组织在青年中的有效号召力和影响力,引导青年自觉做中国特色社会主义制度的坚定捍卫者、推进国家治理体系和治理能力现代化的积极参与者。着力加强团学组织建设,以团委为枢纽和中心,以学生会组织为学生自我服务、自我管理、自我教育、自我监督的主要学生组织,以学生社团及相关学生组织为外围延伸手臂;开展成长观教育,引导学生干部"自省自励、懂得感恩,克服缺点、虚功实做,坚定信念、廉洁自律",常态化组织开展学生干部培训。开展"书记有约""校长请你喝咖啡"等思政平台与渠道,关心关注并协助解决广大青年师生工作、学习和生活中的实际困难,切实维护青年师生合法权益。

第二,发挥各民主党派和党外人士的积极作用,构建"135"同心圆工程。"1"是以党外人士思想政治引导为核心,颁布实施了《中共温州职业技术学院委员会关于加强新时代统一战线工作的实施意见》,开展多种形式的理论学习、实践锻炼、社会服务,引导党外知识分子自觉接受中国共产党的领导,培育和践行社会主义核心价值观,不断增强"四个自信",固守住政治底线这个"圆心"。"3"是以各民主党派的自身建设与组织发展为重点,制定了《温州职业技术学院民主党派基层组织工作制度》等三大制度,提高了各民主党派组织发展工作的规范化与制度化,充分发挥中国特色社会主义参政党的作用,进一步落实中国共产党领导的多党合作和政治协商制度,以更高质量与更长半径画出"同心圆",争取了最大公约数。"5"是以民主党派和无党派人士参政议政、社会服务等方法、途径、载体创新为根本,构建了协调配合机制、同党外人士联谊交友机制、征求党外代表人士意见机制、传达重要文件和邀请参加重要会议机制、支持党外人士发挥作用机制等五大机制,搭建了学校党委与行政的决策层、职能部门的执行层和各民主党派及无党派人士的协商交流、建言献策等

"高速互通立交桥",打造了"圆心"与"同心圆"的新时代学校统战工作系统性网络。

(三)创新民主文化载体

通过宣传教育、实践养成等途径增强师生参与校园文化建设的民主意识。如在班级文化建设中,普遍加强班级民主管理,在班干部选拔、班级日常运行、班级活动开展中倡导民主参与、民主管理,构建良好的班风学风;在网络文化建设中,依托微信、微博、网站、抖音等新媒体平台,建好"网上共青团",让学生组织、学生代表、教师代表借助网络平台参与学校管理与建设,提高师生民主意识,优化学生民主行为。同时积极开展各类文化活动,拓展民主参与渠道,如"校领导同学日"等载体与渠道,关心关注并协助解决广大青年师生工作、学习和生活中的实际困难,切实维护青年师生合法权益。通过活动提高师生的主人翁意识,增强民主参与意识。

(四)经验总结

在治理实践中,要充分听取师生的意见建议,依法保障师生的知情权、参与权、表达权和监督权。一要加强对学校公权力的制约和平衡,依法明确、合理分配学校内部事务的决策权,规范权力运行的边界、规则、程序等;营造公开透明的领导与决策机制,并通过旁听、列席会议等形式,加强对决策过程的监督;发挥各治理主体、群团组织、党代会、教代会的民主管理和民主监督作用;要健全校务公开、党务公开和信息公开机制,公开权力清单、负面清单,以及办事指南和办事程序等。二要加强对师生合法权益的尊重和保障,加强教代会建设,保障教职工的继续教育、岗位聘用、职称评聘等方面的合法权利;充分发挥学代会作用,完善各类学生管理制度,充分尊重和保护学生的尊严与权利;健全信访渠道、校内申诉以及校内纠纷化解机制,完善师生权利救济机制。三要发扬民主文化,激发活力。通过创新民主文化载体,丰富民主文化活动和营造浓厚的民主氛围,全校上下普遍达成共识,共同宣传民主管理的措施与途径,广泛动员和鼓励师生员工参与民主管理,不断促进民主深度和广度的拓展,保障民主文化土壤得到有效灌溉,营造民主治校的良好环境。

第三节 共治:治理多元化

一、推进高职院管评办联动改革

学校深入贯彻落实《中共中央办公厅国务院办公厅关于深化教育体制机制改革的意见》(中办发〔2017〕46 号)、《教育部关于深入推进教育管办评分离促进政府职能转变的若干意见》(教政法〔2015〕5 号)、《温州市人民政府办公室关于推进教育管办评分离改革工作的实施意见》(温政办〔2018〕2 号)等文件精神,加快推进教育治理体系和治理能力现代化,深化管办评联动改革,努力落实"政府管学校,学校办学校,社会评学校"的内外治理结构,努力形成政府依法管理、学校依法自主办学、社会各界依法参与和监督的治理新格局。

(一)管办评联动改革的意义

长期以来,教育举办者、承办者、评价者三者的权责利及关系没有明确理顺,政府管理教育还存在越位、缺位、错位的现象,学校办学自主权没有全面落实,自主发展、自我约束机制尚不健全,社会参与教育治理和评价还不充分、评价的水平和质量有待提升,都严重限制了教育体制的深化改革,限制了学校和社会对教育的主动性、积极性。从宏观层面来看,推进管办评分离,构建政府、学校、社会之间的新型关系,是全面深化教育领域综合改革的重要内容,是全面推进依法治教的必然要求,将对教育顶层治理结构有根本的变革,有效激发学校和市场的活力。

高职教育和普通本科教育管办评的现状、问题没有本质不同,作为中国特色高水平高职学校、国家高水平高职院校,学校一方面享有办学自主权方面的扩大和落实的红利,和社会在各方面给予高度评价形成的品牌效应,实现了快速发展;另一方面随着发展要求的提升,特别是在全面促进高质量、高水平发展,深入参与国家级职教创新高地,努力升本或者升格职业技术大学的高标准时期,人财物等方面办学自主权需要进一步扩大,迫切需要建立健全高职特色的治理体系和治理结构,进一步激发办学和发展的创新能量,为建设中国特色高水平高职学校提供重要制度保障。高职院校管办评联动改革，对外可以打造高职治理体系的标杆，反向推动政府教育管理方式的转变，对内可以激发治理效能，快速提升办学效率效益。

（二）管办评联动改革的理念

学校把管办评联动改革作为治理体系和治理能力现代化的重要组成部分，作为外部治理结构的核心内容，推动"管办评不分"向"管办评分离"，由"管办评分离"向"管办评联动改革"的转变，厘清政府、学校、社会之间的权责关系，构建三者之间良性互动机制。学校围绕完善和发展推进高职治理体系和治理能力现代化这一总目标，以落实学校办学主体地位、激发学校办学活力为核心任务，加快健全学校自主发展、自我约束的运行机制；建立开放办学机制，推动校政行企紧密合作，完善教职工、学生、家长、同行等组成的四位一体的学校评价机制，建立健全政府、学校、专业机构和社会组织等多元参与的教育评价体系；倒逼政府简政放权、改进管理方式，努力形成政府尊重和保障学校办学自主权的机制和文化。

（三）管办评联动改革的原则

坚持权责统一。依法明晰政府、学校、社会权责边界，构建系统完备、科学规范、运行有效的制度体系，形成决策、执行、监督相互协调、相互制约的教育治理结构。

坚持统筹兼顾。立足学校实际，坚持顶层设计和基层探索相结合，整体推进和先行先试相促进，解决当前问题和着眼长远相衔接，加强学校各部门之间的政策协调。

坚持放管结合。既要把该放的权坚决下放，又要完善监督制约机制，切实做好事中、事后监管，确保行政监管科学高效、学校办学自主规范、社会监督全面有效。

（四）管办评联动改革的举措

学校紧紧抓住"管办评改革"所带来的机遇，从依法治校、以制度保障办学自主权，开放办学、打造校社命运共同体，以评促教、形成内外评价体系，倒逼管理、塑造良好政校关系四个方面入手，积极探索管办评联动改革的创新举措,形成具有高职特色、温职特色的改革内容。

1.依法治校、以制度保障办学自主权

(1)依法治校。学校积极落实习近平总书记关于依法治国的重要论述,认真贯彻教育法律法规,全面实施依法治校,坚持依法依规进行管理,大力开展师生法治教育,促进学校管理法治化、科学化、现代化,提高依法治校的管理水平和办校效益。成立了依法治校工作领导小组,每年定期召开依法治校工作领导小组成员会议,制定本年工作实施方案,让依法治校工作与学校各项工作计划同步规划、同步实施。成立了由校主要领导任组长、分管领导任副组长、相关部门为成员单位的"七五"普法教育工作领导小组,领导、指导、统筹协调全院法制宣传教育工作。

(2)依章治校。为保障学校自主管理、依法治校,规范学校内部管理体制和运行机制,学校制定了《温州职业技术学院章程》。《章程》对学校性质、发展目标、管理体制,办学宗旨、教风、学风、校风及教职工权利、义务、职责,各项管理制度等多方面做出了符合法律精神的规定,为实施依法治校提供了更加具体的"法"的保障。《章程》第十一条,明确规定了学校享有自主设置和调整专业及相应的人才培养方案;自主开展人才培养活动、依法颁发学历证书和其他学业证书;自主开展各种科学研究、技术开发、产学研交流合作、社会服务及文化活动;自主与境内外政府部门、高校、科研机构、社会组织和企业等各类主体合作开展人才培养、科学研究、技术开发、文化交流等活动;自主设置和调整教学、科学研究、行政职能部门等内部组织机构,自主决定人员配备;按照国家有关规定,自主评聘教师和其他专业技术人员的职务,调整津贴及工资分配等办学自主权。第七章详细规定了学校与社会的关系。《章程》为落实管办评联动改革提供了根本遵循。

(3)依制治校。学校对全校制度文件进行梳理、修订,开展"三清三理"工作,完成了建校以来500余个规范性文件制度的废、立、改工作,编制了《温州职业技术学院制度汇编》,建立健全各种办事程序、内部机构组织规则、议事规则等,形成健全、规范、统一的制度体系,使各项工作有规可循、有规可依,真正实现制度管人、制度管事、制度管物。学校完善内部治理结构,坚持党委领导、校长负责、教授治学、民主管理,完善体制机制,出台了《学院部门绩效考核办法》《两级管理办法》等制度。特别是扩大院系办学自主权,积极推进校系两级管理体制改革,落实管理重心下移,主动放权、分权、授权,进一步扩大院系在

专业设置和调整、人才引进、职称评聘、实验室和实训基地建设、收入分配、学术活动、校企对接等方面的自主权，充分调动院系办学积极性。

2.开放办学、打造校社命运共同体

学校推进校政行企合作，走出了一条"与区域经济互动、与企业行业共赢"的办学之路，形成了产学研创用相结合的模式，打造学校与社会高度融合、共同发展的命运共同体。

（1）产教融合。学校打造了"东西南北中"产教融合布局，与1000多家世界500强企业、行业龙头企业和50多个行业深度合作，校行、校企共建温州设计学院、中国鞋都技术学院、"5G＋"产教融合研究院等9个产业学院。打造大的产教融合平台，牵头成立的浙南职教集团，探索以利益共享为纽带进行实体化运作；牵头成立的长三角高职院校应用技术协同创新联盟被列入教育领域长三角公共服务重大平台；牵头成立的全国高职院校应用技术服务联盟，其运营的温州企业综合服务平台荣获国家级、省级中小企业公共服务示范平台。学校入选教育部高校数字媒体产教融合创新应用示范基地、首批浙江省高等学校省级产教融合示范基地和2个省产教融合"五个一批"项目。

（2）服务发展。学校坚持服务发展、促进就业，构建社会参与机制，通过理事会、咨询会、校友会等吸收各办学相关方参与学校的建设、发展、管理和监督。鼓励建立教学、科研、产教融合行业企业指导委员会，促进产业链、岗位链、教学链深度融合。坚持立地式研发和服务，位居全国高职院校发明专利授权数量排行榜第一，专利转化数量位居全国所有高校第82位，每年为企业解决难题580余项，近5年科研等社会服务总经费超2亿元，服务企业50000余家，年培训、鉴定28000人次。培养与市场需求紧密对接的高质量毕业生，毕业生就业率连续15年超98％，留温率达65％以上，毕业生培养质量、就业竞争力、薪酬水平、企业用人满意度连续多年位列浙江省高职院校第一。

（3）对外开放。学校主动对接国家"一带一路"倡议，积极引进境外优质教育资源，中加合作办学项目连续两次被评为"浙江省示范性中外合作办学项目"。实施"温企走出去温职院伴随成长计划"，以服务中资企业"走出去"为重点，牵头成立"中国—柬埔寨职业教育合作联盟"和"柬埔寨研究中心"。助力优质产能"走出去"，面向"一带一路"沿线国家和地区设立意大利培训中心、南非培训中心，向南非、柬埔寨等国家输出各类标准20余个；成立"海外人才联络站",服务意大利、南非等地温商企业和温州海外人才引进。学校入选教育部首批"智能制造领域中外人文交流人才培养基地项目"筹建合作学校、中美"百千万计划"和中国—东盟特色项目。

3.以评促教、形成内外评价体系

学校坚持自我评价和社会评价相结合,实现以评促建、以评促改,切实保证教育评价质量,发挥教育评价结果的激励与约束作用。

(1)自我评价。学校不断完善内部质量保障体系和机制,认真开展自评,定期开展课程建设、教学与科研、人才培养质量、师资建设、管理制度、校园文化等监测评估,开展对学生及其家长、用人单位等的满意度调查。学校每年发布质量报告,对学校人才培养、科学研究、社会服务、国际合作全方位进行评价,获得全国高职教学资源、服务贡献、育人成效"50强"。建立激励和绩效考核机制,构建了内部质量诊断与改进体系,校企共同研发具有温职特色的诊断信息平台,智能化展示学校发展现状、优势及需改进的短板,支撑教学诊断与改进工作有效进行。

(2)外部评价。学校高度重视大行业协会、专业学会、基金会等各类权威社会组织的评价,重视学生会等学生组织在教育评价中的作用,积极参与国际组织实施的教育质量评估项目。学校高度重视官方项目和评价,被评为中国特色高水平高职学校、国家示范性高职院校、全国优质高职院校,是浙江省重点高职院校、全国创新创业典型经验50强高校、全国职业教育先进单位、浙江省文明单位、教育部首批现代学徒制试点单位、浙江省首批四年制高等职业教育人才培养试点院校。学校还荣登武书连2020年中国高职高专综合实力排行榜第19名,GDI全国高职高专榜综合排名第5名、职场竞争力指数全国第2名。积极引入第三方评价机制,比如通过毕业生职业发展状况与人才培养质量的跟踪调查,将调查数据用于教学诊断与改进。

(3)民主监督。学校积极听取师生和社会意见,对内保障师生民主权利,对外保障社会知情权。坚持教代会制度,充分发扬民主,广泛采纳意见,每年召开一次教职工大会;坚持民主生活会制度,开展批评与自我批评,形成浓厚的民主作风;坚持师生申诉制度,重视师生的合法权益,畅通申诉渠道;坚持校务公开制度,修订信息公开办法,每年发布信息公开报告,通过网络、意见箱、公示栏等形式向师生和社会公布信息;不断完善教育教学、科研研究、社会服务、国际合作交流、三公经费等制度,让权力在阳光、规则下运行;加强对职称评审、财务管理、招投标、采购、工程建设等关键领域的审计,接受社会监督。

4.倒逼管理、塑造良好政校关系

学校积极营造、塑造良好政校关系,积极争取办学资源和政策,获得了温州市政府和温州县区政府的大力支持。学校与政府合作打造东西南北中的布局,东面鹿城校区实施学历教育与社会培训并举,服务"百万扩招",打造育训结合的典范;与温州市经信局联办全国首个由高校运营的企业综合服务平台,被评为国家级、省级示范平台。西面瓯海校区与瓯海区政府联办温州设计学院,成为首个入驻省级特色小镇的高校,打造职业教育办在特色园区、特色小镇里的典范。南面与瑞安市政府联办瑞安学院,为瑞安转型发展提供有力的人才支持和智力保障,打造高职院校服务县域经济发展的典范。北面与永嘉县政府联办永嘉学院,投资近 10 亿元,打造中高职衔接办学的典范。中心高教园区校区正在打造数字经济产业创新实训大楼,投资 1 亿余元,服务温州数字经济发展。

温州市对学校越来越重视,市里逐步加大对学校的财政支持,学校的生均财政拨款实现逐年提升,2020 年提升到 1.52 万元,2021 年提升到 1.7 万元。市里加大对学校的政策支持,全面支持学校升格为职教本科院校,多次深入开展调研,召开专题会议研究,对标本科层次高等职业学校的工作要求,在财产确权、经费保障、校区改造建设等方面给予全面保障。温州市委十二届十一次全会和 2021 年温州市政府工作报告中明确提出,"支持温州职业技术学院推进双高建设和本科层次职业教育发展"。

下一步,学校将在完善治理体系和治理能力现代化的总目标下,继续深化管办评改革,继续提炼管办评联动改革经验和特色,通过新理念引领、体制机制改革、改革载体建设等进一步激发学校和系部办学活力,吸引更多优质社会资源参与社会办学,确保师生和社会的知情权和监督权,基本形成政府依法管理、学校依法自主办学、社会各界依法参与和监督的教育公共治理新格局。将站在全面贯彻国家职教改革实施方案的高度,以学校"两新两高"理念为引领,发挥管办评改革效用,全面打造新时代的高职治理体系,为促进职业教育创新高地建设,打造"新时代工匠人才培养的典范、立地式研发服务的典范、产教融合新生态的典范、'伴随中企走出去'办学的典范"。

二、发挥理事会、咨询会作用

根据教育部《普通高等学校理事会规程（试行）》（教育部令第 37 号）、《教育部直属高校工作咨询委员会章程》和学校《章程》文件精神，探索我国公立高职院校理事会和发展咨询委员会（以下简称"两会"）建设的新思路，是职业教育发展新常态的必然要求，是职业教育民主化管理的基本需要，是职业教育多元化共治的必然选择，是职业教育类型化发展的迫切需要。对学校全面落实职教改革任务，推进中国特色现代大学制度建设，完善学校治理体系，提升科学民主决策，深化产教城人融合，获得政府政策支持，争取广泛社会资源，加强外部监督体制，营造良好社会舆论，推动学校"双高"建设和职教改革试验区建设，为打造新时代中国职业教育类型特色的"重要窗口"而广泛凝聚智慧和力量具有重要的意义。

近年来，学校"两会"建设以习近平新时代中国特色社会主义思想为指引，全面贯彻党的教育方针，落实立德树人根本任务，以人才培养工作为中心，真正实现制度优势高效、持续、全面向治理效能转化，把学校打造成为"活力最强、秩序最优、效率最高、风气最正"的高职院校，成为全国高职院校可复制、可推广、可持续的"温职样板"，输出高职院校治理的"温职经验"，为高职治理体系和治理能力现代化提供"温职方案"和"中国标准"。

（一）理事会、咨询会发挥作用的基本原则

1. 以党领导为首要原则

我国实行的是党委领导下的校长负责制，党委是学校办学治校的主心骨和领导核心，坚持党委将把方向、管大局、做决策、抓落实贯穿工作始终，在时空上、内容上、程序上切实落实到"两会"建设中，确保学校沿着正确的政治方向发展。

2. 以服务为中心的原则

"两会"以"彰显职教类型特色，建设高水平职业院校；培养新时代工匠人才，服务高质量经济发展"为办学中心，遵循与国家发展同频、与区域产业对

接、与民营经济互动、与行业企业共赢、与国际顶尖接轨的办学定位，扎根中国大地办教育，扎根区域办职教。

3.民主协商的原则

"两会"根据面向学校多元办学的需要，形成由办学相关方面代表，学校"党委领导、校长负责、教授治学、民主监督、社会参与"的治理格局，推动行政权力、学术权力、政治权力、民主权力等多种权力共融共治，民主协商。

4.多元共治共赢的原则

职业教育的发展需要形成多元共治、合作多赢、跨界互补的治理结构，"两会"统筹考虑平衡政府、市场和社会之间的关系，将政校行企、社会团体、企业家、校友、师生、社会各界等都纳入系统建设之中，发挥共建、共享、共治的优势，促进多元治理主体的良善合作与正向耦合，进而提升学校治理的现代化水平。

（二）理事会、咨询会发挥作用的长效机制

1.基于性质的法治制度保障机制

学校制定《温州职业技术学院理事会章程》《温州职业技术学院发展咨询委员会章程》等文件，从顶层设计的角度理清内部、外部两个系统环境。一方面界定学校与政府、社会及其他外部管理机构的权力关系，完善参与学校发展的咨询、协商、审议与监督、决策的制度设计，明确"两会"的性质、定位、运行机制；另一方面界定学校党委、校长、学术委员会、教代会等内部管理体系的权力关系，有利于校内政治权力、行政权力、学术权力、民主权力之间的协调与平衡，激活治理动力，为"两会"发挥治理作用提供制度保障和日常运营做到有章可依。

2.基于职责的多元主体治理机制

进一步培育"两会"多元参与主体，扩大社会参与治理机制，真正让"两会""理和询结合起来"，纳入"双高"建设的外部环节。学校出台《关于公布温州职业技术学院理事会成员名单的通知》《关于公布温州职业技术学院发展咨询委

员会成员名单的通知》等文件。除校内人员代表外,吸纳关心支持办学和发展的地方政府、行业组织、企业事业单位及其他社会组织及其成员;邀请杰出校友、社会知名人士、国内外知名专家等各界代表加入支持。开展密切外部联系,提升社会服务能力,与相关方面建立长效合作机制;扩大决策咨询,保障与学校改革发展相关的重大事项;争取社会支持,丰富社会参与和支持学校办学的方式与途径,探索、深化办学体制改革;完善民主监督,健全社会对学校办学与管理活动的监督、评价机制,提升社会责任意识;拓展资金筹措,建立基金会、校友会,整合"两会",盘活办学资金来源;等等。发挥"两会"支持与帮助作用,为学校办学实力的提升提供条件。

3.基于规则的会议管理运行机制

"两会"会议是发挥作用的主要途径,因此,确定恰当的会议议题、议程和议事规则非常重要。学校每年至少召开1次会议,有时根据实际需要召开专题会议,规定"两会"成员要积极参与,建立了约束、退出等机制。主要通过:一是建立议事制度,秘书处准备详细的议题说明及相关背景材料,会前送达与会成员,以便有足够时间研究议题,为学校发展把方向、指方向,提供战略性意见建议。二是建立协商制度,在成员中广泛和充分征集议题的基础上,共同讨论后,最终确定会议议题和议程。三是建立协作制度,在协商的基础上在章程中以制度的形式进行约定,形成在市场机制下政府、行业、企业支持学校发展的长效机制。四是建立反馈制度。根据成员发言形成完整的会议纪要,学校对相关工作进行战略性思考和系统性谋划并重点攻关突破,召集相关部门提出具体落实的举措,提交党委会审议通过,并及时将工作进展和成效向各位成员通报。

4.基于保障的资金筹措机制

在"双高"建设过程中,充足的资金支持是基础和保障。"两会"在筹措办学资金、争取社会资源方面具有极大的优势,是学校多渠道筹集教育经费的主要途径,一方面向政府积极申请经费支持,另一方面鼓励各部门通过社会服务、合作办学、产教融合为学校创收,因此,要充分认识社会捐赠对学校发展的重要性,学校通过建立基金会、校友会等组织机构,形成多种渠道筹措教育经费的机制,近年来,与1000多家世界500强企业、行业龙头企业和50多个行业深度合作,校行共建5个产业学院,吸引政府、行业企业、校友等资金投入10

多亿元，为"双高"建设添砖加瓦。在争取社会资源中，对社会募集资金进行严格的监管，让资金源流清晰透明、资金使用公开规范，坦诚接受社会监督。

(三)理事会、咨询会发挥作用的路径和举措

1.推进产教深度融合，构建发展共同体

产教融合是职业教育的本质特征和生命线。"两会"成员来源的广泛性，让各相关单位有机会参与到学校管理发展中，通过政府、学校、行业、企业四方联动，打造集"产学研创用"为一体的高职校园综合体。以产教融合治理提升社会服务力，打造政校行企合作新生态，推动产教融合对人才培养、社会服务、科技创新与转化等领域全覆盖，探索校城融合发展、校地联动发展的新模式，深度融入地方创新发展网络，促进学校高质量服务区域经济社会发展。学校以产业学院为载体，探索混合所有制办学模式；以"产学研创用"为路径，推进高素质技术技能人才培养；以温州市企业综合服务平台为依托，打造产教融合"职教数字大脑"，以社会产业发展的前沿和需求为方向，提升学生就业质量和数量。通过这些路径实现政校行企的共治共建、共治共享、共治共赢。

2.打造高水平专业群，实现多方联动互利

学校通过"两会"主体——政府、学校、行业、企业四方联动，共同招收学生、共同制定方案、共同开发课程、共同编写教材、共同建设基地、共同实践考核、共享校企师资、共享实践设施、共享研创资源的产教融合型现代学徒制"双元"定向人才共育模式，形成了"区域有什么支柱产业，就建设什么专业；区域有什么企业难题，就建设什么服务平台；区域有什么新技术需求，就培养什么新技术应用人才"的办学理念，建成三大专业集群、六个专业群，紧密对接浙江省八大万亿级产业和温州区域支柱产业转型升级需要，推动学校管理走向现代治理。

3.试点院系"两会"工作，推动基层治理改革

学校制定了二级学院《温州职业技术学院瑞安学院理事会章程》《温州职业技术学院瑞安学院两级管理办法(试行)》等规定。优化学校治理结构，强调

重心下移,增强基层活力,加强院级办学自主权,尝试党委和理事会双领导下的院长负责制,从而深入推动治理结构改革。形成以瑞安学院为主体、以瑞安市政府为依托的多层次、立体化办学体系,实现人才共育、过程共管、成果共享、责任共担的紧密型合作办学体制机制,提升高职教育的综合实力,主动适应瑞安经济社会发展需要,努力将瑞安学院打造成全国高职教育中高职衔接培养模式的典范、混合所有制办学的典范、高职院校服务县域经济发展的典范。

(四)理事会、咨询会助力治理的意义

1.助力构建治理体系,营造和谐氛围

学校通过"两会"建设,打造人、法治、技术、社会四元价值维度的治理文化,形成了人本位构建以人为本的价值文化,法治本位构建民主法治的价值文化,社会本位构建开放包容的价值文化,技术本位构建技术创新的价值文化。通过学校的治理,使精于工、匠于心、品于行、化于文的工匠文化成为学校师生员工的价值追求,实现学校治理从制度规范到文化引领的优化升级,营造以人为本、民主法治、开放包容、技术创新的校园氛围。

2.完善民主监督体系,维护治理秩序

"两会"能够在现代大学治理体制和教育深化改革中发挥作用,很大一部分原因在于"两会"有利于构建更加完善全面的现代大学监督体制。"两会"组成成员来源广泛,校外成员占多数,代表政府和社会对学校办学进行指导和监督。"两会"作为新型的监督形式,加强了学校和社会的沟通,完善了政府监督、社会监督、行业监督,使得监督的形式和内容更为广泛,监督的主体也更加多元。学校通过自我监督和外部监督的相互配合、逐渐完善,对运行状态、运行效果和校内外评价进行调查、评估和监督,使"两会"真正成为我国高职院校治理结构改革中的重要角色、发挥重要作用。

三、推进校友会建设

校友是学校宝贵的资源,是学校事业发展的重要依靠力量。校友是母校

的"名片",母校是校友的"商标",在学校建设全国"双高校"的历史新阶段,加强校友工作,开创校友工作新局面,对学校事业长远发展具有战略意义。建校至今,学校为社会培养了大量人才,校友资源丰富,校友规模和社会影响力与日俱增,在促进经济社会发展的各条战线上发挥着重要作用。

以《温州职业技术学院章程》和《温州职业技术学院校友会章程》为统领,紧密围绕建设中国特色高水平高职学校的中心任务,坚持"服务母校、服务校友、服务社会"的宗旨,坚持"面向市场、服务发展、促进就业"的导向,以感情为纽带,以沟通为基础,以合作为前提,以服务为手段,广泛联络校友,整合校友资源,积极支持与鼓励校友建功立业,科学引导校友为学校事业发展贡献力量,形成学校关心校友、校友心系母校、互利共赢发展的良好局面,为实现学校"建设高水平高职院校、彰显职业教育类型特色、培养新时代大国工匠"的奋斗目标凝心聚力,添砖加瓦。

(一)健全组织架构,完善运行机制

建立健全包括学校校友工作领导小组、校友总会、各二级学院分会、各地校友分会在内的校友工作立体网络,形成"总会统筹,部门协调,校院推进,分会互动"的校友工作格局,为校友会工作的有序、有效开展提供有力保障。

第一,建立两级工作机制。学校成立校友工作领导小组,下设校友办,学校于2020年7月正式设立校友办组织机构。校友工作领导小组负责制定校友工作规划、制度,指导、部署和推进校友工作,评选、奖励先进。

各二级学院成立校友工作小组,负责落实校友工作领导小组的工作计划和具体部署,结合二级学院具体情况,协调、组织校友工作,及时向校友工作领导小组反馈和总结。

根据学校校友工作总体安排,学校和各二级学院制定适合本部门情况的校友工作年度计划,提出完成计划的有力措施,各二级学院及时向校友办报送最新工作动态、工作成果和优秀校友事迹等信息,使全校校友工作有计划、有布置、有检查、有落实。

第二,推进校友会建设。正式向上级民政部门注册登记"温州职业技术学院校友会"民间社会团体组织,并已经于2021年5月召开成立大会,6月取得登记证书。逐步建立二级学院校友分会和地区校友分会。

第三,打造联络员队伍。学校从2018年开始设立教师联络员队伍和学生

联络员队伍,教师联络员以各二级学院学工办在编人员为主,学生联络员从大一开始发展,按照班级设立,毕业前确定并发文,数量为每班1～2名。

(二)储备信息资源,完善生态系统

运用"互联网＋"思维开展校友工作,着力推进校友信息资源库建设计划,建立基于信息化技术的校友生态系统。

第一,进一步推进校友信息规范化。完善校友电子档案和纸质档案管理,校友办协同学校档案馆做好校友学籍信息的更新和归档,二级学院负责校友的综合材料,参加重大活动、重要项目等材料的实时收集,每年9月份以电子档案形式报送校友办。建立优秀校友档案,及时掌握重要校友的活动信息。建立校友卡制度,推出温职院校友专属校友卡,为校友提供身份识别和专属权利,鼓励校友常回母校看看,让校友感受到"即使离开学校还能被温柔以待"。

第二,进一步推进校友工作信息化。建好校友数据库、优秀校友数据库、校友网、校友会微信公众号、校友刊物等"两库一网一号一刊"信息平台,充分发挥信息化、大数据在校友联络、情感交流以及宣传中的积极作用,通过数据共享、智能校友检索、邮件、短信、新媒体等信息化手段辅助,让校友随时获悉母校发展情况,团结校友为学校助力,共同发展。

第三,进一步推进校友工作常态化。坚持以感情为纽带,以联络沟通为基础,通过深入细致的校友联络,激发广大校友对母校的认同感和归属感。逐步建立联系地方校友(校友分会)机制、领导定点联系和走访各地校友(校友分会)制、领导出差顺访校友制度等。加强在校生校友意识培育,重视和规范开学、毕业典礼,充分利用新生入学、毕业生离校等机会,采取多种形式,培育和增进在校学生的校友意识。优化新生开学典礼,增加优秀校友交流环节。密切加强校友联络,通过短信、微信、QQ群、电子邮箱等,保持与校友之间的联络和交流;通过建立校友联络员群、企业家校友微信群等,保持与校友之间的联系;利用新年等节日,以短信、电子邮箱、慰问信等方式,向校友致以问候,适时通报学校发展情况,保持与校友的联系。

(三)精细精准服务,搭建服务平台

倡导以人为本的理念,动态分类调研校友的需求,精准对接校友诉求,在科学、合理的范围内设计出完善的服务项目，与校友开展更广泛、多方位的合作活动，尽可能地帮助校友解决学习、工作中碰到的问题和难题。

第一，服务校友深造提升。打造校友终身学习社区，定期对校友进行调研，了解校友培训需求，服务校友学历深造、素质和技能提升及职业技能鉴定。

第二，服务校友事业发展。创建线上资源共享平台，发布各类校友需求资源信息，促进校友企业资源共享。积极培育合作项目，了解校友的资源优势和校友需求，寻找双方合作的支点，为母校与校友开展学术研究和产业合作牵线搭桥。发挥科研团队、科技特派员等资源优势，利用专业技术和科研成果，为校友企业开展技术服务和成果转化，助推校友事业发展。

第三，服务校友返校需求。一是面向校友发放校友卡，持卡的校友享受进入图书馆阅览、参观校史馆、食堂刷卡就餐等便利服务。二是重视校友礼品文化建设，为有需求的校友提供母校专属纪念品的定制服务。三是为校友返校免费（或有偿）提供活动场地、参观校园、摄影摄像、校友徽章、校友礼品等服务。四是设立校庆日，时机成熟后，可设置校庆日所在周为校庆周、校庆日所在月为校庆月，每年策划和开展校友聚会和校庆活动。

（四）回馈母校发展，搭建发展共同体

珍视校友回馈母校的热情，激励校友关爱母校、尽力为母校做贡献的情怀，为学校的发展积极争取办学资源、筹集发展资金，使校友工作成为学校服务经济建设、社会发展的重要载体。

第一，回馈学校发展计划。2021年5月正式设立"温州职业技术学院教育发展基金会"，性质为非公募基金会、独立法人单位、慈善组织。以温州职业技术学院教育发展基金会为蓄水池，设计各种专项资助计划，拓展校友反哺母校的渠道。积极了解并争取社会捐赠资源，开通网上捐赠平台，建立微捐赠等多种捐赠捐款形式。校友会网站和校友刊物上刊登捐赠者姓名及捐赠名称、金额，同时校友总会予以纪念品回赠。密切联系校友群体及关键人物，为学校的品牌推广、成果宣传、招生就业、危机应对等出谋划策、提供帮助，使学校获得宝贵的公共关系资源。通过协调和整合，让校友资源与学校建设发展、教育管理、社会服务等职能需求全面对接。

第二，回馈教学改革计划。鼓励校友依据自身在行业企业和岗位发展中积累的宝贵经验，对母校专业建设提出合理化建议；组织校友参与人才培养方

案修订、专业群建设论证、课程与教材开发等活动,促进人才培养质量提升;引入行业企业具有突出技能的校友作为学校"能工巧匠",指导实训教学;重视从优秀校友中引进高层次人才,充分发挥校友尤其是海外校友在学校专业建设、学科建设、人才培养、产学研合作等方面的作用;完善校友评聘机制,通过评聘在某一学科学术上有影响力的校友,回到母校做兼职讲师或教授;鼓励和引导校友或校友企业参与校内外实训基地建设,引进行业领先的校友企业入校,参与实训设备改造升级。

第三,回馈创业就业计划。由招生就业处、创业学院牵头,通过校友会等平台主动对接校友,服务母校创新创业和招生就业工作。

依托校友资源,服务创新创业工作。以校友带动学校创业教育,引入校友企业进驻创业园,强化学生创新创业教育,提升创新创业意识;集聚校友资源,组织校友举办以职业生涯规划和就业创业知识为主题的讲座,担任创业指导教师,建立创业项目库和校友导师库,促进创业项目孵化成功;吸引广大校友设立"大学生创业种子基金",为在校生创业项目启动提供资金支持。

依托校友资源,服务招生就业工作。动员各地校友(校友分会)配合学校招生就业工作,提供生源信息,在中学校园里巡讲宣传、召开招生恳谈会和建立优质生源基地,扩大母校在中学和高考生中的影响力。策划举办校友单位(企业)专场人才招聘会,动员校友单位、企业招聘毕业生,提高毕业生就业率。

(五)彰显育人内涵,建设特色文化

以校友工作为契机,加强在校生的校友意识培养,凝聚校友情感,激发校友共情力。

第一,实现校友文化育人。以校园文化认识、校友文化认同、校园活动参与、校友示范激励、校友活动引导、校友互动助力、学校情感归属、传递校友情怀、服务校友工作、参与学校发展等为基础,建立"四位一体"协同育人合作机制(如图 2-1 所示),形成校友文化培育机制,明确学生义务、权利,打造学校服务校友文化培育的共同体,拓展校友、社会外部资源。

将校友文化与校园文化、技术技能文化、传统文化、职业文化等相融合,以网络、微信、刊物等宣传媒介,面向在校师生和校友开展相关文化宣传。结合校友工作实践与校友文化培育,发挥学校大学生的主动性,成立大学生服务校

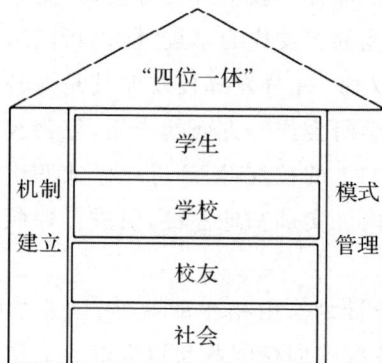

图 2-1 "四位一体"协同育人合作机制

友志愿团队,服务校企招聘、校友座谈、校友优秀事迹宣传、校史讲解和记录,让学生主动成为校友文化的传承者。利用新媒体形式,依托校友网站、电子刊物、微信、QQ 群等平台畅通联络渠道,挖掘整理优秀校友信息,面向校内外积极推荐宣传优秀校友的先进事迹和优秀业绩。开展"千百十"品牌活动,收集校友信息、服务校友回母校、开展 10 讲"校友讲堂""校友论坛"等活动。创业学院、二级学院开展聘请校友导师,邀请优秀校友担任全职在读学生的导师,搭建校友与未来校友的沟通平台。

第二,筹建温职校友之家。为校友联络沟通、情感交流、追本溯源、回忆青春提供场地和服务,体现浓厚校友文化氛围。建设校友礼品文化,从学校自身的文化特色中提炼,完善校友礼品的开发和经营。

第三,筹备六十周年校庆。推进六十周年校庆筹备工作。2025 年是学校建校六十周年,改建校史馆,丰富校史馆馆藏内容。投入人财物,组织专班人员,充分挖掘校友资源,征集珍贵的校史原始资料,留下"校友版纪念明信片",完善网络校史馆,为校史馆建设做好准备。

第四节 质治:治理规范化

质量治理理念是推进高职院校治理体系和治理能力现代化建设的核心理念之一,对于高职院校加强内涵建设、实现高质量发展具有重要指导意义,尤其在管理制度规范化、构建二级管理体系、构建内部质量保证体系等方面尤为如此。

一、管理制度规范化

就高校而言,规范性文件制度是"良法",是学校善治的重要基础。保障规范性文件的合法合理底线,实行规范性文件的规范化管理,不仅要在它产生的环节如制定的条件、制定的程序等方面进行严格控制,同时需要构建一套科学的退出机制,即规范性文件清理制度。规范性文件清理是推动学校治理效能提升的重要抓手,是检验学校治理能力和治理水平现代化建设的"试金石"。近年来,温州职业技术学院以规范性文件清理工作的常态化开展来推进现代大学制度建立,落实依法治校,把学校的改革经验和发展成果固化为规章制度,为学校"双高校"建设提供重要的法治保障。

(一)管理制度规范化的基本原则

1.党的领导原则

即坚持党的全面领导是学校推进规范性文件清理工作的根本保证,整个规范性文件制度清理工作以习近平新时代中国特色社会主义思想为指导,贯彻落实党对高等教育的路线方针政策和决策部署,并在学校党委的统一领导下进行。

2.法治思维原则

即合法合规原则,这是学校推进规范性文件清理工作的生命线,清理过程中确保在文件内容上与上位依据规定的原则、精神和具体条款相符合,与国家的方针政策相一致,在工作程序上做到规范、完善。

3.系统推进原则

即高校推进规范性文件清理工作的逻辑线。学校层面,以《温州职业技术学院章程》为顶层设计,搭建包含专业建设、产教融合、科技研发、人才队伍、国际合作、学生管理、信息化建设等各方面在内的制度体系的"四梁八柱";各职能部门层面则从自身职能管理出发，以学校章程为统领，对子系统内的文件制度进行梳理整合、查漏补缺，启动一揽子修订、废止或补白工作，搭建属于自己子系统的"四梁八柱"，从而在学校层和职能层都建立完备的制度体系，进一步实现规章制度管理的规范化与体系化。

4.民主公开原则

即坚持"阳光清理、开门清理"，这是推进规范性文件清理工作的重要手段。在文件清理的各个阶段都有师生参与，包括清理过程认真听取师生员工甚至社会公众的意见，清理结果及时向社会公布，切实保障落实广大师生对制度制定的知情权、参与权、监督权和建议权。

（二）实现管理制度规范化的四大机制

1.建立即时清理机制

当现行规范性文件一旦有新的上位依据发布或者现行依据有修改、废止、宣布失效等情形，或者已经无法适用当下情况时，规范性文件归责部门即时启动清理程序，开始文件清理，同时做好新文件出台后与新文件相抵触的旧文件或旧条款的废止工作。即时清理仅针对个别文件，由归责部门自发进行，以保证现行规范性文件的合法性，可极大节约行政资源，还能极大程度提高清理工作的效率和质量。

2.建立定期清理机制

定期清理是指规定一定的时间间隔对规范性文件开展全面性的集中清理，由党院办（考绩办）统一部署开展，因此定期清理机制具有很强的全面性和强制性，可对即时清理机制起到补充协调作用，以确保清理工作的无遗漏、无死角，确保不适应学校改革发展实际和师生现实需求的规范性文件都能应改尽改、应废尽废。借鉴政府部门每隔两年进行一次规范性文件清理工作的普遍做法，学校规定每两年集中组织开展一次规范性文件清理。

3.健全约束追究机制

规范性文件归责部门作为清理工作的主体责任，可以说既当裁判员又当运动员,因此必须对清理责任主体建立约束追究机制。第一,建立清理附理由制度,即对产生的清理结果作具体理由说明,包括继续有效的文件要说明保留依据,宣布失效的文件要说明失效原因,需要修改的文件要说明修改的具体原因和支撑修改的合法依据,废止的文件要说明废止理由。通过对上述四种不同处理结果说明理由,可有效加强工作监督,防止形式化清理,提高清理工作的规范性和审慎性。第二,建立责任追究机制,对规范性文件归责部门明确以下责任:一是启动清理的责任,即无论是即时清理还是定期清理,都需在规定期限内启动并完成清理工作。二是规范清理的责任,归责部门应当按照规范的清理标准和清理程序对规范性文件进行清理。三是组织清理的责任,按照"谁起草、谁梳理"和"谁制定、谁清理"的要求,由起草部门负责清理;部门联合起草或涉及多个部门职责的,由牵头部门负责组织清理;起草部门被撤销或者职权已调整的,由继续行使该职权的部门负责清理。清理主体应该尽职规范地完成清理任务并进行反馈,确保应废则废,应改则改,应并则并,应留则留,若清理过程或结果存在疏漏或缺失甚至错误的,应追究责任。由党校办对各部门清理结果的准确性和全面性进行监督,督促各部门编制文件清理计划,列入部门的年度工作计划,并将落实情况列入年度部门考评内容。

(三)管理制度规范化的三大路径

1.明晰清理标准

规范性文件制度清理的标准是进行清理活动的标尺,是清理工作有序进行的起点和前提。目前学校开展规范性文件清理的标准主要依据以下四种:(1)合法性标准,即与上位法或上位阶的规范保持一致。(2)合理性标准,即适用当下学校发展实际,能体现学校特色,能够推动学校履行高校五大职能。(3)协调性标准,即宏观把控整个规范性文件制度体系,对不同部门、不同文件之间相互抵触、冲突或者重复规定的情形进行协调修正,甚至对不同部门的同类规范性文件进行打包修正,实现文件总量的"减量瘦身"。(4)时间性标准,即规范性文件有效期是否届满,如果尚未届满是否继续实施,如已届满是否需要修改或废止,对年限久远的规范性文件实行"零保留"。

2.规范清理程序

清理程序是保证清理工作规范化、制度化的关键。规范文件清理程序包括文件清理启动程序的规范、文件清理阶段协调程序的完善和文件清理后相关配套程序的明确等。一是建立规范的启动程序。其中，启动定期清理，需要满足时间要求；启动即时清理，要有符合进行及时清理的条件出现，如上位依据变动或调整，文件适用的客观条件发生变化等。符合清理条件后，由归责部门进行自查，提出清理意见和依据，报学校分管领导审核后启动清理工作。二是完善规范的清理协调程序。文件清理过程中如涉及多方，牵头部门要提出清理建议，组织其他会同清理部门进行协调，共同形成最终清理意见，若存在异议，则需提请分管领导审定。三是明确清理结果的处理程序。对保留的文件，形成继续有效的文件目录并予以公布；对修改的文件，列入部门年度工作计划，按文件制定程序进行；对废止或失效的文件，经时效性和合法性审查，并经校长办公会议或党委会审定后，予以发文废止或失效。这种程序性的规定是引导清理工作走向规范化的重要手段。

3.完善公众参与

一是拓宽参与清理的阶段，在启动阶段和进行阶段，充分听取师生员工的建议和意见；在形成清理结果阶段，建立文件目录和文本动态化、信息化管理机制，及时上网公开，定期组织文件汇编，接受全校师生和社会的监督。二是丰富参与清理的方式，树立互联网思维，除了书面征求意见、召开座谈会等方式，充分利用 OA 系统、校园网、微博微信等平台引导公众参与规范性文件清理。三是合理选择征求意见的人群，清理过程中既要向利益相关方征求意见，也要有专业人士参与，如充分发挥学校法律顾问的作用。

(四)对高职院校实现管理制度规范化的治理意义

1.完善制度建设的"四梁八柱"

通过规范性文件清理，可在动态调整中全面系统地梳理和完善学校规章制度，切实精减规范性文件数量，实现"减量瘦身、提质增效"，形成以《大学章程》为顶层设计，"四梁八柱"完备的动态调整、规范协调的高职院校内部治理制度体系。

2.赋能立德树人的根本任务

高校规范性文件的功能兼具管理作用、育人功效和文化价值。通过规范性文件清理,可大力提升治理效能,为落实立德树人根本任务和高质量内涵式发展提供坚强保障,并形成良好的制度文化,发挥"以规育人"的作用,对师生员工的价值取向、行为规范、道德自律的培育起到事半功倍的作用。

3.提升可持续发展的制度供给

通过规范性文件清理,全面提高制度执行力,提升优化学校可持续发展的制度供给水平,从源头上为学校的可持续发展提供法治化保障,使大学真正成为具有自主办学能力、能够自我发展、自我约束的主体,形成按章办学、依法办学的治理常态。

二、构建二级管理体系

(一)二级管理层面治理体系内部框架建设

随着中国特色高水平高职学校建设的逐步推进,学校以专业群为核心开展内涵建设和运作即将成为"新常态"。专业群所在二级学院只有承担更多办学职能,才能有效承担培养面向生产、建设、管理、服务一线岗位的高等技术技能型人才的重任。学校唯有积极改变原有治理结构,通过建立学校层面宏观管理监督,统筹协调,建立新形势下的校院二级管理体系,才能有效调动二级学院的办学积极性,为学校发展带来活力。现从顶层、中层、基层三个层面着力。

1.顶层层面

学校以学校章程建设为统领,提升顶层设计的创新力,顶层设计的思想高度决定改革创新的深度,实行治理体系的现代化,突破口在于深化校院二级管理,在二级管理的治理结构中,以有利于人才培养、有利于二级学院主动性和教师积极性的发挥为原则,强化校级的目标管理和服务意识,强化院级的过程管理与绩效意识,形成学校与学院之间有序顺畅的运行机制与管理模式。以"院系办校"原则推进院系二级管理,按照"放管服"改革的要求简政放权,增强院系自主发展动能,重新切割配置人财物,建立健全院系自我发展、自我管理、自我约束机制,构建责权利相统一的管理体制,实现"校办院系"到"院系办校"的转变。

2.中层层面

增强运行保障,优化资源配置;细化目标管理,分类考核评价;注重绩效分配,开发师资效能;加强制度建设,划清权责边界,建立系统完备、科学规范、运行有效的二级管理机制,形成各大载体整体合力。

(1)运行:增强运行保障,优化资源配置。二级管理生发机制、传导机制、调适机制、开放机制顺畅运行的基础是人、财、物的保障,建构资源优化的配置机制显得格外重要。在二级管理的运行过程中,表面上是对于人、财、物等资源配置的优化,实质上是对于事权的切分与优化、权限与责任的全面匹配。这就要求在促进顺畅运行中,按照存量保稳定、增量促改革、创新谋发展的原则,建构资源优化的配置机制,增强人、财、物的保障力。学校有效协调现有办学资源,根据学校自身特色、发展规划等进行资源分配,向有办学成效、办学特色、办学前景的专业所在学院倾斜,打造具有学校特色的高水平专业。在此基础上,有效提高二级学院领导的资源使用审批权力,减少校级层面的干预,鼓励二级学院通过办学绩效争取更多的办学资源,让责、权、利这个等边三角形的三条边能发挥有效合力,提升二级学院的办学绩效。

(2)评价:细化目标管理,分类考核评价。在评价与考核方面,学校构建部门考核、专业考核、聘期考核和年度考核"四位一体"的绩效考核体系,以学院实际能力为客观依据制定科学合理的考核目标,以确保学院改革的健康有序进行,提升改革的质量和效率。以目标任务考评指标为考核依据,建立学院绩效评估机制,评价考核结果作为学院办学资源配置的重要依据,也是学院主要负责人和领导班子考核和奖惩的重要依据。学校科学有效地制定考核标准,根据不同二级学院的实际情况制定对应的考核标准,使工作富有挑战性,促进管理者的学习,从促进学校发展的大局出发,结合存量数据,制定增量目标,并加大奖励力度,从而有效推进学校办学水平的整体提升。

(3)激励:注重绩效分配,开发师资效能。坚持做到更加注重业绩目标管理、更加注重效益价值提升,持续引导二级学院做强做优做大,加速向更高水平迈进,为促进二级学院持续健康发展做出新的更大贡献。构建"绩效优先、鼓励创收、保障重点"的校院二级拨款办法,明确将部门、专业、个人等考核结果与二级拨款挂钩,优化资源配置。按照"注重绩效,兼顾公平;分类考核,强化激励;两级管理,宏观调控"原则,通过科学合理的绩效考核,结合二级学院绩效工资制度改革,奖优罚劣,奖勤罚懒,完善基于绩效、向高水平专业群倾斜和重点工作激励的薪酬分配制度,切实做到向一线教师倾斜,向关键岗位、业务骨干倾斜,向为学校发展做出突出贡献的人员倾斜。让业绩好的部门、水平高的专业、能力强的教师享受更多激励政策。通过绩效考核,区分不同部门、专业和个人的绩效工资差距,进一步发挥二级拨款和绩效分配的持久激励引导作用。

(4)约束:加强监督管理,划清权责边界。加强规范管理,为校院两级管理体制的改革进行正确的指导和提供清晰的制度依据,健全权力运行制约和监督机制,学校对学院教学活动的有序组织、人才培养计划的贯彻实施、师资队伍的建设、科学研究和社会服务活动的开展、国际化工程的推进以及办学资金的合法、合理使用等进行实时监控,实行审计监督常态化,加强对学院自主办学内部管理制度建设的指导,保证学院公正、有序、高效地行使自主权,合理划分学校与学院的权责关系,既要增强学院的活力,又要淡化学院的"独立"意识,确保学院在学校的统一领导下规范管理,健康发展。建立健全系统配套的管理制度体系,即明确学校层面应该做什么,二级学院应该做什么。首先职能部门要转变自身的传统思维,从管理型部门向服务型部门转变,从单纯的命令式管理向引导型管理转变;其次要建立有效的监督机制,对权力实施进行有效监督,防止权力滥用;最后要注意引导学术委员会、教职工代表大会这些代表了研究人员、教师的组织,使之能有效运作,帮助学校有序发展。

3.基层建设层面

(1)加强科学规划,建立二级学院绩效评估机制。二级学院应把学校分解的责任目标作为二级学院发展的基本要求,围绕二级学院的发展制定更高目标、更全面、更具自身发展特色的规划和计划。学校对二级学院规划、计划的实施成效进行绩效考核,考核结果是学校对二级学院进行资源配置的主要依据,也是二级学院主要负责人和领导班子任期考核的重要依据。

(2)服务学校发展,出台二级管理配套规章制度。建立学校宏观调控制度,保证二级学院充分发挥自主性的同时,其工作出发点、归宿点以学校发展大局为重,并与其他二级学院、部门紧密合作;加强对二级学院自主办学内部管理制度建设的指导,建立必要的协商备案制度,做到二级学院规章制度符合上位法规定,并系统、配套、合理;二级学院要建立健全学术、行政事务的管理与公开制度,保证二级学院公正、有序、高效地行使自主权。

(3)精简职能部门,建立新型二级学院管理队伍。学校下放事权后,校机关要精简机构和人员,充实到二级学院,避免机构臃肿、人浮于事,避免学校职能部门过多干预二级学院运行;校级管理部门不得要求二级学院建立对口机构。

二级学院要加强管理队伍建设,突出精简高效,防止产生新的行政泛化现象;要加强以学术管理和民主管理为重点的二级学院自治,二级学院机关应为师生提供服务和协调。

(4)优化资源管理方式,提高国有资产使用效益。学校通过行政手段,统筹跨二级学院共享平台项目的建设;通过采取学校投入与二级学院自筹共建等措施合理调控资源配置,防止二级学院追求"小而全"的低水平重复建设;通过制定有利于二级学院开放、运营资源的政策,促进各二级学院相互共享资源;通过建立科学的校、二级学院两级资源(资金、设备、公用房屋等)管理监督办法,提高国有资产使用效益。

(5)加强统一规范管理,建立有效监督制约机制。在鼓励、扶持二级学院自我管理、自我发展的同时,学校建立科学有效的监督制约机制。对二级学院教学活动的有序组织,人才培养计划的贯彻实施,师资队伍的建设,科学研究和社会服务活动的开展以及办学资金的合法、合理使用等进行实时监控,对发现的违规行为予以制止并责成二级学院及时整改,对不符合学校管理要求的工作及时指出并帮助改进,确保二级学院在学校的统一领导下规范管理,健康发展。

4.治理目标与治理效能

在二级管理治理改革方面取得突破性成果,以专业群逻辑重构院系,优化专业群运行机制,研究院系建设的新路径,建设保障专业群发展的组织体系、人事体系、财务体系等。以推进专业群发展的逻辑重组院系,激发校院跨专业教学、科研组织活力,推进行政机构改革,促进从管理逻辑、专业逻辑向专业群逻辑转变;以"院系办校"原则推进院系二级管理,按照"放管服"改革的要求简政放权,增强院系自主发展动能,建立健全院系自我发展、自我管理、自我约束机制,构建责权利相统一的管理体制,实现"校办院系"到"院系办校"的转变。

通过打造温职特色的二级管理治理体系,实现现代化、高水平的治理结构和治理模式,为全国同类院校提供借鉴。

(二)深化二级管理助推人才引进

近年来各高校均进行了不同程度的管理制度改革,其中很重要的一项内容便是推行校院二级管理制度。所谓校院二级管理制度,即在校、院二级建制的基础上,赋予院系一定的责任,根据职责的需要赋予一定的权力,使院系在学校总体目标、原则的指导下发挥管理主体的作用。校院二级管理制度的建立对高校发展的各个方面产生了深远影响,这其中又以对人事制度的二级管理推进因其政策性强、利益链多、影响力大而最为瞩目。本案例就在学校二级管理制度下对人才引进工作面临的问题与对策进行探讨。

1.二级管理制度下人才引进工作面临的问题

二级院系与学校在人才引进政策的制定和实施上虽然长远目标一致,但在具体过程中两者总会有不相适应的地方,而实行校院二级人事管理,实质上就是在校院两个层面对人事管理职责的进一步明晰与划分,一般存在如下常见问题。

(1)人才引进政策待创新。二级管理制度需要进一步完善,推进内部管理体制改革任重道远,特别是在新形势下,高校原有的人才引进政策跟不上人才引进的需要,出现的新问题难以应对解决,例如缺乏科学、有效的人才引进激励机制、高层次人才引进缺乏相应的政策支持等。不论是加大人才引进力度,还是调整人才引进方向,一般来说,学校总是会走在二级院系的前边,而二级院系则相对滞后,往往会出现"头重脚轻"的现象,因此,建立人才引进政策尤为重要,它对人才引进工作的开展起到了导向作用。

(2)人才引进需求不同步。需求不同步非常好理解,学校有学校的规划,院系有院系的情况。学校往往会根据国家大政方针及长远办学目标制定总体的人才队伍发展规划,例如在几年内教师人数达到多少,其中教授多少名,副教授多少名,要引进多少名学科带头人等,这些数据会以层层分解的形式落实到各二级院系,并要求二级院系在规定的时间内完成相应的人才引进任务。但在二级管理制度下,由于二级院系在是否引进人才以及如何引进人才上具有一定的自主权,所以在相关工作的具体时间节点上与学校并不总是保持同步。比如有些院系教学任务已经饱和,若引进人才则会分散授课工作量,从而引起现有教师不满,由此导致近期不予考虑人才引进;或者二级院系有特别中意的人选,但因未达到学校设置的人才引进门槛而不能引进;或者与前述情况相反,也即学校人才引进政策收紧,而有些发展较快的二级院系又急需进人;类似这样学校与二级院系在人才需求上不同步的现象在具体的人才引进工作中总能遇见。

(3)人才引进政策不协调。人才引进必然伴随着各类引进待遇、发展空间的商谈。为吸引人才,高校一般都会制定相应的人才引进待遇政策,从工资薪酬、职称晋升、研究经费和硬件配套等方面予以明示。从宣传口径、财力情况等方面考虑,高校的人才引进政策往往是统一的,这样在对外招聘上简单明了,对内也能平衡各二级院系,以免厚此薄彼,引起诸多不必要的矛盾。但这其中也会存在不匹配的现象,若引进待遇丰厚,比如数量可观的安家费、绿色通道下的职称评聘等,往往会引起各二级院系现有教师的不满,即使人才成功引进,也需要花费额外的精力处理好许多与工作无关的事项,无形之中造成人力、物力的浪费;若引进待遇偏低,则会在与同类院校的竞争中处于劣势,吸引不到人才,这确实是一个两难的境地。

2.改善二级管理制度下人才引进工作的对策

(1)创新人才引进政策。在实行院系二级管理制度后,学校与二级院系在人才引进上"头重脚轻"进一步凸显。从实际情况来看也很正常,这是由双方所处的位置所决定。鉴于此,要建立健全更加灵活开放的人才引进制度,依据各级人才新政,制定"温职版"人才新政,加大高水平师资队伍引育力度。建立健全全员引才机制,举全校之力、汇全校之智、聚全校之势,进一步深化对"人才是第一资源"的认识,上下联动,全面配合,多措并举,全力推进人才工作和人才队伍建设,为学校更好发展打下坚实基础。全校教职工共献智慧、群策群力、全民动员,充分利用各自"学术圈""师门圈""朋友圈"的人脉和学缘优势,形成人才队伍建设的共同意识,落实落细各方责任,用好用活各方力量,多方面多渠道为学校发展引揽人才。

(2)建立分类管理机制。人才引进需求不同步的矛盾,是由于学校与院系对人才需求的定位有细微差别。一般来说,教师在进入学校后,既要承担教学育人工作,也要从事科学研究工作,而学校和院系其实对人才引进的侧重点是不一致的,有时院系为了缓解繁重的教学任务,人才引进会比较侧重教学,而学校可能更多的是想引进科研类人才,反之亦然,这时便会造成人才需求不同步的矛盾。鉴于这种情况,也为了激发教师自身所长,学校引入了分类设岗的做法。比如将教师岗位继续细分为教学科研并重岗、科研为主岗、教学为主岗等几类,并建立有引进、考核与晋升机制,以此避免学校、院系在同一单体人才的引进上谋求多种诉求,很好地协调两个层面对不同人才的需要。

(3)建立绩效管理机制。如何处理好引进人才与院系现有教师在工资待遇、职称晋升、资源占用等方面的关系是个现实的问题。这里的引进人才通常指的是相对层次较高的人员,高校为吸引人才,一般会许以相对丰厚的工作待遇与工作环境条件,而这些条件往往会引起院系现有教师的不满,从而有可能无形中造成院系发展不和谐。考虑以上因素,在院系二级管理制度下,由于二级院系在资源分配、经费核拨上具有一定的自主权,完全可以推行绩效考核管理,工作业绩与薪资待遇、工作环境等挂钩,引进人才与现有教师均在同一个考评体系里实行绩效管理,这样不但能有效避免潜在的不和谐因素,还能够激发教师工作积极性,在院系内部形成良性竞争氛围,有利于各项事业发展。

3.人才引进二级管理改革成效

推行二级管理制度的根本目的是有效促进高校发展的动力问题,同时,人才引进也是人事管理工作的核心环节。实行校院二级人事管理,实质上就是在校院两个层面对人事管理职责的进一步明晰与划分,并在此基础上继续完善院系的人事管理制度。实行二级管理改革以来,学校以统一认识、明确权责、合理调配、紧抓实效为原则开展人才引进工作,新增国家"万人计划"教学名师1人,其他省市人才十余人,现有国家"万人计划"领军人才、国家教学名师等国家、省市人才超159人次,国家级"双师"培训基地1个、省市级技能大师工作室7个、省市级师资团队7个、省专业带头人30人,国家级教师教学创新团队1支,进一步提升了学校人才队伍的整体素质,为学校发展提供良性、持续的人力资源保障。

三、构建内部质量保证治理体系

(一)内部质量保证治理体系的目标理念

为了更好地履行人才培养质量主体责任,最大限度提升利益相关方对人才培养工作的满意度；基于"善治理论""共治理论"与"自治理论"，学校本着各利益相关方平等协商、合作共赢原则，改进工作机制，健全制度体系，不断强化事前、事中和事后监管，创建了具有温职特色的"网络化、制度化、常态化、智能化"的内部质量保证治理体系，持续提升教职员工的工作质量意识、业务工作能力和质量管理水平，进而使学校办学水平和人才培养质量得以螺旋上升。

（二）内部质量保证治理体系的框架机制

1."全要素"覆盖，构建网络化框架

学校依据"五纵五横一平台"的实施载体，将纵向五系统（即决策指挥、质量生成、资源建设、支持服务、监督控制）与横向五层面（即学校、专业、课程、师资、学生）有机结合，奏响"起点、过程、提升"质量保证三部曲，构建出纵横交错、覆盖联动、全要素网络化的内部质量保证治理体系（如图 2-2 所示）。

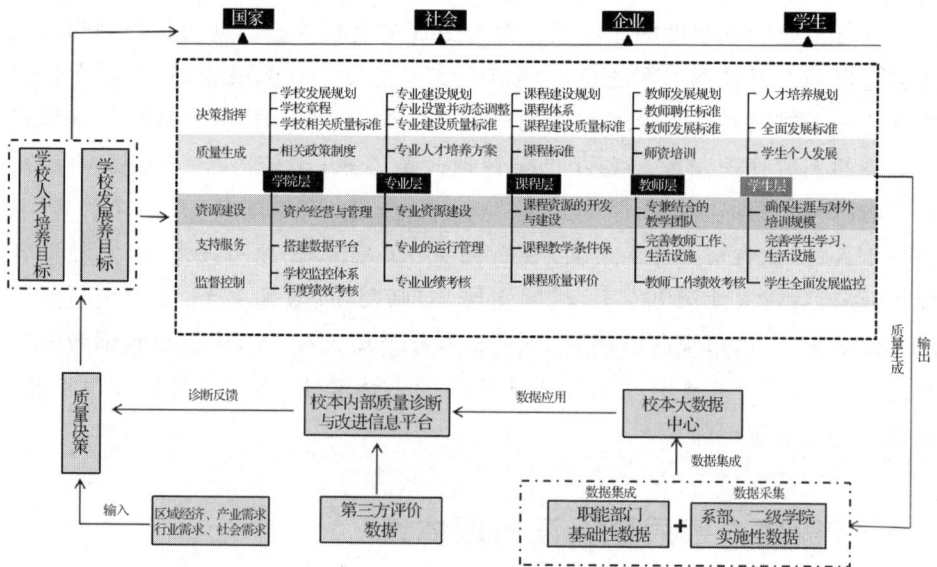

图 2-2　内部质量保证治理体系框架

2."系统化"设计,构建制度体系

为了使学校内部质量保证治理体系运行不断规范化,学校以"制度管权,流程管事,过程可溯,绩效可测"为目标推进制度建设,对内部质量管理制度进行了系统化设计,制定了《内部质量保证体系诊断与改进实施方案》《教学质量保障体系建设管理办法》等涉及学校、专业、课程、教师、学生等五个层面的一系列相关制度,使质量目标切实可行,质量标准明确具体,质保流程高效协同、质保评价客观公正、质保反馈及时有效、质保体系持续改进。

3."双引擎"设置,构建机制体制

一是建立自我激励和绩效考核机制,通过自我诊改和职能部门、二级教学单位、专业及教师工作绩效考核并行,辅以质量年报制度与适应社会能力评估自评制度,以机制为引擎,营造"全员、全过程、全方位"的质量保障氛围,保证内部质量保证治理体系常态化运行;二是引入第三方评价机制,通过"浙江省毕业生职业发展状况与人才培养质量的跟踪调查"与"高等职业院校督导评估",引导学校不断加大投入,深化办学体制改革和育人机制改革,全面提升办学质量,形成更加完善的内部质量保证治理体系,更好地服务高水平发展、促进高质量就业。

(三)内部质量保证治理体系的关键路径

1.建立"四级诊改"组织体系

学校建立"学校内部质量保证体系诊断与改进委员会—6个质量保证工作小组—二级教学单位质量保证工作组—专业与课程质量保证工作小组"四级诊改组织体系(如图2-3所示),诊改委员会与相关职能部门负责推进学校教学诊断与改进工作制度建设,指导二级教学单位、专业与课程组进行教学诊改的实施与结果反馈,从上到下多部门多层面协同推进内部质量保证治理体系工作运行。

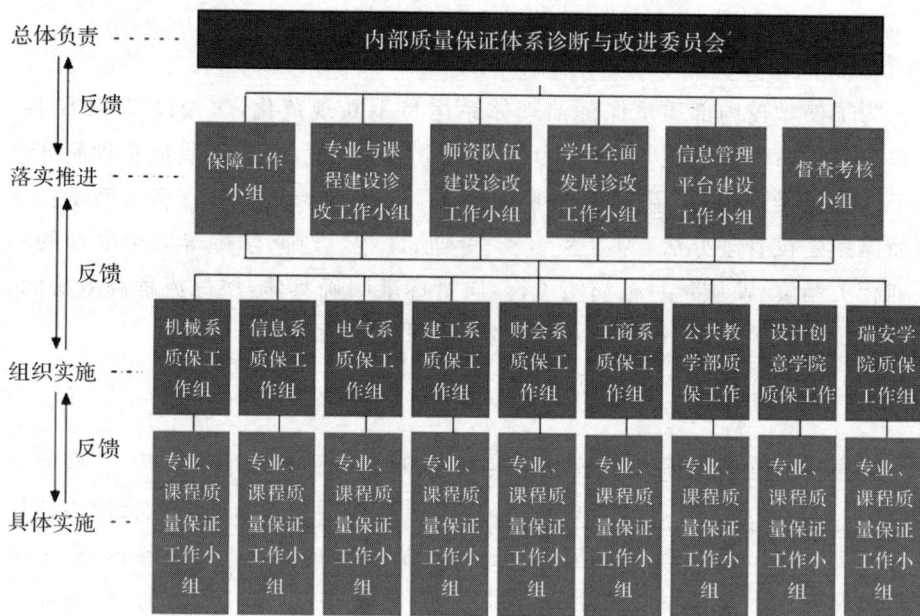

图 2-3 "四级诊改"组织体系

2.完善"四个关键"诊改体系

围绕各质量保证主体按"下有底线,上不封顶"的原则,以学校年度工作目标作为底线,自主制定无上限的实施目标,进而形成上下一致、左右呼应的目标体系;在厘清各部门工作标准的基础上打造内容关联、相对独立的标准体系;根据目标体系与标准体系,梳理工作流程,完善内部质量管理制度体系;在此基础上根据学校发展定位和特色确定各系统各层面的诊断要素,形成质量控制的指标体系,使内部质量保证治理体系运行工作有据可依,有的放矢(如图 2-4 所示)。

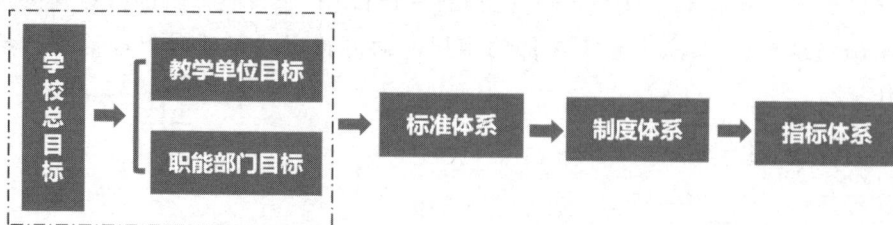

图 2-4 "四个关键"诊改体系

3.推进"8字螺旋"常态化运行

学校以"目标标准"为诊改起跑点,按五个纵向系统,确定学校层、专业层、课程层、教师层及学生层等五个横向层面的质控点,并明确每个质控点内涵、目标值、标准值、预警值等具体量化值,再根据质量生成过程中实时监测到的数据,及时发出预警和跟进调控与改进,推进各个横向层面"8"字形质量改进螺旋单元运行(如图 2-5 所示,以专业"8"字形质量改进螺旋图为例),确保新时代工匠人才培养目标的达成。

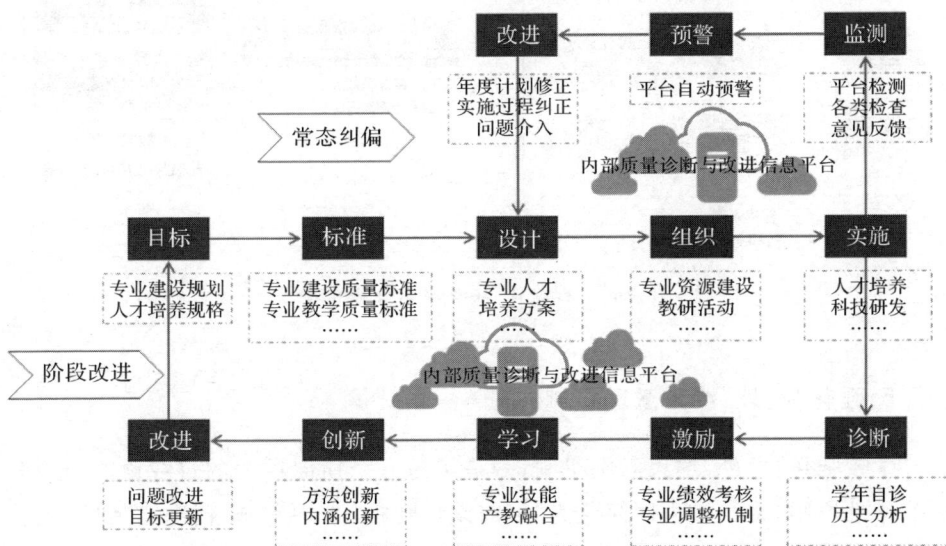

图 2-5　专业"8 字螺旋"质量改进

4.搭建"智能化"决策平台

根据学校制定的《智慧校园建设规划》,同步推进三类信息化项目建设与完善。一是学校核心业务类系统项目,如教务、学工、人事、科研、财务、教学质量监控、资产管理等业务系统,实现数据有可靠源头与"无感知"采集,即时展示各业务部门管理与服务过程成效;二是大数据分析平台项目,实现各类核心业务类系统数据集成,逐步消除信息孤岛,达到数据的"共融共享共用",实时支撑内部质量诊断与改进信息平台工作;三是内部质量诊断与改进信息平台项目,根据大数据分析平台集成的数据,进行各系统各层面工作效能分析,客观评价学校的办学质量和人才培养水平,智能化展示学校发展现状、优势及需改进的短板,强力支撑内部质量保证治理体系有效运行(如图 2-6 所示)。

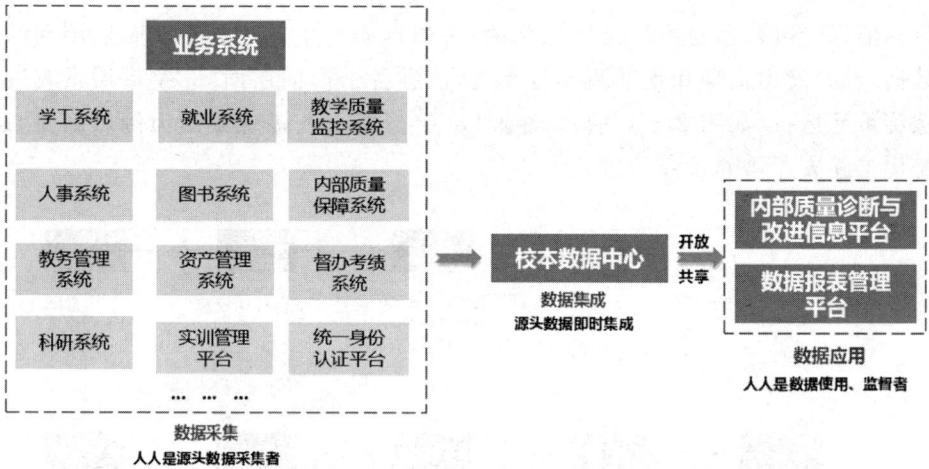

图 2-6 "智能化"决策平台建设框架

5. 强化"内外"约束激励机制

学校强化"内外"约束激励机制,一是实施五个横向层面的自我诊改,根据可操作性原则,将自诊程序简化为"事前设计建标、事中实施管控、事后阶段自诊"。自诊报告撰写以指标测量数据为依据,查诊问题、分析原因、提出改进措施。每个质量主体在自我诊断与改进中实现目标导向和问题导向的统一,达到自我激励。二是实施职能部门与二级教学单位工作绩效考核,通过对职能部门、二级教学单位专业、教师等实施工作绩效考核,予以激励、预警及改进。三是编制学校《高等职业教育质量年度报告》与《高职院校适应社会需求能力评估自评报告》,对学校年度人才培养及教学等工作进行全面诊断,促进学校内涵建设不断提升;通过自我激励、考核性诊断及质量年报制度,使各质量保证主体产生持续改进的愿望和内生动力。四是通过"浙江省毕业生职业发展状况与人才培养质量的跟踪调查"对毕业一年及三年的毕业生进行调查以获得毕业生的学习效果及在社会上的表现方面最真实的信息,结合学校开展的对社会、行业、企业、学生等各利益相关方的多种调查,优化学校的人才培养措施。五是通过"高等职业院校督导评估",对学校党的领导、产教融合、"三教"改革、学生成长、社会服务和持续发展方面进行综合评价,倒逼学校内部质量保证治理体系不断完善。通过以上外在推力,促进学校办学质量提升。

(四)内部质量保证治理体系的工作成效

通过内部质量保证治理体系运行,潜移默化地把质量保证的思想渗透到每一位管理者、教师、学生的内心,内化为全院师生的思想与行为,营造"全员、全过程、全方位"质量保障氛围,激发学校各层面主体追求质量的内生动力,树立质量意识,认同学校的质量价值观,"时时、处处、事事"都为质量负责,立足本职岗位,建立自己的质量标准,构建全面质量管理体系,凝练成具有温职特色的现代校园质量文化,推动内部质量诊断与改进工作由制度规制向文化自觉转变,从而提升学校的治理能力,并使广大师生员工拥有较强的认同感和获得感。

学校内部质量保证体系运行成效显著,《高职教师专业发展"四位一体"校本助推体系的建构与实践》与《高职"三三"教学督导体系的构建与实践》教学成果分别获得浙江省教学成果一等奖与二等奖;《凝心聚力抓"五子",群策群力促诊改》与《聚焦"四化"抓诊改,促进规范提质量》教学工作诊改案例分别入选 2018 年全国高职高专校长联席会议优秀案例与 2020 年全国职业院校教学工作诊改制度建设优秀案例;学校自主研发建成的"温州职业技术学院内部质量诊断与改进平台"已取得软件著作权,可为同类院校教学质量和信息化管理提供借鉴,为校企合作共同开发提供优质范例。

第三章　治理战略与规划

第一节　创建国家职教改革试验区

深入贯彻落实习近平总书记考察浙江重要讲话精神和《长江三角洲区域一体化发展规划纲要》《国家职业教育改革实施方案》《深化新时代教育评价改革总体方案》要求，强化党建对新时代工匠人才培养的引领。学校以"两新两高"发展方位为指引，协同推进"双高计划"和"提质培优行动三年计划"建设任务，充分融入温州"五城五高地"建设，强化温台职教高地建设在学校"五个典范"建设中的支撑作用。坚持问题导向和发展导向，结合温台两地民营经济转型升级和职业教育发展的现实需要，以"东西南北中"办学布局为引领，以产教融合、校企合作为主线，通过制度创新、项目谋划，将《教育部 浙江省人民政府关于推进职业教育与民营经济融合发展 助力"活力温台"建设的意见》（浙政函〔2020〕136 号）（以下简称《意见》）十大建设任务转化为学校的具体行动，系统推进办学层次提升和产教深度融合，在升格为职业教育本科、混合所有制办学、职教数字大脑、中高职衔接、社会培训、国际化等方面开拓创新，促进学校持续进等升位，服务区域经济社会发展的能力快速提升，为温台职教高地建设贡献温职力量，为国家"双高计划"建设提供温职经验。

以落实《意见》十大建设任务为基础，结合"双高计划""提质培优行动计划"和十四五发展规划，构建"一个中心点、七个基本项"，全面推进温台职教高地建设。"一个中心点"即推动学校整体升格为职业教育本科院校，"七个基本项"即探索混合所有制办学模式、建设温台"职教大脑"、构建开放式培训体系、创新中高职一体化、打造时尚科创高地、塑造"双创"新标杆、助力民营企业"走出去"。

通过三年建设,率先在同类高职院校中升本,走在全国职业教育最前列;"东西南北中"办学布局基本完善,混合所有制、中高一体化衔接改革稳步推进;校企合作、工学结合机制进一步深化,产教融合成效显著;政校行企共建服务中小微企业的育训并举体系逐渐完善,职业培训和社会服务供给能力大幅提升;针对温台两地、产教两端的师资认定、流动、评价等机制基本建立,师资共享能力进一步提升;"双创"人才培养体系和科技创新人员的待遇不断优化,温州设计学院运营系统推进,打造服务县域产业转型升级的助推器;巩固夯实中柬"丝路学院"办学成果,积极建设"鲁班工坊",构建"人才、职教标准、产业标准""走出去、引进来"的国际化办学体系;打造温台产教综合数据平台,实现校企人才供求数据智能匹配,实训、实习、就业的智能撮合。

一、以瑞安学院为试点,全力推进混合所有制改革

把握新时代中国特色社会主义高职院校的办学定位,贯彻落实"职教20条"相关精神,推动职业教育由政府举办为主向政府统筹管理、社会多元办学的格局转变。以瑞安学院为试点,完善多元主体参与的办学机制和治理结构,健全国有资产评估、产权流转、权益分配、干部人事管理等制度,明确混合所有制体系下二级学院与产业学院等办学主体的属性及其定位,打造以瑞安学院为引领的混合所有制办学典范。通过建立相关契约和标准,进一步理清政校、校企等主体之间的权利义务,建成瑞安学院混合所有制产业工人培训学院、混合所有制研发中心、混合所有制生产性实训基地各1个,形成由教学区、实训区、生活区、运动区、行政区、产业工人培训区、产业技术服务区、产教合作区的"八区一体"新校园形态,实现"校园＋工厂"混合所有制办学模式。

二、以永嘉学院为样本,打造中高职一体化办学典范

充分发挥永嘉学院中高职校区一体化特有优势,加强学校与永嘉职教中

心在招生、培养、就业以及后勤保障等方面的有效衔接和一体化运行,力争将永嘉学院打造成为中高职一体化办学的典范,为创新中高职衔接路径提供"永嘉方案"。到 2023 年,与永嘉、瑞安以及台州地区合作中职学校达到 8 所,合作专业达到 6～8 个,其中永嘉学院中高职一体化培养招生规模为 400 人/年,瑞安学院总体学生规模为 5000 人,中高职一体化培养规模超过 50％,为职业教育服务县域高素质技术技能人才培养提供"温职样本"。

三、以温州设计学院为引领,打造服务县域发展的科创高地

强化学校在科教优势资源上的溢出效应,准确把握科创为主、教学为辅的办学定位,全力办好温州设计学院。温州设计学院以服务瓯海区时尚产业创新发展需求,从运行模式、功能布局、规模设计、配套建设等方面系统推进建设,精准谋划足踝健康装备研究院、温州时尚产业设计智造协同创新中心、新媒体网红电商中心等项目,打造扎根特色小镇、服务县域经济高质量发展的科创高地。此外,依托浙南轻工装备智能技术协同创新中心,建设产业技术(温州)转化研究院、瑞安市温职毓蒙智能制造研究院、温州市温职汽车新技术研究院等产业研究院,打造融合"应用研究、技术开发、产业化应用、企业孵化"于一体的科技创新产业链条,进一步提高学校服务温台区域民营企业高质量发展的能力。

四、构建开放性职业培训体系,落实"育训并举"法定职责

对接温台区域高素质技术技能人才需求,围绕校企共建职业培训综合体目标,推进职教培训综合体的建设,将培训综合体建设成为培训特色鲜明,培训质量高,品牌突出,与区域经济联动发展的基地,力争成为全国育训结合的典范。以企业员工和行业协会技术技能培训、管理层管理培训、新技术展示与培训、农民工技能培训、社区技能推广和职业技能认定评价等项目为重点,建设温台职业教育师资培训基地、技术技能人才培训基地和菜单式综合培训超市,持续为温台两地培养高素质高水平技术技能人才。每年培训职业教育师

资 1000 人,与大中型企业校企共建培训基地 1~2 个,建成企业培训智慧空间不少于 2 个,面积不少于 300 平方米,培训企业员工 3 万人以上。围绕温台区域数字经济等新兴产业和特色产业发展的人才需求,高质量建设数字经济产业创新发展高水平公共培训基地。

五、举办职业教育本科,提升技术技能人才培养能级

坚持"高层次、高起点、高标准",聚焦新产业、新业态、新技术,研究探索本科层次职业教育发展路径和高层次技术技能人才培养规律,启动温州职业技术大学筹建工作,建立中职、高职专科、高职本科"纵向贯通"的职业教育人才培养体系,提升温台区域高水平高素质技术技能人才培养能级。学校以整体升格为契机,培养复合型高素质技术技能人才,形成"智能制造类专业为主,设计创意类专业为特色,现代服务类专业协调发展"的专业布局,打造服务区域产业转型升级和先进技术转移应用的职业教育本科院校。中期在校生规模控制在 1.5 万人左右,近期本科层次每年招生约 1000 人,中期本科层次在校学生占学校总体规模的三分之一。

六、强化师资队伍建设,协同推进人才高效流动

面向温台区域建立开放的温台人才服务中心资源库,搭建两地高素质技术技能人才信息库和专家智库,推动两地职业院校教师及企业人才高效流动。积极落实温台名校长和骨干教师培育计划,与温州大学和温台中高职院校合作,到 2023 年,分层分类培养温台名校长和骨干教师超 200 人。推动校企校际人才互兼互聘,设立专项资金,面向企业或职业院校公开招引产业教授。到 2023 年,招引产业教授 10 人,建设 10 个左右高水平教师企业实践流动站、技术技能传承创新工作室、博士企业工作站或"双师型"教师培养培训基地,培育 10 名以上覆盖温台重点产业的"工匠之师"。到 2023 年,至少派遣校内专业教师或管理干部 25 人次,至少接纳其他高职院校专业教师或管理干部 25 人次,至少派遣 125 名专业教师,聘请 125 名企业专业人员。

七、强化国际化办学,服务温台民营企业"走出去"

围绕服务国家"一带一路"倡议,积极推动温台职业教育"伴随中企走出去"计划,在柬埔寨、非洲国家和地区建设丝路学院、"鲁班工坊"等国际化办学载体,全面开展"中文+职业技能"教育和技术培训,为"一带一路"沿线国家和地区培养中资企业在当地生产经营需要、符合中资企业用人标准的高素质技术技能本土化人才。围绕职业教育、人员培训及技术研发,依托在意大利的温台人才资源,联合意大利中意青年会、意大利劳工与社会政策部及相关企业成立中意职业教育培训基地。与行业龙头企业联合开发行业技术标准 40 项,对外输出专业教学标准、课程标准、技能培训标准等 30 个,配套信息化教学资源包 30 个。开展国际化校企合作项目不少于 20 项,聘请不少于 10 名行企领军人才,引进国际优质课程不少于 30 门,开展中外合作办学培养国际化人才每年不少于 160 名。

八、以温州企业综合服务平台为支撑,建设温台职业教育"数字大脑"

以"数字浙江"建设为引领,围绕数字浙江建设目标,将数字化技术、数字化思维、数字化认知贯彻到职业教育全过程、全领域和全环节,推动温台产教大数据平台、职业教育数字化改革示范基地、智慧型图书馆、智慧型体育场馆、多维一体化智慧教学等项目建设,提升职业教育数字化、智能化水平,实现温台职业教育产教两端和教学两端整体智治、高效协同。以深化产教融合为主线,充分发挥温州市企业综合服务平台功能,通过产教数据互动互通、共建共享,系统打造温台产教综合数据平台,汇聚温台两地 10 万家以上企业和相关职业教育机构、政府部门,形成政校行企四方联动格局,为职业教育产教融合提供专业建设、课程设置、教育培训、人才实习、就业智能撮合等大数据支撑,助力打造温台职教"数字大脑"。

九、优化职业教育发展环境，促进教育管理机制改革

第一，进一步落实学校办学自主权。推进落实"五权下放"，全面激发学校办学活力和创造力。在限额内按规定自主设置内设机构和岗位，自主设置管理岗位、专业技术岗位、工勤岗位的数量和结构比例，自主聘用内设机构干部，自主确定招考标准、内容、程序。自主确定年度用编计划，引进的高层次人才不占用学校的编制总数。根据职业教育发展规律和需求，可突破年龄、学历、资历等限制，引进急需紧缺人才。

第二，进一步健全校内绩效激励机制。充分激发广大教职工、各职能部门以及二级学院开展社会化培训等社会公共服务的积极性，在国有净资产不减少的前提下，培训及社会服务等所得收入最高可按 50％的比例作为绩效工资来源，绩效工资总量（含激励性绩效额度）可在市里核定的基础上上浮 50％，培训及社会服务收益幅额的 40％用于奖励一线教职工。每年按事业编制总额的 20％，设立专业技术人员、高技能人才兼职教师专项经费，标准参照同等级专业技术职务人员平均薪酬水平。对获批省高水平职业院校或专业（群）的，从次年起办学层次人均额度参照学士学位授予学校标准，对获评国家高水平职业院校或专业（群）的，从次年起办学层次人均额度参照硕士学位授予学校标准。

第三，进一步完善人才引育机制。建立高水平教师引进"绿色通道"，以测试专业技能和执教能力为主，对业界优秀人才采取试讲、技能操作、专家评议或直接考察的方式组织招聘。建立以年薪制、协议工资、项目工资等方式的高端人才引育机制，其薪酬支出从单位绩效工资总额外支出。学校自主制定编外人员薪酬发放标准，探索设立特设岗位引进高层次急需紧缺人才，不受岗位总量、岗位等级、结构比例限制，安家费和薪酬支出不纳入单位绩效工资总额。积极争取温州市对学校升格为职业教育本科院校或转型为职业技术师范大学的高职院校后，按本科办学标准核增本科层次职业高等学校事业编制并划拨经费。向市有关部门争取人才项目单独评审、单列标准、单列指标。

第二节　深化混合所有制二级学院改革

温州职业技术学院瑞安学院(以下简称瑞安学院)是经温州市委、市政府批准,全国首家公办高职院校与县级政府合作共建的二级学院,是地方政府促进高职教育综合改革试点工作的一次创新与实践。温州职业技术学院从"移校入区"战略高度,明确瑞安学院"服务县域发展"的办学定位。

产教融合是瑞安学院践行办学定位的必然选择,是实现瑞安产业人才需求和学院人才供给无缝对接的有效途径。混合所有制办学是产教融合的高级模式,能切实深化校企合作,实现校企双赢,从而充分发挥高职院校服务县域发展的核心作用。

从建校以来,瑞安学院基于区域支柱产业发展对技术技能人才的迫切需求,借力瑞安市人民政府强力推动支持,依托瑞安学院办学优势与区位优势,对标"职教20条",以混合所有制改革为切入点,深化"招生—培养—就业"联动改革,与企业开展多种形式的合作,开启了"混合所有制"办学模式的探索实践,全面推进教育教学综合改革和管理体制创新,为瑞安"两区"建设、"重要窗口"建设提供强有力的人才支持。

一、引企入校,构建契约式混合所有制

以学校提供场地、教育服务,企业投入资本、知识、产业管理体系等方式,共建校企共管的契约式混合所有制育人基地,以企业生产经营项目开展契约式合作,实现投资主体多元化、运行机制市场化、基地功能多样化。其中瑞安市中泰科技设备有限公司投资120万元入驻瑞安学院组建瑞安学院技术研创服务中心,提供实践岗位28人次,实践学员付正涛、金鸿伟同学参加"2018一带一路暨金砖国家技能发展与技术创新大赛"荣获"数控多轴加工"赛项二等奖。鸿一箱包、名澳投资50万元入驻瑞安学院共建实训基地,共为80人次学生提供实践岗位,学生毕业留岗9人,瑞安学院电商孵化基地提供72人次实训岗位,实践学员江鑫荣获《电子商务技能竞赛》浙江省一等奖。

二、移校入企，构建项目式混合所有制

企业的项目研发创新有标准流程，通常由五部分组成：需求调研、技术论证、试探研究、产品试制和商业运营，与学院的项目式育人一一对应，如图 3-1 所示。通过每个部分的紧密对接，实现两个任意层次切换和互通，构建项目式混合所有制育人方式。具体实施如下：企业提出需求，转化为技术服务项目。瑞安学院按照项目要求，协同企业组建企、师、生团队，以企业技术攻关项目开展项目式合作，在项目研发过程中实现科教融合育人、校企组合育人、资源混合育人。瑞安学院吴江寿、祖全达老师带领胡瑜婕等五名学生，协同温州浙瑞包装机械科技有限公司技术人员，开展全自动冰袋机研发工作，目前已完成触摸屏、PLC 程序设计、伺服电机的控制。潘颂哲老师带领五名学生，协同温州市华泽机械有限公司技术人员，开展枕式包装机研发服务，目前已完成包装机电气设计原理图绘制、PLC 程序编写、凸轮轴设计。

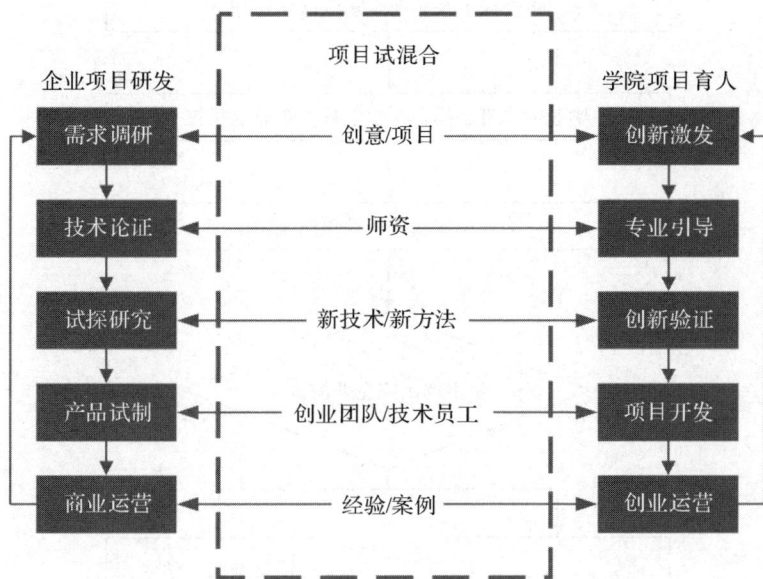

图 3-1　项目式混合

三、双元定向，构建股份式混合所有制

　　学校以办学资格、师资团队、优质管理等无形资产以及投入的部分开办费和设施设备等有形资产作价入股，企业则以企业设备、岗位等实践教学资源和学生岗位实践补助作价入股，构建"双元定向"的股份式混合所有制育人模式，实施协同化办学。

　　"双元定向"的股份式混合所有制推行"招生—培养—就业"联动改革，实践产教融合型现代学徒制招生·培养·就业一体化班（以下简称一体化班，如图3-2所示）、产教融合型现代学徒制培养·就业一体化班（以下简称预就业班，如图3-3所示）两种股份式混合所有制育人模式。

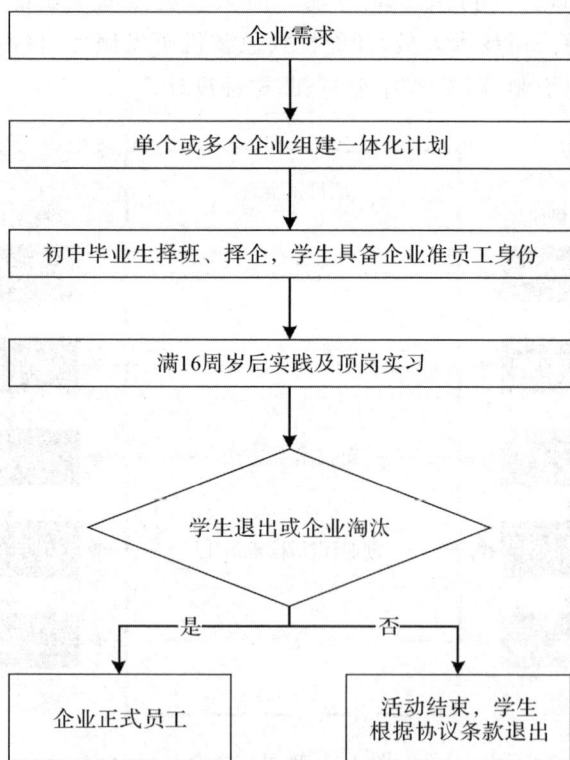

图 3-2　一体化班实施流程

```
┌──────────────┐
│   企业需求   │
└──────┬───────┘
       │
┌──────────────┐                         是
│ 学生意向报名 │◄──────────────────────────────────────┐
└──────┬───────┘                                        │
       │                                                │
┌──────────────┐      ╱╲ 学生是否    否    ╱╲ 学生是否  │
│ 企业参观、宣讲│────►╱    ╲认可企业─────►╱    ╲二次报名 │
└──────┬───────┘     ╲    ╱             ╲    ╱          │
       │              ╲  ╱               ╲  ╱           │
┌──────────────┐   是  ╲╱                 ╲╱            │
│ 学生正式报名 │◄─────────                  │           │
└──────┬───────┘                           │           │
       │                       是          │           │
       │◄──────────────────────────────────┘           │
┌──────────────┐     ╱╲ 是否面试   否   ╱╲ 学生是否    │
│   企业面试   │────►╱    ╲成功─────────►╱    ╲申请二面  │
└──────┬───────┘     ╲    ╱             ╲    ╱          │
       │              ╲  ╱               ╲  ╱           │
┌──────────────┐   是  ╲╱                 ╲╱            │
│预就业准员工   │◄─────────                │否          │
│暑期实践、顶岗实习│                        │            │
└──────┬───────┘                          ▼            │
       │                    ┌──────────────────────┐   │
   ╱╲ 学生退出              │ 活动结束，若有签署    │   │否
  ╱    ╲或企业淘汰   是     │ 协议，根据协议条款退出 │◄─┘
  ╲    ╱──────────────────►└──────────────────────┘
   ╲  ╱
    ╲╱
     │否
┌──────────────┐
│ 企业正式员工 │
└──────────────┘
```

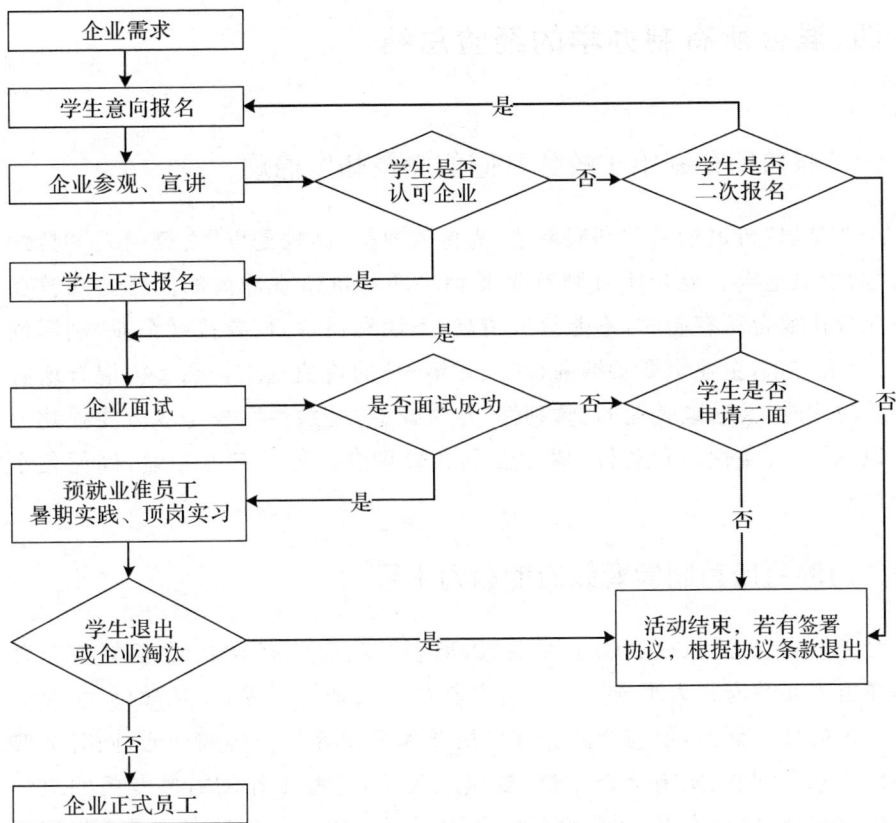

图 3-3　预就业班实施流程

　　该模式在政企校方、学生及家长共同签订"双元定向"培养协议的基础上，提出"校内框架性培养＋企业真实性实训"的校企共育培养方案，指导企业参与学生职业发展规划与职业技术技能的培养，将岗位所需的职业素养与职业技能融入人才培养全过程。一体化培养以中高职衔接为载体，开展五年制本地化的人才培养，实现招生即招工，入校即入职；预就业培养面向在校的大一、大二学生，提前预订就业，实现精准实践育人。

　　三年来，瑞安学院本地化人才培养占比 50％以上，一体化 13 个班级、522 名学生，预就业 52 个班级、216 名学生，合计 738 名学生被瑞安区域 35 个龙头骨干企业提前预订并订单培养，成为"准员工"，实现了校企双元定向共育。

四、混合所有制办学的经验总结

(一)混合所有制始于校企共同的愿景和价值观

企业是以"价值创造""利润创造"为价值取向,高校是以"立德树人""持续成长"为价值追求。混合所有制首先要解决两种价值观冲突的问题。高校在与企业合作混合所有制时,不能只讲清高、不谈利益,高校要接纳企业"利润创造"的价值主张,企业也要接纳高校"人才培养"的价值追求。在实施混合所有制办学模式时,要兼顾企业的"营利性"与学校的"公益性",校企双方要强化大局意识,兼容公益性与营利性,树立互利共赢理念。尊重各方利益,确保各主体的权益。

(二)混合所有制需要政府的有力主导

经济的高效运行、社会的全面发展,离不开政府的有效干预,搞好校企合作同样也需要政府强力主导。混合所有制是一项系统工程,涉及学校、企业等利益主体的方方面面,要与经济、财政、税务和劳动等部门协调沟通,同时又要协调校企双方利益、实施检查监督、规避风险等,这些工作均需要专门的组织机构统筹规划、协调发展,政府部门的作用不可替代。职业教育校企合作需要国家财政、税收政策的积极支持和引导,需要政府扮演"红娘"的角色,把职业教育与企业的混合所有制之"火"点燃。

在瑞安学院混合所有制的探索进程中校企双方应积极有效地寻求地方政府的支持,引起地方政府的高度重视。2017 年 5 月,瑞安市工商联与瑞安学院举行产教融合校企合作签约仪式。根据双方协议,将在瑞安学院建立瑞安市产学研创服务中心,共享人才培养、产教融合、技术支持等三大服务机制,以满足地方产业的需求。签约后,市工商联将组织汽摩配、机械电子等协会和相关龙头企业,与瑞安学院成为"共同体",高校为企业需求量身定制专业,企业园区变成高校校区,推动解决技术人才紧缺难题。

2017 年 8 月,瑞安市教育局与瑞安学院共同举行产教融合签约仪式暨瑞安市中高职衔接研讨会。会议确定了在瑞安市中高职衔接"招生·培养·就业"一体化人才培养上的探索模式,充分发挥了职业教育为社会、行业、企业服务的功能,为瑞安市培养本地化应用型、复合型、创新型技术技能人才奠定了坚实的基础,为瑞安市职业教育发展进一步明确了方向和目标。

2017 年 12 月,瑞安市商务局与瑞安学院举行全面推进电子商务产教融合校企合作签约仪式。此后,瑞安市商务局协调各部门全力支持产教融合校企合作的推进,与瑞安学院合作推出校企共同培养、校企共建校内实训基地、校外实践基地等 6 项"引企入校""移校入企"的产教融合项目,鸿一箱包、名澳电商等龙头企业建设电子商务校内实训基地,易达电商园、领客跨境电商园、人本鞋业、大东鞋业等企业设立校外电商实践基地,多维度化解电商人才瓶颈。

2017 年 12 月,瑞安经济开发区管理委员会与瑞安学院举行产教融合联盟成立大会。会上,双方签订产教融合联盟协议,确立以服务经开区区域支柱产业发展为宗旨,以支柱产业的企业为对象,以企业人力资源及急需岗位的需求满足为目标,创新办学体制机制,发挥企业主体作用,促进人才培养供给侧和产业需求侧结构要素全方位融合,推进产教融合、校企合作,充分发挥"政、行、企、校、研"群体优势、组合效应和规模效应,促进资源共享、互利共赢、协同创新,培养大批高素质创新人才和技术技能人才,为加快建设实体经济、科技创新、现代金融、人力资源协同发展的产业体系,更好地服务区域经济社会发展。

(三)对于二级学院,混合所有制需要独立的法人地位

因受公办院校资产归属牵制,学校投入的不是独立资源,二级学院不是法人单位,没有独立法人,实际上只能属于特殊形式的校企合作。随着职业教育的纵深发展,为了实现混合所有制二级学院的办学自治,应建立健全相关的法律法规,保护高职院校、企业、教师、学生等各利益相关者合法权益。应赋予混合所有制二级学院独立法人地位,使其享有更多的办学自主权。

第三节　推进本科层次职业教育试点

一、本科层次职业教育试点的目标理念

为贯彻国家关于职业教育改革发展的新部署,落实"职业教育与普通教育

是两种不同教育类型,具有同等重要地位"的新要求,进一步完善职业教育体系,推动职业教育高质量发展,学校坚持"两个不变、两个相适应、三个加强"建设理念,研究探索本科层次职业教育发展路径和高层次技术技能人才培养规律,于2016年与温州大学联合开展机械工程、电气工程及其自动化高职本科专业试点。"两个不变",即人才培养方向不变,培养高层次技术技能人才,坚持职业教育的"职业性";人才培养模式不变,坚持产教融合、校企合作,以市场需求为导向培养人才。"两个相适应",即基础理论知识、技术技能水平与本科层次职业教育要求相适应。"三个加强",即加强素质教育、加强实践能力培养、加强创新创业精神培育。

二、本科层次职业教育试点的机制框架

(一)高职本科协同育人模式构建

高职本科协同育人培养是温州大学和温州职业技术学院合作开设人才学历上升的特殊通道,是开展职业教育本科人才培养的重要试点方式之一。试点期间,学生学籍在温州大学,由温州职业技术学院提供教学场地,实现本科与高职的贯通培养,可以拓宽学生的继续教育通道和深耕技术技能学习的渠道,提高职业教育高层次本科人才的培养质量。合作模式以本科层次职业教育人才培养为出发点,在更高层次上满足区域经济社会发展的需要,培养能把各种构思和设想变成现实、能把理论知识转化为实际应用,具有较强创新创业能力的中高级技术人员。在学生毕业时,如达到毕业标准,可授予温州大学本科学校毕业证书和学位证书。

(二)人才培养方案及课程体系建设

温州职业技术学院和温州大学专业教师共同制定人才培养方案及课程体系,按照"专业供需调研,职业生涯发展路径分析—工作任务和职业能力分析—建立专业职业能力等级模块库,厘清各专业人才培养目标和规格—课程体系建设方案的论证与审定—课程标准与课程内容建设"五个步骤开展。课程体系的构建,坚持"课堂是人才培养第一主阵地",聚焦课程建设和课堂教学,严格课程标准和课程考核,强化教学过程监控。要通过广泛调研,明确试

点专业人才目标、职业岗位群定位,进一步分析职业岗位工作任务和毕业生应具备的职业能力,遵循高职教育教学规律。温州大学与温州职业技术学院共同遴选教学内容,重构适应专业发展需要、以能力与知识为核心的高职本科协同育人专业课程体系。

(三)高职本科协同育人组织保障机制

温州职业技术学院全力支持高职本科专业建设,在专业建设资金投入、实验条件建设、师资队伍建设、教学教改立项等方面给予优先安排或特殊政策支持。由专业系申报,经教务处认定后,对四年制高职本科专业课程体系中相对高职专科课程有大量教学内容和教学方法创新的专业课课时实行上浮20%的优惠政策;配置专职的专业秘书岗位1个。学校采取超常规措施施加强高职本科专业师资队伍建设。在教师引进方面,优先安排相关专业博士人才的引进力度和速度;出台相应的企业导师的支持政策,建立相对稳定的企业导师队伍;优先安排现有教师培训、进修、深造、出国学习、攻读博士等。

三、本科层次职业教育试点的实施举措

针对"中国制造2025"、智能制造技术发展、机器人技术发展对高层次、高技术、高素质人才的迫切需求,学校机械工程系和电气电子工程系在中国特色高水平专业群建设的基础上,于2016年与温州大学机电工程学院联合举办机械工程、电气工程及其自动化高职四年制本科。高职本科专业,现连续5年完成招生计划,每个专业每年2个专业班级,每班25名学生,生源为中高职高考录取学生,生源质量较好,学制四年。两个专业契合智能制造产业发展导向,开展持续的"产教融合"实践,创建了"训研创一体"实践教学基地,具有良好的社会影响力及行业引领带头作用,专业办学实力强。

(一)校企双元制定人才培养方案

产学研创用相结合,形成特色鲜明的高职本科专业校企合作办学机制。学校两个专业与正泰集团、德力西电气有限公司、浙江亚龙教育装备股份有限公司、浙江电力变压器有限公司、温州市仪器仪表行业协会、乐清市输配电行业协会等企业和行业协会共同培养高职本科人才。依照"课内、课外、校外"大

课堂实践育人思想。通过理论探索和实践,将实践教学空间由校内(课内与课外)向校外延伸,构建和实施了"多元结合、分层递进"的高职工科类专业实践教学体系,调动了校内外各种资源,充分发挥了学校教师和行业企业专家的作用。为了保证专业人才培养方案既体现高教性,又体现产业性,学校邀请温州大学机电工程学院及多家龙头企业共同编制高职本科专业人才培养方案,人才培养方案规划路径如图3-4所示。

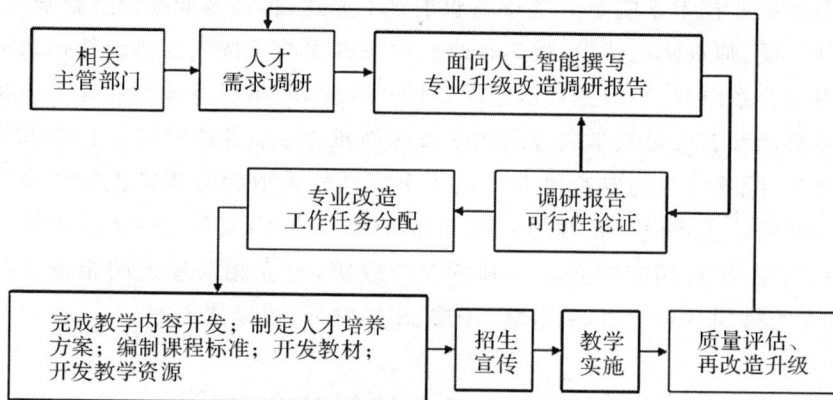

图 3-4　学校高职本科人才培养规划实施路径

(二)创新人才培养模式

电气工程及其自动化专业对接区域电气产业、依托温州地区自动化行业,与周边地区的电气、自动化、水务、电力企业以及包装、印刷、食品、制药机械等企业合作,培养具有良好职业道德,适应电气工程及工业自动化技术领域生产、技术、服务和管理第一线需要的,从事自动化生产线应用、智能化电器产品设计的高素质技术型人才,为地方经济转型升级尤其是机器换人自动化生产的实施、电气产业产品结构升级的实现提供人才与技术支持。电气工程及其自动化专业分为自动化生产线应用、智能化电器产品设计2个专业方向:一是自动化生产线应用方向为各行业的企业实现机器换人、进行自动化生产,培养自动化生产线应用方面的技术人才;二是智能化电器产品设计方向为电气类企业实现产品结构转型升级,培养电器产品智能化设计方面的技术人才。

机械工程专业依托全国大学生机械创新设计大赛、全国大学生机器人大赛（ROBOCON），专业上深度融合机械专业理论课堂教学、创新实验实践与大赛的交叉式学习，全过程进行理论和实践教学模式和内容改革，探索实施"竞赛驱动＋创新设计＋实验实践"一体化的创新性人才培养模式。以"竞赛驱动＋创新设计＋实验实践"培养模式为本，改革与大赛相关的专业课程，包括"机械原理、机械创新设计、数控加工工艺、机械制造技术、工程力学、三维建模、机电传动控制及各课程实训、课程设计"等专业课程的主题性课程集群和创新型课程体系，改革教学方法和教学手段，全方位传授学生创新理论与方法，多方面发掘学生的创新潜力，为机械类创新人才培养打下坚实的基础。

（三）实施现代学徒制与订单班

为进一步加强校企合作，深化教学改革，提高教学质量，培养高技能应用型专门人才。学校与温州中车四方轨道车辆有限公司在平等自愿、友好协商的基础上，建立校企合作关系，通过"学徒制"的形式培养学生，培训期满并考评合格后，经双方选择，企业与学生签订正式劳动合同或以工序委外形式进入公司。学校选派2018届25名电气工程及其自动化专业及11名机械工程专业学生到温州中车四方轨道车辆有限公司进行"学徒制"培养，通过专业岗位培训，熟悉掌握温州中车四方轨道车辆有限公司组装车辆电工、组装车辆钳工等岗位作业内容等事项。双方共同为这批学生制定第五学期与第六学期的培养方案，并按培养方案严格实施。

纺织机械是温州的区域支柱产业，学校考虑到整体社会经济环境及本地区中小企业的机械设计与制造人才需求，联合温州朝隆纺织机械有限公司，在2016级机械工程高职本科班规划实施了纺织机械设计与制造工程师专精学程。专精学程跨专业结合机械设计制造与数控加工及纺织机械企业经验，包含6门专精课程——机电产品创新设计、数控加工与编程、机械制造工艺、质量标准与品质管理、机床夹具设计与特种加工技术，共计197学时（内含24学时的职场讲座、企业参访学习、暑期社会实践、毕业设计、企业顶岗实习），借此引领学生深入感受企业氛围与文化、岗位工作内容、职能探索等多样化的结合，强化学生毕业前适应职场及提高竞争能力。

四、本科层次职业教育试点的培养成效

本科层次职业教育试点以来培养成效显著。电气自动化技术专业的《"多元结合、分层递进"的高职工科类专业实践教学体系创建与实施》获得国家级教学成果奖一等奖 1 项、浙江省教学成果奖一等奖 1 项。近 4 年来学生参加自动化类全国大学生创新与技能竞赛获得国家一等奖 2 项、国家二等奖 7 项、国家三等奖 1 项、省级奖项 14 项。机械工程专业荣获全国大学生机械创新设计大赛二等奖 1 项，浙江省大学生机械设计竞赛一等奖 7 项、二等奖 5 项，浙江省大学生三维数字化创新设计大赛二等奖 1 项，浙江省大学生新苗人才计划项目 8 项。

第四节　筹建职业技术大学

温州市委、市政府高度重视温州职业技术学院高质量发展，温州市委十二届十一次、十二次全会和《2021 年温州市政府工作报告》中明确提出"支持温州职业技术学院推进双高建设和本科层次职业教育发展"，"全力推进温台职教高地建设"。温州市主要领导深入开展调研，多次组织市委编办、发改委、财政局、教育局、人社局、资规局等部门召开专题协调会议，研究温州职业技术学院升本工作，制定温州职业技术学院升本工作方案。市政府对标本科层次职业学校的设置标准，市政府在财产确权、经费保障、人才引进、教师编制、校区改造等方面全力支持学校做好升本工作，有效保障资源供给。

一、职业技术大学的筹建背景与发展思路

（一）筹建背景

全国职业教育大会创造性提出了建设技能型社会的理念和战略，要求坚持高标准、高起点，严把质量关，稳步发展职业本科教育，发挥好引领作用。在

温州区域筹建本科层次职业技术大学,开展本科层次职业教育,将有利于构建高层次技术技能型社会,彰显职业教育改革对国家战略的贡献度。把职业教育提升到本科层次,有助于突破毕业生在就业和职业生涯发展中存在的一些制度和政策瓶颈,提升职业教育的社会认可度,满足职业教育学生对获得更高学历、更高技能的期待,满足人民群众接受更高层次职业教育的现实需求。2020年,教育部为激发地方改革活力,调动地方与基层首创积极性,促进职业教育区域均衡发展,相继在山东、浙江、广东等省启动部省共建职业教育创新发展高地建设。温州、台州是中国民营经济的重要发祥地,教育部和浙江省政府希望以制度创新来推进温台职业教育与民营经济的深度融合发展,全力打造活力温台国家职教创新高地,加快形成政府统筹管理、社会多元办学的格局,激发民营经济参与职业教育新动能,探索产教融合校企合作新方式,创新职业教育改革新机制,筹建本科层次职业技术大学是温台职教高地建设的具体行动。

"十四五"期间,温州职业技术学院将保持优质高职院校改革创新的传统,进一步突破制度约束,集中政策与制度优势打造民营经济与职业教育深度融合的高原与高峰,持续完善校企双元育人机制,采用长学制培养智能化时代需求的高层次技术技能人才,补齐区域本科层次职业教育的短板,推动传统优势产业转型升级和战略性新兴产业高质量发展,有力支撑共同富裕示范区市域样板的建设,为本科层次职业教育发展提供"温职经验"。

(二)发展思路

学校全面落实习近平总书记关于教育的重要论述和全国教育大会及全国职业教育大会精神,牢固树立和贯彻落实创新、协调、绿色、开放、共享的新发展理念,秉承"厚德长技、励学敦行"的校训,深化产教融合、校企合作,以立德树人为根本,强化"彰显新职教类型特色、建设高水平职业院校,培养新时代工匠人才、服务高质量经济发展"的办学理念,坚守职业教育类型定位,保持职业教育办学方向不变、培养模式不变、特色发展不变,高起点、高标准、高质量建设一所本科层次职业学校,持续提升职业教育适应性,坚定扛起中国职教改革创新"探路者"的使命担当,努力当好推动中国职教高质量发展的"排头兵"。

二、职业技术大学的发展定位与建设目标

（一）发展定位

类型定位：职业教育。

层次定位：开展本科层次职业教育，同时开展专科层次职业教育和中高职一体化培养。

规模定位：在校生规模稳定在 1.5 万人左右。

专业设置：以智能制造类专业为主、设计创意类专业为特色、现代服务类专业协调发展的专业群布局。

服务面向定位：立足温州，服务长三角，辐射全国，面向世界。

人才培养定位：落实立德树人根本任务，培养德智体美劳全面发展，具有工匠精神、创新精神、社会责任感的技术复合型、技能精深型、技术创新型等高层次技术技能人才和能工巧匠、大国工匠。

（二）建设目标

学校对接国家重大战略、浙江省和温州市经济社会发展需要，开展本科层次职业教育，到 2025 年，学校综合办学实力、人才培养质量、"双师"队伍水平、技术服务能力实现质的提升；产教融合、信息化、国际化取得长足发展；职业教育本科专业进入全国职业院校前列，全面建成一所引领改革、支撑发展、中国特色、国际水平的职业技术大学。

三、职业技术大学的建设路径

（一）服务新兴经济形态，提升技术技能人才培养能级

坚持需求导向，面向新技术、新产业、新模式、新业态，结合区域产业发展走向，适度超前规划，以高层次技术技能人才供给服务区域产业转型升级。一是科学谋划职业本科专业。顺应区域智能制造新需求、设计创意新趋向、现代

服务新业态,开设智能制造工程技术、时尚产品设计、市场营销等职业本科专业。为企业实现生产技术迭代、订单快速响应、降低用工成本等培养制造工匠,以智能设计、智能定制、智能技术等新兴技术为手段培养设计工匠,为市场营销、国际商务、数字财会培养现代服务工匠,支撑区域经济向产业链上游推进。二是系统构建育人质量提升体系。注重质量治理引领,从培养定位、课程体系、"三教改革"等方面系统设计人才培养方案。深化"招生—培养—就业"一体化改革,完善专业动态调整及考核机制,严格落实教学诊断改进工作,自主研发实时可视化质控平台,实现人才培养质量共创、共治、智治。三是加快高能级育人平台建设。建好数字经济产业创新实训大楼、数字时尚产业服务等职教综合体,建成示范性现代设计虚拟仿真实训中心、浙南轻工装备智能技术协同创新中心等国家级平台。以国家级教师教学创新团队、国家万人计划教学名师、国家级课程思政教学名师领衔,集聚资源,凝心聚力,切实提升技术技能人才培养能级。

(二)紧跟技术创新趋势,深化"学训研创用"育人模式

人才培养注重应用实效,紧跟技术创新趋势,对"学、训、研、创、用"五个环节进行一体化系统设计,培养高层次技术技能人才。一是思政铸魂,深推教改。推进习近平新时代中国特色社会主义思想进教材、进课堂、进头脑,建设课程思政教学研究示范中心、高校党建样本支部、名班主任工作室、培养全国高校"双带头人"。优化"岗课赛证"综合育人机制,把职业技能等级证书所体现的先进标准融入人才培养方案,改进教学内容与教材,全力推进项目教学、情境教学、模块化教学,实现现代信息技术与教育教学深度融合。二是学以致用,用以导学。实践"企业出题、学校接题、教师析题、学生答题"的创新模式。专业课程辅以1～2周基于真实项目的综合实践教学环节,开展留校毕业综合实践,将学生"做毕业设计"与"成果展示""企业评分""就业招聘"相结合,学用一致,提升人才培养适应性。三是研创融通,创用结合。创新"师研生随、师导生创、师生共创"的"三师三生"培养模式,实施科研反哺教学专项工程,将新技术、新工艺、新规范引入教学环节。融合温州区域特质开展创新创业教育,开设"新技术应用2＋1创业实验班",实现科研、教学、创新创业的良性互动。

（三）注重教师全面发展，提升"双师"结构教师团队水平

注重顶层设计，着力实施"五航"赋能工程，积极构建促进教师全面发展的长效机制，创新工作路径，促进师资结构持续优化。一是实施师德师风导航工程。培育黄大年式教师团队，开展"最美温职人""最受学生欢迎教师""课程思政示范教学名师"等评选活动，激励教师守初心、担使命，坚持立德树人根本任务。二是实施分类评价护航工程。实施职称评聘制度改革，建立教学型、科研与社会服务型等教师分类考核制度，建立公正、全面、科学的分层分类评价指标体系，促进教师特色化发展。三是实施名师梯队领航工程。完善教师教学创新团队培育机制，建设国家级名师工作室，建立健全名师队伍培养体系，提高教师教育教学能力。四是实施科研团队引航工程。依托国家级产业科技众创空间，引育科技领军人才。设立科研导师制度，评选一批科研带头人，发挥科研团队引领支撑作用，激发教师科技创新活力。五是实施校企共享共育远航工程。依托企业实践流动站、"双师型"教师培训培养基地、博士工作站，建成专兼融合、中高职一体化教师团队，促成职业教育师资的优化配置和共享，提高教师"双师"素质与社会服务能力。引进和培养一批专业领军人才、技术技能大师等高层次人才，打造大师领衔、专兼结合、视野高端、国际水平的高水平"双师"队伍。

（四）升级立地研发平台，提高技术技能创新服务能力

坚守"科技研发—创新创业—成果转化"的立地式研发服务理念，升级立地研发平台，力争科技创新与服务能力及水平稳居全国高职院校前列，助力高质量发展建设共同富裕示范区。一是做强科技研发平台。凝练科技研发与服务方向、建设高水平协同创新团队、共建应用技术中心、创建新型高校智库，做大做强智能制造、时尚设计、决策咨询等特色研究领域，重点打造"两工一文"三大研发平台。二是做优成果转移转化平台。拓展现有科技成果转移转化中心功能，升级开放性成果转化信息管理平台，探索知识产权联盟服务的市场化运作，成立产业技术（温州）转化研究院和混合所有制科技服务公司，加速优秀科技成果转化和产业化。三是孵化国际科研载体。与中企、海外优势高校、研究机构共建海外研发基地、联合实验室或科技开发平台，积极组织或参与全球科研合作，全面提升学校国际科技创新合作水平。

（五）推进内外主体协同，构建产教融合新生态

通过主体协同、关系协调、要素融合，构建内外有效衔接的产教融合新生态，赋能本科层次职业学校建设。一是构建政校合作新关系。主动服务温州县域经济发展，深入县域开展人才培养，增设相关特色专业，以招收当地生源、留在当地就业为主要指标，有效激发县域政府支持职业教育人才培养的动能。二是赋予校企合作新内涵。建设中国联通5G＋、温职毓蒙研究院等混合所有制办学实体，在人才培养、技术创新、社会服务、就业创业、文化传承等方面开展深度合作，实现校企战略互动、服务互应、人才互育、利益互享。三是建设多元合作新局面。牵头活力温台职教创新高地建设，完善利益分享机制，推进职业教育与民营经济融合发展，实体化运作浙南职教集团、长三角应用技术服务联盟、全国高职院校技术应用服务联盟，形成规模多样、层级递进的多元合作新局面。四是完善多元互通新载体。建立健全国家级企业综合服务平台合作与运营新制度，通过产教数据互动互通、为企业开展"一体化、一站式"服务。同时，依托平台汇聚政府部门、职业教育机构、行业企业等多方资源，为产教融合提供专业建设、课程设置、教育培训、就业智能撮合、科技成果应用等要素支撑。

（六）建设职教数字大脑，拓宽智慧职教新场景

坚持信息技术与教育教学深度融合的理念，打造智慧职教新生态，按照"数字浙江"要求建设智慧教学、科学决策、精准服务、整体智治的"5G＋智慧校园"。一是赋能智慧职教新生态。助力建设"温台职教高地数字大脑"，形成国内首创、辐射温台中高职院校的跨区域职教数字中心，助力打造温台两地政校企共同参与的区域职教新生态。二是打造智慧学习新工场。构建以学习者为中心的富媒体智慧教学空间，创新教育教学模式；深耕职教新形态教学资源和教学平台，构建泛在学习体系。三是完善智慧校园新基建。完善基础网络设施建设，形成全校"一张网"；建设学校智治一张图系统，系统性重塑校园治理方式；建设智慧生活服务一体化系统，提供高效便捷智慧校园生活；探索新型数字化改革推进机制，有力保障智慧校园建设。

（七）聚焦高水平国际化，开创国际合作新局面

以高水平国际化职业技术大学为目标，围绕本科层次职业教育新要求，主动"走出去"，积极构建高水平对外交流新模式。一是高起点推动专业接轨国际。面向全球产业链，引入国际先进的新工艺、新技术，深入开展中意服装与服饰设计专业合作办学项目和中德智能制造等领域职业教育合作项目，建设中意职教园区，成立国际时尚设计院士工作站、中丹乌拉国际大师工作室、海外时尚产业研究院，高起点推动专业接轨国际高端产业。二是高质量服务中企海外发展。充分发挥温州侨海优势，与亚龙智能装备、旺康集团股份有限公司等企业携手在柬埔寨、南非等国建设"鲁班工坊"（丝路学院），推进"中文＋职业技能"项目。积极承接"走出去"中资企业海外员工教育培训，依托意大利培训中心和合作院校，开展手机维修、酒店管理、企业管理等培训，培养大量会使用华语的专业人才和技术人员，高质量服务中企海外发展。三是高层次拓展国际合作平台。举办时尚设计高峰论坛、国际丝路智能制造技术论坛，协办世界青年科学家分论坛等国际会议，积极参与"中国—东盟"教育交流周，依托中意职业教育合作发展联盟等平台，建立与都灵创意之都的合作关系，拓展高层次对外交流平台，提升教师国际化能力和学生国际化素养，营造校园国际化氛围。四是高品质输出职业教育标准。支持鼓励高水平专业群开展国际化教育教学改革，开发国际通用的专业标准和课程体系，面向"一带一路"沿线国家和地区开发并输出智能制造类、人工智能类等高质量专业标准、课程标准、教学资源，开展标准认证，打造学校职业教育国际品牌。

第五节　推进中高职一体化

根据全国职业教育大会精神和《国家职业教育改革实施方案》《浙江省教育事业发展"十四五"规划》《浙江省教育厅关于深入推进中高职一体化五年制职业教育工作的指导意见》《浙江省中高职一体化课程改革方案》等文件精神，学校为推进中高职衔接，适应产业转型升级和结构调整，对五年制职业教育进行了多年的试点探索，并取得了良好成效。

一、构建中高职一体化人才培养模式

学校牵头组织实施中高职一体化五年制职业教育人才培养工作,合作的中职学校须为等级中职学校(含省级以上重点技工学校)或非等级学校的名专业(品牌、优势特色)和示范(骨干、特色、新兴)专业。近五年,与国家级重点职业学校、省中职高水平学校温州市职业中等专业学校等 32 所学校 67 个专业开展一体化人才培养工作。合作的中高职一体化职业教育中职学校招生专业一般应为具有优势和特色的专业,并要符合行业岗位技术含量较高、专业技能训练周期较长、技能熟练程度要求较高、适合中高职统筹培养、社会需求相对稳定的人才培养规格和工作要求。

加强院校结合,由职业教育学者、课程专家、中高职院校相关职能部门和专业负责人成立专业教学指导委员会,定期召开会议,负责开展中高职一体化的教学与改革工作。科学定位一体化人才培养目标,组织制定教学标准、职业能力标准和课程标准。指导院校制定一体化人才培养方案,完善一体化教学实施办法、管理运行及评价机制。

二、构建中高职一体化教学质量保障体系

立足省域视角,结合实际需求,由学校牵头,中职学校、行业企业共同参与,对接职业能力标准,清晰界定中高职层次的人才培养目标,并据此制定一体化人才培养方案、课程体系、教科研机制、师资协同研训机制。

(一)设计一体化人才培养方案

遵循人才成长规律,兼顾学生成长需要和社会用人需求,确定培养规格,统筹安排教学计划、课程选择、实践实习、考试评价、质量监控等各环节,中高职学校共同研究制定人才培养方案。按照"把好两端、规范中间"的原则,严把学生入学标准和毕业质量两个关口,严格学段管理。以"整体设计、分段递进"的思路优化实践教学体系,体现中高职承接与延续的关系,协同建好用好各类校企实训基地,广泛开展各类社会实践活动,将职业素养培养和职业技能训练贯穿整个培养过程。

（二）重构一体化课程体系

构建中高职有序衔接的课程体系，避免课程内容的脱节和简单重复，实现课程内容衔接的连续性、逻辑性和整合性，着力提升课程有效性和适应性。坚持书证融通，促进中高职一体化的课程设置、教学内容与职业岗位能力、职业技能等级证书对接。充分调动行业、企业、职业院校专家等多方力量，根据一体化核心课程标准，及时将新技术、新工艺、新规范纳入教学内容，共同研发和编写一体化课程教材 50 余本。完善满足学生多样化需求的课程资源，加快智能化教学支持环境建设，持续推动适应一体化人才培养要求的在线开放课程、专业教学资源库建设，建立了 1000 余门在线课程、2 个国家教学资源库。

（三）探索一体化教科研机制

探索建立与中职学校及合作企业共同参与的中高职一体化教研科研工作机制。推进中高职教师双向交流，每个合作专业均组建了中高职一体化专业教研室，各合作专业均建立了微信群、QQ 群等 60 余个教研交流平台，积极开展人才培养、标准研制、人才培养方案制定、课程体系设计、课程实施、教材开发、技能比赛、质量评价等教研交流活动，每学期开展不少于 1 次的定期交流、专题研讨等常态化教研活动。

（四）研究一体化师资协同研训机制

探索建立高职、中职、合作企业共同参与的中高职一体化五年制职业教育人才培养的师资协同研训机制。学校充分利用对口专业、课程及师资优势，与所对接的中职学校合作开展师资培训，加强校本研训统筹。健全中高职院校教师实践制度，组织专业教师定期、分批次到合作企业实践制度，探索青年教师教学指导和实践指导相结合的"双导师"培养模式。

三、构建中高职一体化评价机制

学校制定出台《温州职业技术学院中高职一体化五年制职业教育专业及

学生遴选办法》,健全学生、专业考核评价机制,做到科学规范、公正透明,全面考察学生的综合素养,探索发展性评价机制。

(一)建立学生遴选考核指标

为保障生源质量,在中高职一体化五年制职业教育学生完成中职阶段学业转入高职阶段学习的衔接过程中,设计遴选考核环节。转入遴选考核主要以中职阶段学业综合评价为依据,对学生在中职阶段平时学习成绩与表现进行考评。注重奖罚,设立免试项目,重点奖励技能突出学生,对中职阶段获得省部级举办的相关专业技能大赛三等奖及以上或市相关行政部门举办的专业技能大赛二等奖及以上的学生可免试转入高职。而对于中职阶段表现欠佳的学生则明确淘汰机制,如"学生受过留校察看及以上处分""受纪律处分,未予撤销""经补考仍有一门及以上课程不及格"等6种情况,取消遴选资格,不得转入高职阶段学习。

(二)建立专业考核指标

为保障中职阶段学生培养质量,建立了中高职衔接中职专业考核指标体系。学校教务处、招生就业处、相关二级学院成立考核小组,重点考核中职专业招生分数情况、中职招生计划完成率、转入学生专业技能比赛获奖情况、转入高职学生报到率、人才培养方案制定和执行、专业满意度评价、中高职专业交流情况等10项指标,对合作专业进行考核,以考核结果来确定转入学生的比例,从而促使中职学校强化培养过程,加强专业建设,提高学生的培养质量。

(三)建立动态调整机制

根据中高职衔接中职专业考核指标体系,对合作专业进行考核,考核结果分为优秀、良好、合格、不合格等4个等级,以考核结果来确定转入学生的比例。如合作中职学校的专业连续两年考核为不合格等级,则取消合作关系,动态调整合作专业,从而保障合作学校的质量。

第六节　建设职业教育"数字大脑"

建设温州市企业综合服务平台是温州市助推新时代"两个健康"先行区创建的一大举措。平台坐落于温州滨江CBD世界温州人家园，由全国高水平高等职业学校——温州职业技术学院承接运营，按照"线上与线下相融、部门与高校合作、实体和虚拟并举"的运营模式开展服务，线上建设"帮企云"设有服务云、培训云、产融云、智造云、咨询云、政策云六大服务模块，积极推广建设温州"企业码"专区；线下引进10家全国优质服务机构落户平台，指导建成12个县级分平台，为全市企业提供一体化、一站式、一条龙优质服务。平台依托温职强大师资和技术力量及覆盖广泛的服务网络体系建设，为企业提供高质量服务，同时平台通过"帮企云""企业码"等数字化平台的建设推广，有力助推职业教育"数字大脑"建设。

一、职教数字大脑的顶层设计

根据温州区域产业发展现状，在充分调研温州区域经济和温州企业需求的基础上，最大限度地整合政府部门、服务机构、县级分平台、高校等优质资源，为温州市企业开展全方面服务，助推温州新时代"两个健康"先行区创建，努力为温州经济发展注入新的引擎和动力。积极掌握温州区域经济和产业新动向，反哺学校专业设置、人才培养、技术科研，从而大大提升学院服务社会的能力，努力打造全国领先的企业服务示范平台，助推双高校建设。

二、职教数字大脑的中层运行

运行：以"市县联动、服务统筹，互联互通、资源共享，信息畅通、服务便捷"为目标，努力做到：一是政府借力。主动对接市经信局、市人社局、市金融办、市财税局、市委组织部、市教育局等有关涉企政府部门资源，为企业提供更多快捷、便利、优质服务，不断提升平台吸引力和公信力。二是机构融合。充分利用在线1700多家服务机构的优质服务资源，采取服务联盟等方式，共同探讨整合资源、全过程服务地方企业,形成服务合力。三是纵向联动。以指导考核各地中小企业公共服务平台为抓手,形成市县联动模式,引导县级平台突出地区服务特色,形成纵向互通、特色鲜明、全面活跃的中小企业服务体系。四是学院支撑。利用学校的专业队伍和雄厚师资,为平台赋能,也为机构、县级平台服务企业提供强有力支撑,提升学校社会影响力和服务温州区域产业能力。五是整合数据。建设完善"帮企云"平台,融通温州"企业码"平台专区,全面掌握温州 22 万余家中小微企业基础数据,实现对企服务全覆盖,并将政府、服务机构、县级平台对企服务、互动的所有活动通过大数据平台进行全过程监控,为建设职教数字大脑提供支撑。

评价:深入开发、活跃"帮企云"和"企业码"大数据平台,将服务企业的活动尽量做到在线发起、对接、反馈、评价全过程闭环式流转,完善《温州市中小企业服务机构管理办法》《温州市中小企业"十佳"和优秀服务机构评选》,加强对服务机构提供在线服务质量和效率的监管,以在线服务质量、评价作为合作、宣传、推广、享受服务券待遇的重要指标,为企业提供高质量服务,不断提升平台活跃度。

激励:贯彻落实《温州市企业综合服务平台工作人员津贴分配及绩效考核管理办法(试行)》,进一步明确平台全体人员考绩工作办法,并对平台工作人员开展季度考绩,评定"季度之星",把每个成员的工作业绩与薪酬紧密结合,增进平台工作人员的工作积极性和主动性,提升平台运营效率。

约束:修订完善《温州市企业综合服务平台部门职责和岗位职责》《温州市企业综合服务平台工作制度》《温州市企业综合服务平台企业诉求流转制度》《温州市企业综合服务平台规范接待制度》等,规范平台日常运营和服务机制,确保高质量服务企业、机构、县级平台、行业协会等。

三、职教数字大脑的基层管理

不断完善《温州市县级分平台考核办法》《温州市企业综合服务平台线下入驻服务机构考核办法》,充分调动县级平台和入驻平台实体机构的积极性,形成联动、互动态势,不断扩大平台的影响力和号召力,为打造产教融合"职教数字大脑"提供更为广泛、基础、全面的数据支撑,为提升学校在基层的影响力和深入合作提供更广泛的平台和更有利的支撑。

四、职教数字大脑的效能目标

坚持校企合作、产教融合,搭建学院与企业的产融平台、科研平台、人才平台、服务平台,努力为全市企业提供一条龙、一体化、一站式、集成式服务,深度挖掘产业大数据,反哺学校,促进学校高质量服务区域经济社会发展,更充分发挥学校在区域经济社会发展中的作用。

温州市企业综合服务平台将始终坚持服务企业、反哺学校的运营宗旨,不断运用数字化手段为企业提供更优、更全、更便捷的服务,并通过大数据运算,为学校建成职教数字大脑贡献力量。

下　篇

治理机制与治理路径

第四章 专业建设治理体系

第一节 专业建设制度赋能

专业建设是高职人才培养体系建设的关键组成,是学校开展人才培养工作的基础。完善专业层制度,能够进一步明晰专业人才培养工作现状,推进专业内涵建设,促进专业与产业对接,不断提高专业的社会适应能力和人才培养质量,促进专业可持续发展,培养高水平人才,服务高水平发展。

一、高屋建瓴的顶层制度设计

坚持"与国家发展同频,与区域产业对接,与民营经济互动,与行业企业共赢,与国际顶尖接轨"的办学理念,聚焦浙江八大万亿级产业和温州支柱产业,形成三大专业集群。基于"产业链、岗位群、学科逻辑"等路径,根据产业复合型人才和跨界要求,组建六大专业群。基于以群建院的理念,根据专业群中专业链配置调整院系结构,打破传统系院体系。结合三大立地式研发平台,在企业技术研发服务、新技术应用型人才培养、专业教师团队建设方面构建了产业、专业、科研协同深度融合新格局(如图 4-1 所示)。

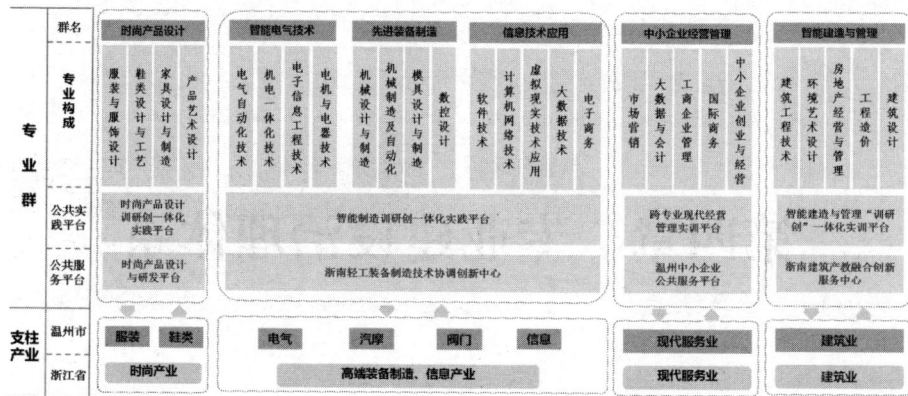

图 4-1 "产业—专业—研发"协同发展、深度融合布局

近年来,在顶层设计的指引下,学校取得了喜人的成绩。学校电气自动化技术等 11 个专业被评为省优势特色专业,鞋类设计与工艺等 6 个专业被评为国家骨干专业,同时,学校与本科院校开始合作,建立了 2 个四年制高等职业教育人才培养试点专业,4 个专升本联合培养试点专业。持续推进龙头专业与专业群建设,全面落实"1+X"证书试点工作。在 2019 年学校获评中国特色高水平职业高等院校,同时"电机与电器技术专业群""鞋类工艺与设计专业群"两个专业群被评为中国特色高水平专业群。

二、"运行—评价—激励—约束"四维中层制度架构

(一)运行、考核、评价制度体系

以《专业建设工作业绩考核及专业动态调整办法》为核心,实行基于"三层次需求"导向的专业建设工作业绩考核制度,与招生、就业、培养联动改革来运行,建立契合区域产业需求导向的专业动态调整机制,持续提升专业内涵建设与产业需求的契合度。

以《龙头专业建设指导意见》为引领,坚持以习近平新时代中国特色社会主义思想为指导,坚持以立德树人为根本,以服务发展为宗旨,以促进就业为导向,适应区域经济社会发展的技术进步和生产方式变革以及社会公共服

务的需要,不断提高人才培养质量,提升学校专业建设水平。建立 8 方面考核评价指标体系,预期实现通过项目建设,龙头专业在教育教学理念、师资团队、课程体系、实践教学体系、课程及课堂教学等方面的创新与改革,能够引领学校专业群和其他专业建设;在学生素养、素质、价值观、知识、能力和技术培养等方面的探索,能够引领学校人才培养质量不断提升;在产教深度融合、校企合作、科研与社会服务等方面能够与人才培养之间形成联动,提升协同效应;在"招生—培养—就业"一体化方面的深入推进能够引领学校其他专业。

以《专业建设诊改办法》为抓手,实现校内专业及时自我诊断与评估,促进专业建设质量水平的螺旋提升。深入探讨、发现和把握专业建设过程中,影响、制约并决定专业整体质量水平的核心要素与本质规律,及时发现学院专业建设环节中存在的各种问题与困难。以外部评价为依托,通过内部的诊断、外部评估对专业建设进行全方位评价。

(二)激励、约束制度体系

依据《专业建设工作业绩考核及专业动态调整办法》对综合工作业绩优秀的专业要在资金上予以重点扶持,重点倾斜,而工作业绩不合格的专业要停招、兼并或者转型。

根据《龙头专业建设指导意见》,以及各类评价结果,学校立项 5 个龙头专业,每年给予独立的经费与激励奖励支持。同时,执行龙头专业退出机制,进行龙头专业年度考核,剔除发展缓慢专业,着力发展学校核心专业,实现龙头专业的全国领先。

依据《教学建设与研究成果计分及奖励办法》,进一步深化教学改革,深耕教学,落实教学工作的中心地位,加强学院内涵建设,充分调动广大教师投身教学建设与研究工作的积极性和创造性,切实提高教学水平和人才培养质量。鼓励教师参与到专业建设当中,对于各类专业建设荣誉给予计分并发放奖励,全校动员激发专业团队的内在活力。

三、落实"三教"改革的实施制度体系

切实落实"教师、教法、教材"三教改革，大力推广改革成果，有效提升人才培养质量。

（一）教师层面

一是根据《青年教师助讲培养制度实施办法》《优秀教学团队建设管理暂行办法》文件精神，进一步加强学校师资队伍的建设和管理，规范青年教师助讲培养工作，加强教师培训、培养，以"传帮带"的方式有效提升教师队伍教学水平，提高教育教学质量。

二是严格执行《教师教学工作规范》《教学运行保障管理办法》《教学差错及事故认定处理办法》，强化教师爱岗敬业的意识，规范教师教学行为，规定教师必须坚持以习近平新时代中国特色社会主义思想为指导，以立德树人为根本，以理想信念教育为核心，以社会主义核心价值观为引领，贯彻执行党的教育路线、方针、政策，各类课程都要落实课程思政有关要求，推动思想政治教育与技术技能培养有机统一，保障课堂教学效果。

三是实施"三师"素质培养，结合"1＋X"证书制度，在培养高素质"双师"基础上，对专业骨干教师增加胜任"培训师"的能力要求，让教师既能在学校授课，又能攻关企业技术难题，还能在培训机构开展职业资格培训，探索按照"三师"素质要求完善职教教师的专业能力标准。

（二）教材层面

教材建设是学校教学基本建设的重要内容之一，是提高教学质量的基本环节，是体现学校办学成果和办学水平的重要标志。因此学校成立教材工作委员会，委员会负责学校教材规划、编写、审核、选用等，及时、客观地向学校党委汇报教材现状、问题、质量等情况，贯彻落实国家教材建设相关文件，切实保障各类教材工作的顺利进行。

根据《教材建设项目管理办法》，严格落实党中央、国务院关于加强和改进新形势下大中小学教材建设的要求，把牢政治方向，全面提高教材质量。一方面，大力支持新形态教材建设，尤其是新型活页式、工作页式教材；另一方面，加强教材选用环节的监督审核，让更多新形态教材进入课堂。

（三）教法层面

一是推行"学训研创用"一体化人才培养体系。学校秉持"与一流企业合作，办一流大学，育一流人才"的理念，以国家、省市重大战略为指引，深度融入区域产业价值链与创新链，以培养行业技能人才为己任，引领区域产业转型升级为目标。系统构建"学训研创用"一体化人才培养体系，从专业层面对"学习＋实训＋研发＋创新创业＋应用"等进行一体化系统设计（如图 4-2 所示）。

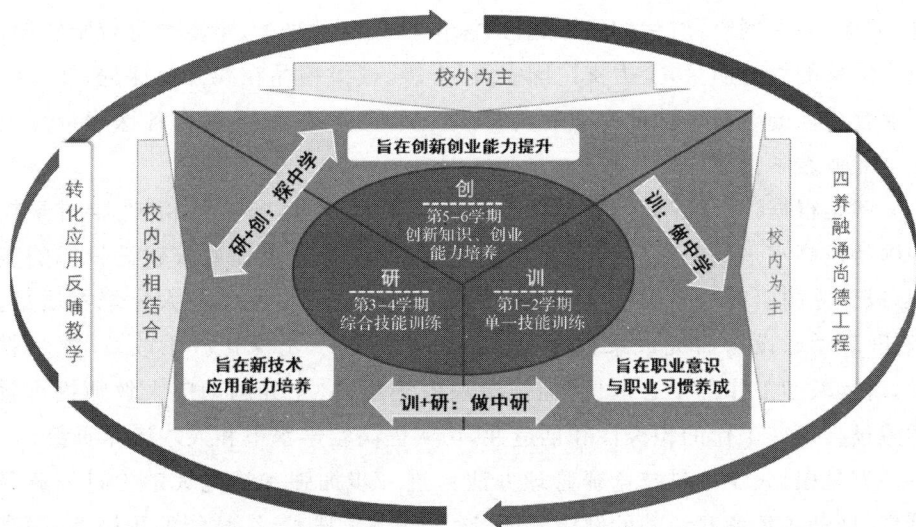

图 4-2　"学训研创用"一体化人才培养体系

二是根据《高等学校课程思政建设指导纲要》文件要求，学校建立党委统一领导、党政齐抓共管、教务部门牵头抓总、相关部门联动、院系落实推进、自身特色鲜明的课程思政建设工作格局。明确"课程思政"的建设目标，健全工作机制，加强各部门联动，全面推进学校课程思政育人工作，努力实现全部课程明确育人要素，全体教师明确课程育人职责，所有课程体现育人效果。

学校党委把"课程思政"作为"一把手"工程来抓，从专人开展思政教育转变为人人参与思政工作，从人才培养方案的顶层设计到教师每堂课的具体实施均贯穿思政教育主线,把理想信念教育、社会主义核心价值观教育、红色文化及中华优秀传统文化教育、创新创业及工匠精神和职业素养教育等内容"基因式"植入专业教育中。引导"课程教学"向"课程育人"深化,让每门专业课程都育人、每位专业教师都承担育人责任,让专业课上出"思政味",逐步建立具有高职特征、温职特色的"课程思政"育人机制。

三是继续推行《关于加强教学信息化建设的意见》,深入贯彻习近平新时代中国特色社会主义思想,坚持培育和践行社会主义核心价值观,紧紧围绕立德树人的根本任务,遵循教育教学规律,深化学院教育教学改革,主动适应学生个性化发展和多样化学习需求,加强教学信息化建设,推动信息技术与教育教学深度融合,全面提高教学质量。根据《课程信息化建设实施方案》文件精神,顺应"互联网＋"时代的发展趋势,深化教育教学改革,丰富教育教学资源,提升学校的教学质量,全力支持国家级、省级、校级精品在线开放课程、线上线下混合金课的建设。动员专业努力建设全课程资源库,并联合各课程资源组成全专业教学资源库。

四是根据《教学建设与教学改革研究项目管理办法》文件精神,推进学校中国特色高水平高职学校和专业建设计划、浙江省重点优质校建设目标的实现,以优秀的研究成果引领学校教育教学改革创新,提升学校人才培养质量。依托《教学建设与研究成果计分及奖励办法》,进一步深化教学改革,深耕教学,落实教学工作的中心地位,加强学院内涵建设,充分调动广大教师投身教学建设与研究工作的积极性和创造性,切实提高教学水平和人才培养质量。

五是根据《学生科技竞赛管理办法》,进一步加强和规范大学生科技竞赛管理,推动各类竞赛活动的健康发展,激发学生学技术、练技能的积极性,提高教师竞赛指导水平,增强大学生创新精神、创造能力和团队合作意识以及提升大学生就业竞争力,提升学院在国内外的影响力和知名度,同时,学校大力支持国家级、省级、校级教学能力大赛的开展,并推广参赛成果,实现以赛促改、以赛促教,有效提升人才培养质量。

(四)"三教"改革硕果累累

近年来,学校在专业层制度体系越发成熟,"三教"改革也日渐深入,成果逐渐体现,荣获国家教学成果奖一、二等奖4项,国家教学资源库2个,国家级实训基地8个,国家精品课程8门,国家"1＋X"证书制度试点30个。拥有国家级"双师"培训基地和国家级教师教学创新团队 2 支。毕业生就业率连续 15 年超 98％,留温率达 65％以上,毕业生培养质量、就业竞争力、薪酬水平、企业用人满意度连续多年位列浙江省高职院校第一,实践育人项目入选教育部高校思想政治工作精品项目。学生近五年荣获全国"挑战杯"创业大赛金银奖、国家级技能大赛奖项 100 余项,国际大奖 16 项,学生社团连续三年获"全国高校创业社团百强"称号。

第二节 以专业群重构院系

建立高职院校治理体系,提高治理能力,首先需要优化治理结构。温州职业技术学院在历经了早期的合格及优秀评估、中期的全国示范校建设、近期的省重点校建设等中国高职教育发展的若干关键节点以后,针对"后示范"时期内涵的发展进行了深入的思考与探索。从提升学校治理水平的视角着眼,优化内部治理结构,扩大二级院系管理自主权,发展跨专业教学组织,成为进一步深化改革和创新发展的重要课题。为此,学校提出了以专业建校、专业强校的理念,把专业建设摆到了学校和院系改革和发展的优先位置。在对已有专业通过考核优胜劣汰、进行动态调整的基础上,推出了专业群建设的战略,并尝试根据专业群发展的趋势和组群逻辑来重构二级院系。

一、专业群重构院系的实践案例

2018 年 11 月,学校以原时尚设计系和人文传播系为试点,进行两系合并重组,建立设计创意学院。重组后的设计创意学院,将原来人文传播系的文秘专业停招,而将商务英语专业划入工商管理系,使其与该系的国际贸易专业组群。这样,原人文传播系的传播与策划专业及新申报的视觉传播设计与制作专业和原时尚设计系的鞋类设计与工艺、服装与服饰设计、家居设计与制造、产品艺术设计等专业组成了设计创意学院以鞋类设计与工艺专业为龙头的"时尚智造"类专业群。

2019 年 3 月,为深入贯彻落实全国教育大会精神,落实《国家职业教育改革实施方案》,集中力量建设一批引领改革、支撑发展、中国特色、世界水平的高职学校和专业群,带动职业教育持续深化改革,强化内涵建设,实现高质量发展,教育部、财政部联合推出了《关于实施中国特色高水平高职学校和专业建设计划的意见》。该计划提出围绕办好新时代职业教育的新要求,集中力量建设50所左右高水平高职学校和150个左右高水平专业群,打造技术技能人才培养高地和技术技能创新服务平台,支撑国家重点产业、区域支柱产业发展,引领新时代职业教育实现高质量发展。温州职业技术学院以专业建校强校、以专业群逻辑重构院系的理念和创新尝试正是契合了中国新时代高职教育改革发展的新趋势,因而成为首批50所"双高"建设学校之一,设计创意学院以鞋类设计与工艺专业为龙头的专业群也成为其中的高水平专业群建设对象。

二、专业群重构院系的经验总结

以专业群重构院系的成功实践,首先基于专业群建设的良好基础。设计创意学院以鞋类设计与工艺专业为龙头的专业群之所以能够组群,并成为"双高计划"中的高水平专业群建设项目,基于其多年来积淀的一系列具有领先性的专业建设成果。

首先,该专业群所属专业历年来取得了一批优秀的教改成果。如获得国家教学成果一、二等奖,主持建成鞋类专业国家教学资源库,完成首批国家现代学徒制试点(家具),拥有国家示范重点专业、骨干专业各2个,建有国家生产性实训基地(鞋类),建设国家精品课程2门,编写出版国家规划教材等29本,毕业生就业率、单位满意度等在全省同类专业中位列第一,获得6项国际大奖。这些成果使得其专业建设和教改成果在全国具有领先优势。

其次,专业群团队实力雄厚。该专业群由国家万人计划领军人才、国家教学名师、专指委主任领衔,专任教师高级职称占50%以上,建有国际、国内大师工作室2个,省级名师1名,省市技能大师4名,省专业带头人7名,发表SCI、EI论文23篇,承担国家、省部级课题30多项,使得专业群团队实力也在全国领先。

再次,专业群服务能力突出。校企共同建有国家级众创空间、意大利培训中心、省级服装平台,3个省级研究院、5个市级平台、中国鞋都等3个产业学院,以及中国家具培训基地;研发省新产品139项,专利232项,技术转让费

1101万元,培训5000余人次,因而始终保持服务能力全国领先。

最后,专业群重视行业影响力的打造。专业群龙头专业为全国行指委副主任、专指委主任单位,主持制定国家、行业标准多项,主持中国青年脚型数据库建设,共建起草中国童鞋基地发展规划和省项目指南,这些又使得其行业影响力在全国领先。

三、专业群重构院系的启示

组建专业群,以专业群重构院系,必须厘清专业群逻辑。

首先,专业群与产业要紧密对应。该专业群面向时尚产业终端产品个性化、智能化设计与开发,以产业转型升级、智能技术研发和提升产品附加值为引导,紧密应对区域支柱产业发展需要,符合国家供给侧改革和传统产业高端智能化需求。专业群对应国家传统支柱产业、浙江八大万亿产业之一的时尚产业以及温州"时尚之都"第二、第三大支柱产业(鞋业产业年产值800多亿元、服装产业年产值600多亿元),对接中国鞋都、中国男装名城、特色家居及产品设计行业,融入文化创意、智能制造、数字经济发展新趋势。

其次,要明晰专业群人才培养的目标定位。该专业群立足浙江、辐射全国,接轨国际时尚产业,顺应新时代对时尚产品设计智造复合型人才的新要求,在原有"设计工匠"人才培养定位的基础上,融入智能化、信息化、网络化、大数据等新兴技术,确立"设计工匠+"人才培养目标定位。

最后,群内专业形成了从理念、资源、技术到课程的完整逻辑体系。该专业群以当代产业转型和幸福生活为诉求,以国内领先的鞋类专业为龙头,发挥区域产业国际品牌(产品)优势,与时尚行业互通时尚元素、共性技能、前沿技术和转型手段,提升时尚产品设计智造水平。协同剖析大数据背后的共性商业价值点,确定新产品的设计方向,完成全方位共同理念的系列化、整体化设计,并实现个性化定制商品的升值转化。

由于新时代背景下时尚产品行业营销模式进一步发生转变,数字化传播成为趋势。因此,众多知名企业上门寻求与学院合作,希望能培养懂设计、策划并具备现代传播能力的人才。传播与策划专业生源质量好,设有产品与广告拍摄等影像、影视制作和传播类课程,部分专业教师在鞋服产品拍摄方面也多有涉及。因而将传播与策划专业纳入时尚轻工智造专业群,瞄定时尚产业,突出培养学生时尚产品图片和视频内容的设计制作能力、品牌推广能力，使专业群向时尚产品终端和产业链纵深发展，即从设计、研发、智造一直延伸到数字传播和营销，既符合专业群构建逻辑，又能优化专业群结构，提升信息化水平，形成契合新时代需求的设计制造类专业群特色。

具体而言，该专业群依据时尚类产品消费市场大数据，针对服装、鞋、箱包、饰品、家居、文创等时尚特色产品的设计、研发、智造、传播等岗位群，根据造型设计、结构设计、工艺设计以及新兴智能应用技术、数字媒体技术等共性技术技能，配置教学资源，构建"设计创新＋智造技术＋数字传播"新型课程，进而打造专业共同体，实现群内专业共享校企合作、产教融合资源，在实训、研发设备、师资、课程等领域实现互补共融，形成跨专业教学组织。

综上所述，高职院校打造高水平专业群，必须面向区域或行业重点产业，依托优势特色专业，健全对接产业、动态调整、自我完善的专业群建设发展机制，促进专业资源整合和结构优化，发挥专业群的集聚效应和服务功能，实现人才培养供给侧和产业需求侧结构要素全方位融合。而基于专业群逻辑的院系重构无疑给专业群的发展提供了新动力，为如何强专业厘清了思路。同时，从学校治理体系改革的角度来看，专业群建院也为"后示范"时期、重点校及"双高"校建设中的院系发展指明了一个重要方向，并为旨在进一步促进高职院校提效增能的、真正意义上的校院两级管理改革做了必要的铺垫。

第五章 科技研发治理体系

第一节 深化立地式研发

学校主动对接高端装备制造、信息、时尚、现代服务等区域支柱产业,依托全国高等职业院校技术应用服务联盟、浙南职教集团、智能制造产教融合联盟等产教融合大平台,与地方政府、产业园区、行业企业深度合作,着力建设"科技研发—创新创业—成果转化"相融合,集"技术开发—应用研究—决策咨询—技术服务—人才培养—创新创业"于一体,资源共享、机制灵活、产出高效的"全链式"技术技能创新服务平台,实现技术与人才集成供给,服务区域产业转型升级,打造"立地式研发服务"的全国典范。

一、建立健全科研制度,强化科研意识

学校把科研工作放到突出位置,制定了《温州职业技术学院专利扶持与奖励办法》《温州职业技术学院科研工作量计算及奖励办法》《温州职业技术学院科研项目经费配套资助办法》《温州职业技术学院纵向科研项目及经费管理办法》《温州职业技术学院横向科研项目及经费管理办法》《温州职业技术学院优秀科研成果奖评审办法》《温州职业技术学院应用研究与技术服务机构投入产出效益综合评价办法》等,对从事科研活动的教师给予一定的经费配套政策和政治待遇,对研发平台考核突出科研业绩导向,"以亩产论英雄",激发教师的

科研兴趣和科研意识。同时,学院引导教师转变观念,注重与区域内行业企业联合开展横向课题研究,把科研能力作为自己专业发展的重要组成部分,以此提升自身的专业技术水平,丰富专业技术知识,进而提高教学能力。

二、突出区域行业企业特色,构建技术技能创新服务平台体系

学校依托现有专业,坚持"需求—条件—方向"相一致,构建了国家级—省级—市级—校级四级研发平台体系,共建有国家级平台1个,省级平台5个,市级平台23个,校级平台25个,助推地方经济创新发展,破解企业生产一线急需的关键技术难题和技术应用最后一公里的问题。着力打造"科技研发—创新创业—成果转化"相融合,集"技术开发—应用研究—决策咨询—技术服务—人才培养—创新创业"于一体,资源共享、机制灵活、产出高效的"全链式"技术技能创新服务平台。由学校牵头组建的浙南轻工装备智能技术协同创新中心2017年获评浙江省应用技术协同创新中心、2019年经教育部认定为国家级协同创新中心。牵头组建全国高等职业院校技术应用服务联盟、长三角高职院校应用技术协同创新联盟,与李校堃院士团队合作,成立中国足踝健康装备研究院,铸造立地式研发服务的全国典范,推动区域经济发展。

三、科研与教学融合发展,科研反哺教学

学校坚持产教融合、工学结合,坚持"区域有什么支柱产业,就设置什么专业;区域有什么企业难题,就建立什么服务平台;区域有什么新技术需求,就培养什么新技术应用的创新创业人才"的办学理念,发挥小学定位服务于地方经济、人才培养、产学合作的特点优势,利用与企业的密切联系,以技术开发、产品开发、成果转化为科研己任,从生产一线的实践中找项目、找课题,开展技术服务,并将技术开发成果和实际项目运用到教学中,更新实践教学项目和内容,使研发真正成为促进教学内容改革的强劲动力。自2016年以来,学校共承担立地式研发服务项目2200余项,服务企业近万家,科研服务到款额超1.2亿元,每年研发项目转化为教学实践项目超百项;学校从2018年开始每年推出一批研发反哺教学综合研究项目,现已立项40余项。

四、做大成果转移转化平台，推进科技成果转化与核心技术产业化

学校在现有科技成果推广转化中心（温州市重点科技中介服务机构）基础上，通过设立科技成果转移转化分中心、升级开放性成果转化信息管理平台，重点打造面向全国的科技成果转移转化网络；对接市场需求，以校企共建研发中心为纽带，以开发任务为方向组建校企双元研发团队，开展技术开发，探索混合所有制科技服务公司运作模式，推进科技成果市场化运作，提升科技研发"增溢效能"。2016年以来获授权专利1207项，其中发明专利768项，专利转让423项；2018年以来连续四年发明专利授权数位居全国高职院校排名第一；截至2021年3月，科技成果转让数位列全国所有高校第71位，超过70%的"双一流"高校科技成果转化数。

五、产学研创结合，服务实体经济壮大发展

学校积极把握新一轮科技革命和产业变革，借助区域行业纽带和产业基础，以新技术应用为导向，孵化具有科技含量的小微企业，服务实体经济壮大发展。

第一，构建国家级众创空间，提升师生创业能力。学校"温州产业科技国家级众创空间"，依托现有研发平台，对接学生创新创业团队，成立创新创业工作室90多家，成功孵化出具有成长性的新技术应用型创业企业50多家、在孵企业18家，年营业额达1000余万元。学校众创空间先后于2018年、2019年被评为"省级优秀众创空间"，获2017年度全国创新创业典型经验高校50强等众多荣誉。

第二，以新技术应用为导向，提升师生新技术应用能力。学校主动把握新科技革命和产业变革的趋势，打造以实训为基础、研发为动力、创新创业为导向的"训研创"一体的实践教学体系，设立"新技术应用产业提升项目"，引进世界500强企业的新技术。

第三，构建"三师三生"人才培养模式，提升学生创新创业能力。学校强化"师研生随、师导生创、师生共创"培养模式的创新，让更多学生参与创新创

业。"师研生随"，即以教师的科研项目带动学生参与研发；"师导生创"，即教师给予学生创业团队技术指导；"师生共创"，即学生出资当法人，教师出力当技术总监。如东南电子股份有限公司分期投入研发经费210余万元，主动委托学校开发注塑机自动上下料，微动开关自动检测与包装机，设备改造设计等业务。

六、立地式研发的经验启示

学校虽然在坚持立地式研发、推进技术研发、创新创业、成果转化一体化方面取得了一定的成绩，但还存在技术研发支持力不足、技术研发活力不强、成果溢出不明显、技术研发转化力不高等问题，接下来学校将从如下几个方面持续改进，促进"研发—双创—转化"高质量发展：第一，创新需求驱动机制激发研发动力。通过构建驱动机制，推进研发任务需求—技术牵引—循环推进的驱动发展机制的良性运转。第二，创新协同驱动机制以适应研发动力传输。一是推进"学研"协同，将专业技术服务能力作为重点特色专业（群）考核一项重要指标，加大支持力度，推动专业和研发平台一体建设。二是推进"研用"协同。通过进一步整合"政校产行企"社会资源，共建科技创新服务平台，共建校内外实训基地，共同进行师资培养，共建技术服务联盟和二级学院等，打造科技创新体系。第三，创新激励驱动机制形成研发反馈系统。通过完善科研激励机制和人事激励机制，激励教师积极投身立地式研发，营造"人尽其才，才尽其用，用当其时"的良好氛围。

第二节　创建专利高质量发展新格局

温州职业技术学院作为国家高水平职业高等学校，始终坚持面向市场、服务发展、促进就业的办学方向，在立地式研发、促进新技术应用过程中走出了一条"产学结合—产学研结合—产学研创结合—产学研创用结合"的递进发展之路，在专利高质量发展方面，形成了独具特色的"温职方案"。

为进一步增强学校知识产权意识和管控能力，显著提高专利质量、数量和转化率，学校全面贯彻新发展理念，紧扣高质量发展这一主线，深入实施创新驱动发展战略和知识产权强国战略,坚持突显价值评价与应用导向、"需求—技术—成果—转化"循环递进的知识产权产业化运作思路,全面提升专利创造质量、运用效益、管理水平和服务能力,促进专利高质量发展,推动科技创新和学科建设取得新进展,支撑教育强国、科技强国和知识产权强国建设。

一、培育研发氛围,做好顶层设计

在整体建构层面,激励与考核并举,夯实研发基础。第一,政策激励:一是对校级及以上的纵向课题给予 2000 元及以上不等的配套资助,而且在取消纵横向课题管理费的同时还给予横向课题实际到款额 1% 的科研奖励;二是研发机构负责人政治上享受学校副处级待遇与每年 1.5 万元及以上的津贴,以及每年不少于 1 万元的机构办公经费支持;三是科技创新团队在三年建设期享受理工科类 30 万元、人文社科类 15 万元不等的经费资助;四是学校分"教学为主""教科研并重""科研与社会服务型"三类进行职称评定,还规定科研成果被政府采纳视同不同级别获奖、重大横向课题视同不同级别纵向课题等。第二,绩效考核:一是学校将课题立项、知识产权及转让、科研获奖等纳入教师科研业绩考核中,并与科研奖励津贴、评优评先等挂钩,还对额定科研工作量不达标教师实行高职低聘;二是将科技成果、成果转化与社会服务等纳入科研机构考核体系,并与负责人的津贴、机构办公经费挂钩;三是将科技到款额、科技成果应用质量等纳入系部年度考核之中,与部门年度评优评先及奖金挂钩。

在专利专项方面,从"放水养鱼"向成果产出、成果转化应用激励转变。一是学校作为温州首个《高校知识产权管理规范》贯标试点单位,出台《知识产权管理手册》对专利等知识产权的发掘、管理、保护、运用进行明确规定。二是学校出台《专利扶持与奖励办法》:(1)从 2018 年开始大幅度减少知识产权授权奖励额度,无申请奖励及申请费报销。教师授权知识产权不奖励,仅计科研业绩,专利代理费等专项补助取消。(2)突出成果导向,学校按知识产权转化经费额度的 90% 给予教职员工奖励,同时还按知识产权转化经费额度的一定比例给予教职工科研业绩奖励。三是在人才评聘方面,学校重视专利质量和转化运用等指标,在职称晋升、岗位聘任、项目结题等政策中重视专利转化运用绩效,如职务授权发明专利成功转让(含许可)且金额达到 10 万元以上可视同一级论文。

二、着眼立地研发,做好平台搭建

通过政校行企四方联动,学校打造了"科技研发—创新创业—成果转化"相融合的技术技能创新服务平台。

在研发平台层面。学校不仅拥有55个国家、省、市、校四级研发机构与2万平方米的技术研创大楼,而且与龙头企业共建省级企业研究院(研发中心)30家,与中小微企业共建研发中心126家,与超万家企业科技研发服务精准对接,力争解决生产一线急需的关键技术难题和技术应用最后一公里的问题。

在创新创业层面。学校以现有研发平台为依托,在共建国家大学科技园基础上,独建国家级众创空间;一个研发平台对接一个创新创业团队,建立了"师研生随、师导生创、师生共创"科研育人体系,进而形成了"企业出题、学校接题、教师析题、学生破题"的创新教育模式,专注于培养新技术应用人才。

在成果转化层面。学校拥有市级科技成果转移转化中心、鞋革产业知识产权联盟,以提升科技研发"增溢效能"。如温州市鞋革行业科技创新公共服务平台在前期与意尔康股份有限公司共建产学研合作基地基础上,顺利承接该企业的安全、舒适、健康老年鞋设计攻关项目,此项目研发成果——"舒适耐磨老年防护鞋设计及制造方法"经浙江知识产权交易中心有限公司组织交易,与意尔康股份有限公司达成转让协议,技术转让额63.5万元,并在企业实现了产业化应用,2020年新增产值上亿元;又如省轻工机械技术创新服务平台成果"立创断路器在线生产动态特性测试系统",2019年以50万元的价格成功转让给兴机电器有限公司,已产生5000万以上经济效益。

三、基于一线需求,做好管理服务

在科研管理层面,一是开发独具特色的科研管理系统,实行科研管理信息共享与源头数据实时采集,助力"最多跑一次";二是推行项目负责人制,研发经费支出由项目负责人负责审批、风险自担、责任自负;三是进行研发机构考核周期内的中期检查,予以必要的激励与预警。

在专利管理方面,一是成立知识产权管理委员会,积极贯彻《高校知识产权管理规范》,形成了科技创新和知识产权管理、科技成果转移转化相融合的统筹协调机制。二是建立重大项目知识产权管理流程。学校重大及以上研发项目配备知识产权专员,在立项阶段进行专利信息、文献情报分析,确定研究技术路线,并识别科研项目知识产权需求,进行知识产权风险评估,确定知识产权目标;项目验收时,除提交成果知识产权清单外,还需提交知识产权评价报告和知识产权运用建议;项目结题后,督促专利运用实施,促进成果转移转化。三是建立专利申请前评估制度,由学校技术成果转移转化中心对拟申请专利的技术进行评估,切实提升专利申请质量。四是教师可利用 OA 系统随时办理专利申请、专利转化审批,科研管理系统与专利申请等管理流程数据实现无缝对接。五是依据过程管理所采集的动态信息做出趋势研判,即时调整奖励政策,将重点聚焦在知识产权转化上。

在研发助跑方面,一是不定期进行科研政策解读,逐步让科研激励与奖惩内化为教师的行动参照;二是邀请课题管理部门专家开设高端讲座,提供最为及时的研发动向与申报技巧;三是邀请国内知名专家学者通过举办各种学术讲座和科技研讨会、一对一指导项目申报等方式,提升教师的自主科研能力;四是学校定期邀请知识产权服务机构与专利成果突出者进行专利申报、成果转化等方面的精准指导和经验分享,定期参加政府部门举行的科技成果转化对接会等。

四、专利发展的成效与启示

近五年,学校为行企解决技术难题达 2900 余项,科技与社会服务总额超 2 亿元,知识产权申请总量 2383 项,其中发明专利占 85.6%;授权知识产权达 1098 项,其中发明专利占 69.2%,2018 年以来连续四年位列全国高职院校发明专利授权排行榜单第一名;知识产权转化转让达 253 项,转化转让金额 648.88 万元,截至 2021 年 3 月,科技成果转让数位列全国所有高校第 71 位,超过 70% 的"双一流"高校科技成果转化数。学校虽然在专利方面取得了一定的成绩,但还存在高价值专利数量偏少、转化率有待进一步提高的问题,接下来学校将从如下几个方面持续改进,促进专利高质量发展。

一是重构大学章程框架下的现代高校科研管理新体系,持续进行机制创新、流程优化与体系完善，不断推进管理重心下移；二是创新校企共建共享、科技研发、成果转化与创新创业运作新模式，完善突显价值评价与应用导向的"需求—技术—成果"循环递进产业化运作新机制，探索混合所有制的科技服务公司运转模式；三是探索职务科技成果的知识产权全部或者部分给予科技成果完成人；四是探索将通过科技成果转化创造的产值、利润等经济效益和吸纳就业、节约资源、保护环境等社会效益，作为专业技术职称评审、岗位管理和考核评价的重要依据；五是完善学校科技成果推广转化平台功能，融信息网络服务、科技资源共享、技术转移对接、产业支撑服务平台等于一体，不断开辟市场化运作机制，加速成熟技术的落地与孵化进程，助力温州产业发展。

第三节　高校科技服务工作内部控制建设

一、高校内部控制的政策概述

如表 5-1 所示，通过梳理高等学校内部控制相关的重要文件发现，随着 2012 年 11 月《行政事业单位内部控制规范（试行）》的出台，我国高校内部控制建设方才有了较为系统的理论依据。2014 年 10 月，在党的十八届三中全会上通过的《中共中央关于全面推进依法治国若干重大问题的决定》，更是突出强调了加强内部控制工作的重要性，这为进一步增强高等学校内部控制的规范实施奠定了法律基础。内部控制的建设和实施对提高高校综合治理水平、规范高校内部管理部门权力运行、认真落实中央"八项规定"、加强廉政风险防控等方面都具有重要意义。

立足高校内部控制建设与实施的实践经验，本节选取温州职业技术学院科技服务工作中的技术技能创新服务平台建设为研究对象，从顶层、中层、基层三个层面进行分析：顶层设计是树立什么理念，中层是建立一套"运行、评价、激励、约束"机制，基层是具体的项目、抓手、载体、要素实施。以此总结科技服务工作治理体系建设经验和做法。

表 5-1 高校内部控制相关的政府文件

时间	发文机构	发文名称	内容要求
2012—11	财政部	《行政事业单位内部控制规范(试行)》(财会〔2012〕21 号)	对行政事业单位的内部控制规范进行了详细阐述
2013—12	教育部	《关于做好〈行政事业单位内部控制规范(试行)〉实施工作的通知》(教财函〔2013〕142 号)	对高校实施内部控制规范的重要意义、基本原则、主要任务和工作要求做出了详细阐述
2015—12	财政部	《关于全面推进行政事业单位内部控制建设的指导意见》(财会〔2015〕24 号)	要求到 2020 年,基本建成与国家治理体系和治理能力现代化相适应的内部控制体系
2016—04	教育部	《教育部直属高等学校经济活动内部控制指南(试行)》(教财厅〔2016〕2 号)	通过对高校内部控制"实施指南""应用指南""评价指南"的制定,为高校内控建设提供思路

二、科技服务内部控制关键问题分析

新形势下,随着高等教育事业的不断发展,高校肩负的使命越来越重大,专业建设、科技服务、学生管理、师资建设、产教融合、国际合作等方面是影响高校使命能否顺利完成的内部控制关键点,而技术技能创新服务平台建设又是科技服务工作内部控制关键点。学校秉承现代化的高校治理理念,深化综合改革,从顶层、中层、基层三个层面,积极探索"三位一体"的技术技能创新服务平台建设内控管理模式。

(一)顶 层

学校基于立地式研发的理念,主动对接高端装备制造、信息、时尚、现代服务等区域支柱产业,依托全国高等职业院校技术应用服务联盟、长三角高职院校应用技术协同创新联盟等产教融合大平台,与地方政府、产业园区、行业企业深度合作，着力打造"科技研发—创新创业—成果转化"相融合，集"技术开发—应用研究—决策咨询—技术服务—人才培养—创新创业"于一体，资源共享、机制灵活、产出高效的"全链式"技术技能创新服务平台（如图 5-1 所示）。

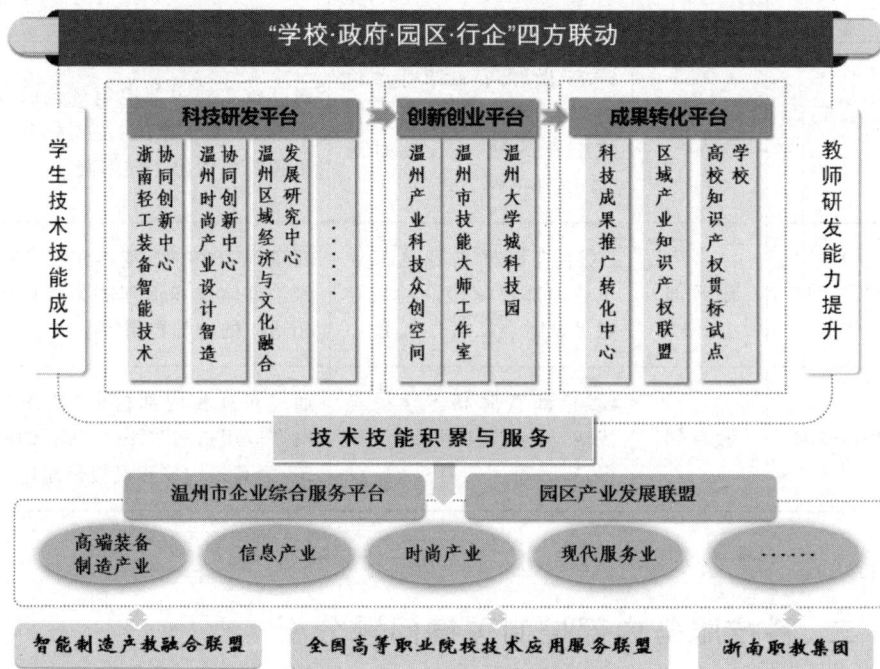

图 5-1 "研发—双创—转化"相融合的技术技能创新服务平台

（二）中　层

如表 5-2 所示，通过建立技术技能创新服务平台"运行—评价—激励—约束"的机制，促使科技服务工作内部控制目标与效能的实现。

表 5-2　温州职业技术学院科技服务内部控制相关文件

文件构成		文件名
梁	总则	《科研诚信建设与管理办法》
		《学术委员会章程》
		《知识产权管理手册》
		《科研工作管理条例》
柱₁	科研机构平台	《技术研创大楼暂行管理办法》
		《应用研究与技术服务机构管理办法》
		《应用研究与技术服务机构投入产出效益综合评价办法》
		《产学研创综合服务平台建设管理办法》
柱₂	科研团队人员	《科技创新团队建设与管理暂行规定》
		《专职科研人员管理办法》
柱₃	科研项目	《科研项目管理实施细则》
		《科研项目经费配套资助办法》
		《纵向科研项目及经费管理办法》
		《横向科研项目及经费管理办法》
		《部分科研项目经费使用"包干制"管理办法》
柱₄	科研奖励	《优秀科研成果奖评审办法》
		《科研工作量计算及奖励办法》
		《专利扶持与奖励管理办法》
		《关于国内学术期刊(著作)定级的规定》

运行：以《应用研究与技术服务机构投入产出效益综合评价办法》为核心，实行"以亩产论英雄"、产出高效导向的平台建设产出效益考核制度，建立契合区域产业需求、"腾笼换鸟"导向的平台动态调整机制，持续提升平台内涵建设与产业需求、人才培养的契合度。

评价：依据《应用研究与技术服务机构投入产出效益综合评价办法》对平台科技服务、科技成果、人才培养、学术交流、科研总业绩与人才培养绩效等方面的校内综合考核以及外部管理部门对平台人才培养与条件建设、科研活动与创新成果、公共服务与经济效益等方面的绩效评估，对技术技能创新服务平台建设进行全方位评价。校内综合考核中的科技服务与成果包括外来科技到款额、科技项目立项、科技成果奖、授权专利、高质量论文、成果转化;人才培养指科研反哺教学,包括孵化学生公司创业、带毕业设计、承担学校特长生培养、指导学生竞赛获奖、参加人事处组织的青年教师"传帮带"培养青年教师;学术交流指主办或承办校内跨平台学术交流会、市级及以上学术交流会;科研总业绩与人才培养绩效包括科研设备每万元科研总业绩与人才培养业绩、科研场地每平方米科研总业绩与人才培养业绩、人均科研总业绩与人才培养业绩,其中文科平台只有人均科研总业绩与人才培养业绩考核分值。

激励:依据《应用研究与技术服务机构投入产出效益综合评价办法》对产出业绩优秀的平台负责人津贴上浮、科研设备优先购置;依据《技术研创大楼暂行管理办法》对产出业绩优秀的平台研发场地优先安排;依据《科技创新团队建设与管理暂行规定》《科研项目管理实施细则》对产出业绩优秀的平台科研团队优先推荐、立项、科研人员优先引进、限额科研项目优先推荐、立项。

约束:依据《应用研究与技术服务机构投入产出效益综合评价办法》对于一个评价周期内中期检查不合格的平台,平台负责人津贴下浮50%;其中因平台负责人科技到款额未达标的,按实际到款额的比例扣发机构办公经费;评价结果不合格的平台,学校将予以撤销,撤销后的平台其结余办公经费将被收回,其场地和设备及其成员并入其他平台。

(三)基　层

通过"平台、团队、项目、转化"等要素的改革实施,切实推进平台机制的有效运转,提升平台科技创新能力和科技服务水平。

平台层面:依据《应用研究与技术服务机构管理办法》《产学研创综合服务平台建设管理办法》文件精神,按照"技术需求—研究方向—人、财、物条件"相一致的理念,围绕产业战略和学校专业群建设框架,建设"研发—双创—转化"于一体的技术技能创新服务平台。

团队层面:依据《科技创新团队建设与管理暂行规定》,遵循"自主组合、开放流动、择优遴选、政策激励、合同约束"的基本原则,择优立项符合平台研发服务方向的创新团队。

项目层面:依据《科研项目管理实施细则》,从自由探索研究的校级一般、重点项目到面向温州产业或经济社会发展需求设立的校级重大项目立项遴选,围绕平台核心技术方向进行立项支持;对于校外限额申报项目,围绕平台核心技术方向进行优先推荐支持。

转化层面:依据《知识产权管理手册》《专利扶持与奖励管理办法》,以成果质量和转化绩效为导向,重点奖励实际转化运用的高质量科研成果,促进平台科研成果的高质量发展。

三、学校科技服务工作内部控制目标与效能

学校科技服务工作内部控制的目标与效能是:对接科技发展趋势,以技术技能积累为纽带,建设集人才培养、团队建设、技术服务于一体,资源共享、机制灵活、产出高效的人才培养与技术创新平台,促进创新成果与核心技术产业化。加强与地方政府、产业园区、行业深度合作,建设兼具科技攻关、智库咨询、英才培养、创新创业功能,体现学校特色的产教融合平台,服务区域发展和产业转型升级。进一步提高专业群集聚度和配套供给服务能力,与行业领先企业深度合作,建设兼具产品研发、工艺开发、技术推广、大师培育功能的技术技能平台,服务重点行业和支柱产业发展。

第六章　人才队伍治理体系

第一节　师资队伍治理体系内部框架建设

为全面贯彻习近平总书记关于人才工作的重要论述,深入贯彻落实全省教育大会精神,不断创新管理机制,加快推进师资队伍建设,构建以"双师素质型"教师为核心,"双师型"结构为主体,规格明晰、体系合理、结构科学的特色高素质"双师型"师资队伍,应该从顶层、中层、基层三个层面着力。

一、师资队伍建设的顶层设计

基于"精准引才、精心育才、精确用才"的师资队伍建设原则,打造"引育用留"全生命周期的人事制度体系,全面提升师资队伍建设质量。在精准引才方面,做大增量,突出供需对接,创新人才引进体制机制,让各类人才扎根温职。在精心育才方面,做强存量,突出能力建设,培育造就一批政治立场坚定、师德好、肯钻研、善思考、能用改革创新办法攻坚克难的人才。在精确用才方面,做活变量,突出活力释放,实现价值体现,加快完善评价体系和考核激励机制。树立"人尽其才、才尽其用,不求所有、但求所用"的用人理念,从战略目标、制度结构、价值诉求等方面加以综合考虑,通过理念、制度与实践创新,构建科学高效的教师队伍治理模式、制度体系和运行机制,推动师资队伍可持续发展。

二、师资队伍建设的中层运行

精准对接专业群师资需求,围绕高水平专业群建设,制定高水平"双师"队伍建设规划;精准对接教师个性化需求,开展教师职业生涯规划工作,营造关心关爱关注人才发展的环境;精准对接教师能力水平,建立健全科学高效的用人制度。建立以"双高"专业群师资队伍建设为核心的二级管理机制,形成各大载体整体合力。

(一)运行:坚持党管人才,强化二级管理

强化党管人才意识,全面加强学校党委对师资队伍建设的领导,建立党委人才工作领导小组,发挥党委对人才工作总揽全局、协调各方作用,实施学校领导班子成员联系人才制度,加大对师资工作支持力度,做到学校主导、学院主体、部门协同、上下联动,形成科学高效的人才领导工作体系。进一步提升各部门的引才育才意识、服务意识,以"院系办校"原则推进院系二级管理,实现"校办院系"到"院系办校"的转变。建立二级学院师资队伍建设述职机制,健全二级联动的工作目标责任制和工作激励机制,推进统筹管理、分类指导、考核激励、监督落实的工作体系,把师资队伍建设工作成效作为对院系发展状态、发展速度、发展潜力等开展综合评价的重要依据,并与干部考核任用挂钩。学校师资队伍在保持总量稳步上升的同时,结构逐步得到优化。

(二)评价:坚持分类评价,完善考核制度

细化教师专业分类,合理设置评价指标要素。分类建立健全涵盖品德、知识、能力、业绩和贡献等要素,科学合理、各有侧重的人才评价标准,加快形成导向明确、精准科学、规范有序、竞争择优的科学化人才评价机制,激发和调动广大教师从事教学科研的积极性和创造性。以业绩贡献和能力水平为导向,完善年度考核、聘期考核、专业考核和部门考核制度,构建"四位一体"的绩效评价体系。完善个人年度考核方式,将年度考核结果与聘期考核、目标考核、职务晋升、评优评先和工资待遇结合起来,加大年度考核的"含金量"。完善专技岗位聘期考核,加强岗位聘用由聘前身份认定向聘后合同管理转变。实施基于岗位分类管理的分类考核,不同岗位类别实行差异化的工作任务和考核

目标,提高考核的针对性和科学性。专业和部门考核的目标任务逐步聚焦关键性、个性化指标,凸显国际化和信息化内容,为"双高校"建设提供制度保障。

(三)激励:注重成果导向,开发师资效能

制定向"高精尖缺"人才倾斜的职称评聘办法,在专业技术职务评聘中实施人才分类考核评价,完善以标志性成果为导向的评价体系,注重标志性成果的质量、贡献、影响。业绩基本条件 N 选 3(成果至少 1 项,且除论文外的其他选项须有 1 项为主持)的规则,突出了品德、能力、业绩导向,不同类型在教学、科研等方面均有不同侧重点。扭转唯文凭、唯论文、唯帽子的评价导向,探索构建有利于潜心教学、研究和创新的评价制度。建立以专业群为核心的二级管理体系,优化资源配置,激发办学活力;依托教师发展中心、企业人才工作站,建立"人才服务驿站",配备高层次"人才服务管家";创新选聘制度、培训制度和考核激励制度、兼职教师管理模式,打造选得好、能用上和留得住的兼职教师队伍。按照"注重绩效,兼顾公平;分类考核,强化激励;两级管理,宏观调控"原则,适应多元化用人模式,完善基于绩效、向高水平专业群倾斜和重点工作激励的薪酬分配制度。

(四)约束:完善岗位管理,强化师德考核

学校把加强师德师风建设、弘扬尊师重教传统作为教师队伍建设的首要任务,明确将教师思想政治和师德师风建设作为其主要职责,出台《温州职业技术学院关于建立健全师德建设长效机制的实施意见》,促进教职工提高自身修养,师德考核作为年度考核的重要组成部分,每年进行一次,考核不合格的,年度考核定为不合格。充分发挥学术委员会、工会、教职工代表大会和纪律监察等部门、机构在教师作风建设、学术规范、教书育人等方面的监督调查作用,了解教师思想、工作和生活状况,全方位加强师德监督。构建学校、教师、学生、家长和社会多方参与的师德监督体系。在人才引进、专业技术职务评聘、岗位聘用、干部选拔、评奖评优、年度考核、聘期考核等方面设立师德评估环节,凡不合格者实行"一票否决"。完善高职低聘、低职高聘制度,推进教职工能上能下、非升即走的岗位管理模式。

三、师资队伍建设的基层管理

以"平台—项目—团队"为建设思路,实施"三个三"师资分类培养模式。

(一)完善三大平台功能

以教师发展中心为依托,完善进修培训、研发创新、产教融合等三个平台功能,明确教师发展中心职能定位,整合校内外优质资源,拓展教师培养、培训与交流路径,有计划、系统性地开展校本培训,辅之以政策激励,引导教师开展同伴互助,谋求共同发展。以职业能力提升、研发能力提升、行业影响力提升等三类项目为载体,以体现产业与专业特色的师资团队建设为目的,构建契合区域产业发展的高水平教师队伍建设生态系统。

(二)实施三类提升项目

实施职业能力提升项目,通过开展师德师风教育、教师职业素质培训、青年教师助讲培养,评选教学新秀、教学骨干、教学名师,鼓励教师参加校外进修培训等举措,全面提升教师职业素养和教学能力;实施研发能力提升项目,通过激励教师参加新技术应用能力提升进修、参加技术技能工作室、承担学生创新创业团队指导、参加企业教师工作站锻炼、开展技术服务和成果推广等举措,大幅提升教师研发能力和实践能力;实施行业影响力提升项目,通过实施国家行业指导委员会专家激励和行业名师名家激励,鼓励兼职教师参与教育教学研究等举措,显著增强教师的社会融入度和行业影响力。

(三)打造以三大专业集群为核心的师资团队

依托三大平台和三类提升项目,多措并举,产教互融,打造体现产业与专业特色的以三大专业集群为核心的师资团队,实行分类管理。通过实施"名师梯队"培育工程、"双师双能"提升工程、"研发服务"激励工程,打造一支大师领衔、专兼结合、研发服务能力领先的智能制造专业集群团队;通过国家"万人计划"领军人才引领、世界级大师入驻、校内外研发培训网络对接、校企"双师"互聘等举措,打造一支具有高端视野与较强行业影响力的时尚设计专业集群团队;通过加大投入、内培外引、聘请校企双方专业带头人、强化骨干教师队伍建设等举措,打造一支专业优势互补、能成为区域经济社会发展智库的现代服务专业集群团队。

四、师资队伍建设的治理目标与效能

引进和培养一批专业领军人才、技术技能大师等高层次人才,使教师师德师风、教育教学、实践指导、科研创新和社会服务等能力明显提升,教师队伍结构显著改善。打造以鞋类设计与工艺和电机与电器技术两大专业群师资团队为核心的大师领衔、专兼结合、视野高端、国际水平的高水平"双师"队伍。

通过治理体系建设,学校师资队伍建设取得了一定的成效。现有国家"万人计划"2人、国家教学名师2人,国务院特殊津贴专家1人,二级教授5人,省有突出贡献专家、省教学名师等省市级以上人才215人次。入选全国高校黄大年式教师团队1支、国家级课程思政教学名师团队1支、国家级职业教育教师教学创新团队2支、国家级"双师型"教师培养培训基地1个,充分发挥教师发展中心功能,获得浙江省高校教师教学发展示范中心称号。荣获2020年度全国职业院校技能大赛教学能力比赛一等奖,浙江省高职院校教学能力比赛暨全国选拔赛一等奖2项、二等奖3项、三等奖1项,并荣获最佳组织奖。荣获国家教学成果一、二等奖4项,省教学成果一等奖6项。获得2019年度浙江省科技进步一等奖1项,是国内迄今为止唯一以第一完成单位获省部级科技进步一等奖的高职院校。

第二节　青年教师成长工程

青年教师是学校教师队伍的生力军和教学工作的骨干力量,是确保学校持续发展的动力和希望。青年教师的政治素质、业务水平直接关系到学校的生存和发展。因此,学校将青年教师的培养作为建设高水平教师队伍的重要议题和提升教育质量的关键因素,极力创设有助于青年教师学习与成长的环境,从而促进他们有效学习和深度发展。

学校认为解决以上问题应完善培养机制,实施青年教师成长工程,具体包括"青蓝工程""蝶变工程""领雁工程"等三项工程（见图 6-1），为青年教师专业发展助跑。青年教师成长工程是一项系统工程，努力打造青年教师成长平台，锤炼教育教学基本功，帮助青年教师树立正确的教育理念、掌握科学的教育方法和提高课堂教学能力。建立青年教师培养考核机制，努力营造有助于青年教师专业成长的良好氛围和健康有序的教研文化，加快青年教师成长步伐，实现青年教师专业化发展。实践证明，通过实施"青年教师成长三大工程"，提高了青年教师的教学水平和科研能力，实现了青年教师成为学校发展生力军的培养目标。

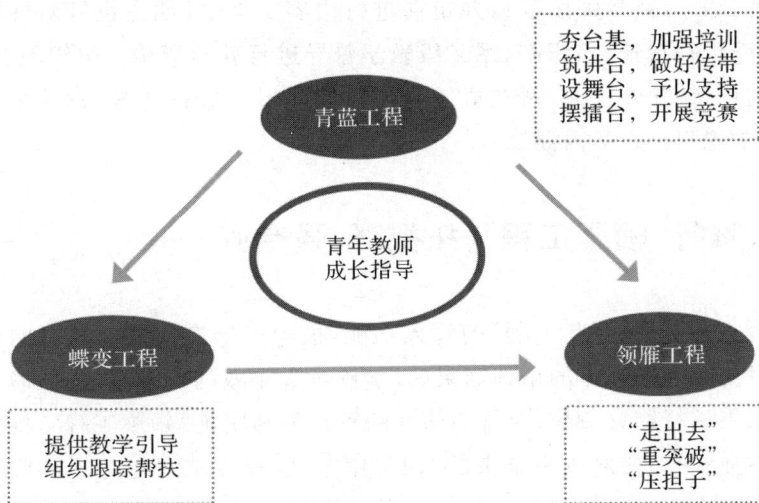

图 6-1　青年教师成长三大工程

一、实施"青蓝工程"，传师德、提师能

学校出台了《双师型教师培养计划和实施方案》，对入职不满三年的青年教师实施"青蓝工程"，开展"训、帮、炼"全员培训，为青年教师的成长与发展确立了方向。实行新教师坐班制度，依托教师发展中心为新入职教师系统设计岗前培训、助讲培养工作方案，重点夯实教学基本功。做好传带，为青年教师制定个性化培养方案，开展"青蓝结对"活动。实行校企双导师制，目标是入职五年内使青年教师通过"双师"素质认定。实施博士培养工程，积极发动青年

教师攻读博士学位。拓展产教融合平台功能,充分运用行企资源,选派青年教师名企挂职,实现校企互通共育"双师",提高实践指导能力。

二、实施"蝶变工程",促交流、助成长

学校以教学帮扶为抓手,实施"蝶变工程"。通过教学引导和教学帮扶对部分教学暂时偏弱的青年教师进行跟踪帮扶,确保不让一名青年教师掉队,最终实现其教学上的"破茧成蝶"。提供教学引导,围绕新环境下教师可能面临的新困惑,编印《新教师读本》,并定期进行内容更新,以期提供针对性的教法指导;组织跟踪帮扶,组织院、系二级教学督导进行教学帮扶。组织院、系督导通过期初评课、随堂评课、帮扶成效专项监控的形式进行帮扶,把关帮扶教师的"教学常规"与"教学内涵"。

三、推行"领雁工程",拓视野、强专业

学校充分重视"青蓝工程"的育人功能,极力引导广大青年教师向骨干教师方向发展。为期三年的培训结束后,学校对青年教师的日常表现、教学成绩和比赛结果进行综合考核,对排名前列的青年教师实施"领雁工程",继续提升他们的专业水平,使之成为未来的"领头雁"。学校要求青年骨干教师每年至少一个月下企业和参加三年一轮的校外培训进修,分批选派青年骨干教师赴国外研修,学习借鉴职教先进经验,鼓励青年骨干教师社会兼职和参加与专业相关的团体组织、行业协会,积极参与校企合作项目,承担横向课题研究,参加访工访学。

第三节　提升干部管理的科学性

为政之道,首在用人。抓好干部队伍建设是"应变局、育新机、开新局、谋复兴"的关键之义。党的十九届四中全会提出,要坚持新时代党的组织路线,健全党管干部、选贤任能制度。近年来,学校始终坚持把队伍建设作为一项重要工作来扎实推进,努力打造一支适应高水平高职院校建设的高素质专业化

领导干部队伍,形成了齐心协力谋发展、团结一致干事业的良好氛围。

一、坚持"五大原则"强化顶层设计

学校以党建引领干部队伍建设,以打造中国职业教育"重要窗口"为目标,以政治过硬为前提,以实践锻炼为途径,以实绩实效为检验,把提升制度执行力和治理能力体现到干部考核管理监督各方面,在干部队伍建设中把握"五大原则",实现教育管理与选优配强相统一、事业发展与干部成长相统一、个体优选与组合优化相统一,以结构优化增强整体功能,以增强整体功能促进治理能力提升,做到人尽其才、才尽其用、用当其时,为实现学校高水平高质量发展提供坚强保障。

一是坚持党管干部、系统谋划。坚持党管干部,凡属关系全局、关系长远的干部工作制度,以及干部制度改革的总体方案和改革措施的出台,干部的选拔任用必须经党委集体讨论,按照民主集中制的原则做出决定。同时加强干部队伍建设顶层设计,统筹考虑、妥善处理在各领域、各层级、各方面的干部需求,坚持远近存用结合,推进综合分析研判,系统谋划干部队伍建设规划。二是坚持德才兼备、以德为先。全面落实好干部标准,树立科学发展、以德为先、注重基层的用人导向,把品德、知识、能力和业绩作为选任干部的主要标准。三是坚持注重实绩、群众公认。综合考察干部政治品质、道德品行、科学发展实绩、作风表现和廉政情况,引导干部在实干、实绩上竞争。注重一贯表现,扩大师生群众的参与力度。四是坚持改革创新、统筹兼顾。坚持改革创新,构建有效管用、简便易行的选人用人机制,拓宽选人用人的视野和渠道,将干部使用和培养相结合,统筹不同类型干部的发展,统筹干部的培养、选用、教育、管理等环节,营造和谐发展环境。五是坚持突出重点、整体优化。坚持以中层领导班子建设为重点,对处级干部实施重点培养、重点管理、重点监督。着眼于学校未来事业发展的需要,大力加强青年干部的教育培训培养,整体优化干部队伍结构,不断提高依法治校能力。

二、健全"五大机制"完善中层运行

学校建立"选—育—管—评—用"全链条机制,努力打造一支适应学校高质量发展要求的忠诚干净担当的高素质专业化干部队伍。

（一）拓宽渠道"选"，完善发现储备机制

学校按照总量控制、统筹兼顾、精简高效、优化结构、适应形势、动态管理的原则，注重政治标准、群众公认和任人唯贤，科学设置机构和干部岗位，制定《干部选拔任用暂行规定》，以落实制度规范为重点，坚持突出政治标准，加强政治体检，强化政治历练，提升政治能力，注重干部德行、实绩、廉洁、基层评价等方面的把关，规范选人用人程序，加大考察力度和角度，着眼于学校事业发展需要，多层次、多类别、多渠道地集中培养选拔一定数量的想干事、会干事、干成事的勇于奉献、敢于负责的干部，尤其是年轻干部，服务学校事业发展。

（二）精耕细作"育"，完善素质培养机制

学校建立源头培养、跟踪培养、全程培养的素质培养机制，完善"系统培养、梯队成长"机制，源头培养注重加强干部的思想教育和政治训练，扣好人生第一粒扣子；跟踪培养注重跟踪不同类型干部的成长阶段，坚持分类施教、精准滴灌；全程培养注重把理想信念教育、知识结构改善、能力素质提升贯穿干部成长全过程，优化干部成长"路线图"。

（三）从严从实"管"，完善管理监督机制

学校健全管思想、管工作、管作风、管纪律的从严管理体系，把从严要求贯穿到干部培养选拔全过程。完善学校《中层领导干部经济责任审计实施细则》，落实年度党风廉政建设和反腐败工作组织领导与责任分工，通过强化日常管理和监督约束，建立谈话提醒机制，采取定期召开座谈会、专题谈心谈话等方式，时刻警醒他们知敬畏、存戒惧、守底线。同时严格动态管理，定期开展调研，形成定期调整、优胜劣汰、有进有出的动态管理机制。

（四）科学规范"评"，完善考核评价机制

学校出台《中层领导干部年度工作考核办法》，明确考评指标，完善考评方式，用好考评结果，全面、客观、公正、准确地考核中层领导干部的德才表现和岗位履职情况，把考评结果与培养教育、管理监督、激励约束、问责追责、能上

能下、治庸治懒等结合起来,让政治坚定、奋发有为的干部得到褒奖和鼓励,让慢作为、不作为、乱作为的干部受到警醒和惩戒,构建能上能下能进能出机制,最大限度调动干部的积极性、主动性、创造性。

(五)不拘一格"用",完善统筹使用机制

学校坚持用当其时,突出政治标准,及时大胆提拔使用实绩突出、群众公认的优秀干部,把事业需要、岗位要求与促进干部成长结合起来;坚持刚性配备,优化队伍结构,充分调动和发挥各年龄段干部的积极性;坚持统筹配备,破除干部和职位归部门所有的思维定式,切实做到备而为用、备而能用、备用结合。

三、构建"五大体系"推进基层建设

学校强化系统思维,进一步健全完善制度机制,不断健全"五大体系"建设,有效推动干部工作系统化、规范化、科学化,努力建设忠诚干净担当,想干事、能干事、干成事的干部队伍。

(一)突出理论武装,推进素质培养体系建设

学校注重多维立体的干部培养方式,把理想信念教育、知识结构改善、能力素质提升贯穿干部成长全过程,打造政治坚定、素质优良、业务精通、专业性强的队伍。一是强化政治学习,用习近平新时代中国特色社会主义思想武装党员干部头脑,出台《关于进一步加强教职工政治理论学习的意见》,保证干部每年参加集中学习时间不少于40学时,规定中层干部每年网络培训学时在60学时以上。坚持校系两级理论中心组学习制度,每年集体学习研讨不少于4次,开展党内主题教育各类集中学习会120次以上,开展干部线上线下学习培训、延安党务干部培训、赴农村和企业党建调研等拓宽学习渠道。二是强化能力培训。每年开展暑期干部学习会,每年按上级要求派出多名干部参加各类干部主体班培训,强化干部与各领域干部的互动交流。三是加强实践锻炼。深化"干部下基层"活动,采取上挂下派、结对帮带、岗位练兵等方式提升实践能力。推荐优秀干部到经济、改革、农业农村等一线部门挂职锻炼,拓宽视野、改进思维,不断提升综合技能。

（二）突出政治标准，推进知事识人体系建设

坚持以德为先、德才兼备原则，坚持依事择人、强化政治素质考察，多渠道、多层次、多侧面考察识别干部，注重人与事岗匹配度，让政治强、懂专业、善治理、敢担当、作风正的优秀干部脱颖而出。优化干部考核评价体系，修订完善干部考核办法，注重平时考核、年度考核、专项考核、任期考核的结合印证。每年制定党建工作要点，明确党建工作年度重点任务，印发学校《关于落实〈全市高校党建工作重点任务清单〉的实施方案》，将"督查＋考核"有序衔接，发挥好考核助推重点工作落实导向。

（三）突出事业为上，推进选拔任用体系建设

学校坚持从事业发展、岗位需求出发选干部配班子，把合适的人放到合适的岗位上，加快形成科学识人、精准用人、动态管理、日常考察、接续培养、适时适岗的工作机制，加大年轻干部选拔培养力度，健全发现储备、管理监督、培养选拔机制并建立年轻干部库。统筹做好女干部、少数民族、党外干部的培养选拔，完善多渠道发现、识别、举荐干部制度，注重工作实绩、着眼长远规划梯队建设，真正把有本事、敢担当、善作为的优秀干部及时发现出来、合理使用起来。

（四）突出日常经常，推进从严管理体系建设

学校严格选人用人的工作监督机制，加强日常监督管理，制定《从严管理干部实施办法》，把管思想、管工作、管作风作为重中之重，组织开展领导干部个人事项年度报告专项整治、干部人事档案专项审核、选人用人专项检查等三大"专项行动"，开展因私出国（境）管理和排查、领导干部违规兼职清理、开展部门管理责任审计、加强党员干部的党内外监督等，从严从实规范干部管理。

（五）突出干事导向，推进正向激励体系建设

注重关心关爱，激励担当作为，不断健全崇尚实干双向激励体系。在政治上激励干部，提拔重用实绩突出的干部。在生活上关心干部，大力改善干部工作生活条件，凝聚工作共识。在工作上支持干部，贯彻干部容错纠错机制，健

全澄清保护机制,为敢于担当、踏实做事、不谋私利的干部撑腰鼓劲,最大限度调动各级干部干事创业激情。出台《党员干部联系基层服务师生工作制度》《领导干部深入基层联系学生工作实施方案》等,要求广大干部充分参与到师生基层一线,时刻为师生解难题、送温暖,通过开展"最美温职人""最受欢迎的党支部书记""最受欢迎的教师""年度优秀中层干部"等评选,挖掘群众口碑好的干部典型,形成示范效应。

四、聚焦"五大维度"增强治理能力

干部素质能力的高低,直接决定治理效能的优劣,直接影响制度优势的发挥。作为关键少数,干部承担着把方向、谋发展、强担当、促提升的责任,必须坚持以"有信仰、有原则、有担当、有作为"为目标,从学习、决策、凝聚、执行、约束等五个维度提升干部治理能力。

(一)提升学习力

拧紧"思想阀",聚焦思想淬炼,把学懂弄通做实习近平新时代中国特色社会主义思想作为"硬道理"。把好"政治关",聚焦政治历练,毫不动摇地走实党的路线,锤炼忠诚干净担当的政治品格。掌好"实践舵",聚焦实践锻炼,深入贯彻落实党中央各项决策部署,练就真抓实干的"硬实力",实现学以立德、学以增智、学以广才、学以致用。

(二)提升决策力

掌握相关知识、相关信息,面对错综复杂的局面和瞬息万变的形势,具体情况了如指掌,对实施决策的人力物力财力心中有数,具有适时做出正确决策的魄力,善于采取科学方法综合研究并形成优化方案。

(三)提升凝聚力

将工作目标和发展规划同实际状况结合起来,正确处理各种关系,合理组织各方力量,恰当使用各类人才,使各个要素、单元、层次目标明确,形成发展的整体合力。

(四)提升执行力

培养统筹谋划能力,立足全局、着眼长远、审时度势,以全局视野、长远眼光思考和处理问题。培养处事应变能力,审时度势、灵活应对、果断处置、责任担当、转危为安。培养开拓创新能力,善于因时制宜、迎难而上、锐意进取,以新作为开创新局面。

(五)提升约束力

严守从政官德,在用人治事中强化自我修炼、自我约束、自我改造,做到干干净净。增强法治观念、法律意识,坚持有法必依,善于运用法治方式开展工作,在执行政策和落实制度时,做到慎终如始、严格自律,自觉守法守纪,廉洁用权,坚决纠正和治理工作中的"四风"问题,追求实实在在的工作业绩,自觉接受各方面的监督,及时修正错误。

五、着力"四个方面"提升治理效能

学校不断完善干部管理体制机制,不断提升干部治理能力,促进制度优势与治理效能协同提升。

(一)持续提优干部队伍结构

学校不断改善中层干部队伍的学历、职称结构,科学设定干部队伍各年龄段组成比例,合理安排使用各年龄段的优秀干部,既注重干部"年轻化",又体现干部队伍"老中青"模式的合理搭配,形成"人尽其才、才尽其用"的整体结构,干部队伍始终保持旺盛的生命力。目前,学校现有中层干部75人,其中正处级干部33人,副处级干部42人。高级职称干部占72%,大学本科以上学历干部占73.3%,硕士以上学位干部占92%。民主党派干部4名,无党派干部1名,党外干部占6.7%;女性干部29名,占中层干部的38.7%。现全校45周岁以下年轻干部48人,占中层干部总量的61.54%,比2019年提高了7.37%;80后中层干部18人,占24%,比2019年提高了7.33%。

（二）持续提振干事创业精气神

学校树立能干事、善干事的导向，严格按照好干部标准选人用人，真正把想干事、能干事、敢担当、善作为的优秀干部选拔到各级领导班子中来，大力选拔那些在转型发展中勇于改革、善于创新、敢于担当的干部，注重把那些善于谋划推进项目、善于处理复杂矛盾问题、善于做师生工作的基层干部选拔到领导岗位上来，激励他们更好地带领师生干事创业，大兴实干之风，发扬"抓铁有痕、踏石留印"的精神，保持锐意创新的勇气、敢为人先的锐气、蓬勃向上的朝气，打造在政治上有定力、工作上有能力、作风上有铁力，并能担负新时代中国职教事业发展的骨干队伍，以新的思想、新的姿态、新的作为，树立干部新形象。同时，学校关心爱护干部，在政治上激励、工作上支持、待遇上保障、心理上关怀，让广大干部安身、安心、安业，不断增强干部干事创业的激情。

（三）持续提升风清气正新生态

学校抓好干部培养，牢牢把握忠诚干净和干事创业两者间的内在逻辑，帮助和引导干部树立正确的人生观、价值观，涵养一身正气。坚持严字当头，牢牢把握年轻干部成长纪律关、作风关、考核关，持续抓好干部入职、履新、提任等成长重要节点，强化政治素质和政治能力考察，开展"清廉校园"建设，以身边人、身边事提升廉政教育实效，引导和带动广大干部在思想上、作风上更进一步，以上率下，层层带动，政治环境越来越风清气正，从而让良好的政治生态为干部干事创业助力。

（四）持续提供学校发展动力源

学校健全高效的制度执行机制，加强对制度执行的有效监督，把提高治理能力有效嵌入"忠诚、干净、担当"的好干部评价标准，把制度执行力和治理能力作为干部选拔任用、考核评价的重要依据，使学校干部队伍在积极适应高职教育发展形势上赢得主动、顺势而为，在担起高职院校深化综合改革任务上正视现实、克服困难，在推进高职教育事业科学发展上勇于担当、锐意进取，为学校打造中国职业教育"重要窗口"提供了有力保障。学校干部凝心聚力，拧成一股绳，带领全校师生敢于担当、克难攻坚，使学校收获了国家示范性高职院校、全国优质高职院校、浙江省重点高职院校到全国"双高校"的职教荣誉大满贯。

第七章　产教融合治理体系

第一节　职业教育产教深度融合治理之道

一、产教深度融合治理之研：温职研究综述

温州职业技术学院历来重视校企合作、产教融合的教育模式。早在2006年，因学校充分发挥温州民营企业机制灵活的优势，主动服务区域经济，与8个行业协会、300多家民企全方位、多层次合作，创新并实践了"校企合作、工学结合"的人才培养模式，被《光明日报》誉为高等职业教育的"温州模式"。近年来，学校在产教融合的学术研究方面亦硕果累累。以温州职业技术学院为作者单位，以产教融合、校企合作、工学结合为关键词从CNKI检索显示，共计公开发表论文近150篇。

产教融合治理路径与对策研究方面。王靖高在《产教深度融合的温职案例》中从理念、机制、项目提出了产教融合治理之道，构建了战略布局，育人模式与职教集团未来发展规划（王靖高，2020）。方益权指出，构建产教融合命运共同体是高职院校破解产教融合、校企合作现实困境的应然选择，并以温州职业技术学院打造产教融合命运共同体的实践探索取得良好成效为实证（方益权，2020）。谢志远认为，高职院校要在以产业变革为背景的高等教育结构性改革中异军突起，必须在"新"字上下功夫，依靠"新技术"培养"新人"，构建以

新技术应用职业人才为技术资源的现代高等职业教育体系(谢志远,2018)。王向红结合学校立地式研发所取得的成效,提出了立地式研发的具体路径和驱动机制,以期解决高职院校产教融合、校企合作的深层次问题(王向红,2018)。刘海明指出,在深化"产教融合"的教育发展新阶段,深入更高端的新技术应用与创新探索实践,主动对接区域经济发展,建立与企业协同育人的办学新机制,实现新技术推广与专业建设步调一致、新技术应用与创新创业项目衔接、新技术改造与产业更新及时、新技术创新与技术升级同步的"产教融合"纵深发展机制(刘海明,2018)。

产教融合人才培养模式的研究方面。王志梅通过对新技术应用的创新创业教育概念、特征的阐述,以温州职业技术学院为个案,归纳总结基于新技术应用的创新创业教育的实践成效,并从与专业教育融合、突出实践性诉求、构建协同机制三个方面提出思考与建议(王志梅,2018)。王淑涨在产教融合与创业教育上也提出了自己的观点,他认为高职院校躬耕产教融合,应加强创业教育课程体系建设,提高创业教育供给侧改革成效;推动创业教育从理论到实践,助力创业教育供给侧改革拓深(王淑涨,2018)。王向红以温州职业技术学院"产教融合、资源共享"的有组织的企业实习运行机制为例,指出有组织的企业实习活动对加强和改进高职院校高素质技术技能人才培养具有重要的意义(王向红,2015)。叶茜茜以特定专业产教融合为研究对象,探索专业产教融合、校企协同创新对学院金融专业人才培养质量和学生就业品质的提升(叶茜茜,2016)。

二、产教深度融合治理之源:强化顶层布局

认真落实党中央、国务院关于教育综合改革及省委、省政府关于产业和教育发展的决策部署,主动适应新一轮科技革命和产业变革趋势,深入推进"四链融合",探索校城融合发展、校地联动发展的新模式,以产教融合治理提升社会服务力,打造政校行企合作新生态,实现产教融合对人才培养、社会服务、科技创新与转化等领域全覆盖,促进学校高质量服务区域经济社会发展。

第一,坚持统筹协调、共同推进。加强科学规划引领,将产教融合发展纳入学校总体发展规划,贯穿人才培养全过程,构建政府、学校、产业、企业协同

推进产教融合的四位一体的合作格局。

第二,坚持服务需求、深化改革。围绕区域产业转型升级需要,谋划产教融合布局,优化专业结构调整,完善人才培养模式,践行"产教融合、校企合作、工学结合、知行合一"的四合一办学路径。

第三,坚持制度创新、协同育人。完善政策保障和激励机制,充分调动全员参与产教融合、校企合作的积极性,构建产教融合、政行企合作的协同育人机制,实现教育链、人才链与产业链、创新链的有机衔接。

三、产教深度融合治理之导:推进中层运行

(一)运行体系

出台《深入产教融合实施方案》,成立由学校领导、相关职能部门、二级学院组成的产教融合工作领导小组,确立学校产教融合的工作思路和工作机制,制定规章制度和实施方案,组织统筹规划、组织、协调、领导、督促产教融合工作;二级学院成立产教融合工作组,系主任为组长,具体负责本系(院)的产教融合工作的组织领导。各职能部门、二级学院要高度重视,协同配合,齐抓共管,为产教融合工作的开展提供有力的体制机制保障。

(二)评价体系

出台《产教融合工作绩效考核办法》,建立健全产教融合绩效评价制度,对产教融合工作执行情况进行调查和评估,并实施年度考核评价,将推进产教融合工作情况作为二级学院考核的重要内容。二级学院要结合实际制定具体实施办法,建立深化产教融合督查机制,制定考核标准,对重点任务和重点项目要加大督促检查力度,强化事中监督管理和事后评估验收,及时通报反馈。

(三)激励体系

出台《产教融合项目资助管理办法》,建立以绩效为导向的资源投放机制,实施物质、精神双激励。做好宣传和舆论引导,广泛宣传国家、省、市产教融合支持政策,宣传学校产教融合成果和典型案例,积极营造全校充分理解、积极

支持、主动参与产教融合的良好氛围,推动产教融合、校企合作成为各方自觉行动。强化产教融合绩效考核激励,依据考核结果在产教融合项目规划、场地安排、教师引进、设备采购等方面实施差异性的策略,对产教融合、校企合作成效显著的二级学院及教师予以表彰奖励。

(四)约束体系

出台《进校企业暂行管理规定》,高标准严要求抓好实施,以需求为导向构建项目准入机制,以 KPI 为准绳实施项目评估,以绩效为依据实施项目退出,构建项目评估机制,系统把控项目的必要性和可行性,确保引入项目在质量、数量等方面符合专业建设、人才培养、教师提升、技术研发、社会服务等方面的需要;二级学院按产教融合责任部门要求,细化工作措施,逐项推进。从严从紧加强督查指导,切实加强对产教融合工作落实情况的检查指导,对产教融合项目的运行实施全周期的监控,及时了解进展情况,建立督查通报制度,实现对二级学院督查全覆盖。层层压实产教融合工作责任,各部门对照重点任务,认真履行主体责任,把落实情况纳入部门年度目标考评内容,并强化产教融合工作责任追究。

四、产教深度融合治理之探:助推产业转型升级

产教融合是高职教育发展的生命线,也是高职教育的本质特色。然而,在应然状态下的高职教育产教融合仍存在政府管理缺位、合作沟通机制不畅、企业行业缺乏主体意识、利益平衡机制不完善等方面的问题。结合温州职业技术学院实际,借鉴当前已有的高职院校产教融合的实践经验,作为产教融合利益主体之一,高职院校应不断深化教育教学改革,既要加强顶层设计,统筹全局,又要讲究策略方法,有所侧重,从加强制度建设、明确权责界定、深化教学管理机制改革等方面入手,与企业联手共同创建产教融合、校企一体化办学的长效机制,实现政府部门大力支持、社会力量积极参与、高校主体自主发展,助推高职产教融合深度发展,其实践路径如图 7-1 所示。

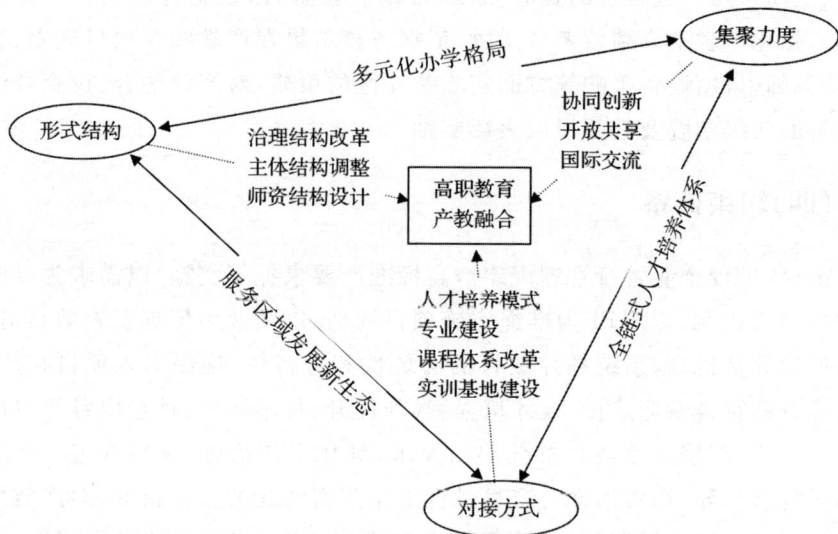

图 7-1　高职教育产教融合实践路径

(一)创新产教融合的形式结构,构建高职教育多元化办学格局

1.深化治理结构改革,形成多元化办学体制

首先,在顶层设计上,需要引入地方政府、行业企业、科研院所、社会组织等多方参与,组建多方主体参与的院校理(董)事会、专业建设委员会、校企合作委员会并有效发挥作用,在此基础上,吸纳合作关系紧密、稳定的企业代表加入理(董)事会,参与学校重大事项的审议。其次,在战略实施上,需要深化与政府行业企业合作,从基地共建、专业共建、项目合作三个层次,探索产教融合的不同实现形式和载体,积极进行校地联动改革,主动为地方产业解决难题、提供智力支持。再次,在任务落实上,探索举办混合所有制性质的产业学院,吸引地方政府、行业骨干企业投入资源、购买服务,引入社会力量以资本、知识、技术、管理等要素参与学校发展,以股份合作制的形式将合作企业、风投机构、教师、学生等多方利益主体纳入产教融合共同体。只有形成多元的、相互协调的办学体制,才能够深化产教融合的内涵,形成新的治理结构,打通产教融合内部的关系系统。

2.深化主体结构调整,创新多主体合作模式

在主体结构调整方面,需要进一步拓宽主体合作的形式,形成互惠互赢的运行模式。首先,要培育政校行企合而为一的产教融合联盟,推进高职院校与地方政府、行业龙头企业、科研机构深度合作,基于合作各方主体的共同利益,以培养具有专业技能与工匠精神的高素质技术技能型人才为目标,提升履行契约的能力,构建优势互补、利益共享、风险共担的产教融合联盟。其次,以联盟为载体,推进与企业共建系统化课程和一体化实训基地,共享资源,共融师资团队,共育高素质技术技能人才,真正形成围绕产业转型升级为核心的政校行企共建共享共赢的融合结构,在此基础上创建混合所有制的职业教育集团。以高职教育优势专业群为纽带,依托地方政府,与行业龙头企业合作牵头,与行业协会、企业科研院所、院校等建立长期战略合作伙伴关系,开展多元主体共建,覆盖全产业链、辐射区域产业发展的职业教育集团,并充分调动职业教育集团内各研究院、高新企业等资源,形成校企师资互通并满足经济结构调整和产业转型升级的产学研创合作平台。最后,拓展产教供需对接渠道,应用大数据分析,与行业组织共同制定深化产教融合工作计划,打造市场运作、专业水平、共享共赢、开放发展的产教融合服务平台。通过平台汇聚区域行业人才供需、校企合作等供求信息,注重发挥行业组织人才需求预测、用人单位职业能力评价作用,健全毕业生就业质量年度报告发布制度,定期向各类主体提供精准化信息发布、检索等服务,并形成专业的服务报告。

3.深化师资结构设计,创新多主体育人机制

在育人层面,需要加快对原有师资的改革力度,合理配置师资结构,创建多元育人的主体。首先,需要构建师资内部培养工程,注重对青年教师的培养,例如,采用以"企业人"标准锻炼新教师的先实践后上岗制度,实行"一对一"帮带培养办法,实施"双师双能型"相关教师认定标准和办法,打造"双师型"教师。其次,启用师资外部聘用工程,可聘请社会学者、科研人员以及行业企业专家和能工巧匠担任学校兼职教师队伍,建设兼职教师资源库,实行专兼教师结对互补,深化产教全方位融合的同时,助推高职教育培养技术技能型人才和多元化办学格局的形成。在此次基础上,引入教师行业融入度激励机制,建立教师外出实践制度,不仅鼓励专业教师担任社会兼职,参加与专业相关的

团体组织、行业协会，通过政策支持担任国家行指委、专指委、教指委职务以及入选专家库的教师，提升教师积极参与融入行业的积极性，同时支持在职教师定期到企业进行锻炼，将教师的行业企业从业经历作为认定教师资格的必要条件，实现教师科研与企业项目合作互通的认定。

（二）创新产教融合的对接方式，构建高职教育全链式人才培养体系

1.以新技术应用为契合，推进人才培养模式与产业相结合

建立产教融合、协同育人的新技术应用人才培养模式，实现专业链与产业链、课程内容与职业标准、教学过程与生产过程对接。探索"企业出题、学校接题、教师解题、学生答题"的实践育人模式，以新技术为导向，以企业真实需求为基点，以智能化、时尚化、数字化项目为载体，促进企业需求融入人才培养全环节，实现产学研创相结合。探索跨专业产教融合订单班人才培养模式，以创新订单班管理模式为推手，以学校资源与企业资源相融合为载体，以职业技能鉴定、培训服务企业为目标，以校内培养与企业培养相结合的教学模式为平台，实现校企合作互利共赢，按照企业人才需要，共同制定人才培养协议，共同制定人才培养方案，共同参与人才培养过程。

2.以产业先进技术为元素，推进专业建设与产业相对接

主动应对以新技术、新产业、新业态和新模式为特征的新经济发展需求，将产业发展需求融入专业建设，根据社会需求、学校能力和行业指导，形成科学设置新专业的机制，打造地方（行业）急需、优势突出、特色鲜明的新技术应用型专业，对接经济社会发展和区域产业布局。融入区域产业转型升级下的先进技术元素，健全专业设置"正负面清单"制度，建立学校统筹和社会评价相结合专业动态调整机制，严格实行专业预警和退出机制，综合运用招生计划安排、绩效奖励等手段，集聚服务区域经济社会发展和产业转型升级的能力，调整区域产业转型升级急需的专业方向，深化专业群建设，形成专业、专业群、专业集群并存的新形态，打造"对接产业、相对集中、错位发展、优势互补"的高水平专业发展新格局。

3.以人才培养方案为载体,推进课程体系改革与产业相适应

在现有专业基础课、主干课、专业技能应用和实践课的基础上,将产业科学管理元素引入教学管理和评价,将产业优秀文化元素融入教育教学过程,深化新技术应用课程体系改革,注重培养学生的技术技能和创新创业能力,有机融合专业教育、创业教育和产业发展,促进产教融合背景下新技术应用人才培养与企业发展的合作共赢,把企业的真实需求作为人才培养的重要参考,全面推行案例教学、项目教学,在学生毕业设计选题中引入行业企业的一线需要,营造良好的"产教融合"协同育人环境。使用现代信息技术推动信息化教学、虚拟现实技术、数字仿真实验、在线知识支持、在线教学监测等应用,通过校校合作、校企合作联合开发在线开放课程。坚持专业培养目标与产业需求一致,通过分层次、分阶段、分方向的课程设置,构建课程体系与岗位能力对应、课程内容与职业标准对接、教学组织形式与企业生产同步的课程框架,实现课程与岗位无缝对接,毕业即"就业"。

4.以产学研创一体化机制为支撑,推进实训基地建设与产业相匹配

采取政府财政拨款、企业投资、学校自筹、融资租赁等多元化、多渠道投融资机制,按照工学结合、知行合一的要求,打造生产、服务的技术和流程仿真技术技能训练体系和实训实习环境,开展校内外产学研创一体的产教融合实训基地建设。鼓励和引导企业以土地、设备、资金、技术、人才资源等多种形式深度、全面参与建设产教融合实训基地和平台。通过引企入校,共建产学研创一体产教融合实训基地,实现学校和企业在新技术应用人才培养目标上的一致性;推行面向企业真实生产环境的任务式培养,实现学校实训教学与企业在就位岗位上无缝对接;多途径吸引企业将最新的技术设备用于学校教学,以实现教学设备与生产性设备在技术上保持同步。

(三)创新产教融合的集聚力度,构建高职教育服务区域发展新生态

1.以协同创新为抓手,推进科技服务与产业相融通

鼓励将企业一线实际需求作为科技服务的重要来源,打造以企业为主体、

产教深度融合的科技创新体系,围绕区域产业的关键技术、核心工艺和共性问题开展立地式研发,推动新技术应用研究与产业化对接融通。搭建行业骨干企业联合共建协同创新中心、科技研发平台、企业研究院等科技服务平台,加强新技术、新产业、新业态研究,构建"行业领先企业＋高职院校＋专业服务机构＋中小企业群"的产教融合发展平台。加快科技研究成果向产业技术转化,推进科技服务云平台、科技资源共享平台、技术创新专利导航平台等专业技术服务平台建设。完善学校科研评价体系,鼓励行业企业参与成果转化或示范应用,并将此成果转化成效作为项目和职称评定的重要内容。

2.以开放共享为目标,推进社会培训服务与产业相衔接

在新型城镇化过程中,大批一线劳动者面临技术提升、技能深化、职业转换、城市融入等困境,高职院校要主动承接地方政府的社会培训任务,瞄准传统产业改造升级和新兴产业的发展,加强与行业和领先企业合作,创新形式多样、贴近需求的教育培训方式,联合行业企业开展职业技能竞赛、行业技术比武、创新成果评选等活动,大力发展促进先进技术应用社会培训服务,使学校成为社会依赖的培训服务基地、顺应传统产业变革的换乘站以及促进新兴产业发展的人才池。同时,高职院校要建立健全开放共享机制,校企共建"互联网＋"培训平台,开发立体化、可选择的产业技术课程和职业培训包,不仅面向院校提供学生实训、师资培训等服务,而且面向全社会提供职业培训、技能鉴定、产品生产、技术研发等多种公共服务。

3.以国际交流为突破,推进国际化人才培养与产业相融合

促进优质资源"引进来",创新符合国情、符合高职特色的产教融合国际化人才的协同培养模式。引进海外高层次人才,以共建专业、共建基地、教师交流、学生交换、科学研究等多种合作形式,转化国际先进职业教育资源并深度整合。拓展与发达国家院校的合作办学,引进并结合自身优势开发成熟、适用的国际通用职业标准、专业课程标准以及丰富的数字化教育资源等,建立中外合作办学机构、研发机构、技术技能人才培养培训基地和教育合作平台等,成为国际事务的参与者、国际标准的建设者、国际资源的提供者和中国企业国际化的协同者。深化产教协同"走出去",配合中国企业重点在"一带一路"沿线国家和地区培养中国企业海外用人标准的本土化人才,构建产教融合视域下中国高等职业教育国际化人才培养标准,全面服务国家"走出去"战略,展示中

国特色并提供中国经验。

五、产教深度融合治理之路：三融三育、互融互通

（一）产教融合，育培双责任，打造"全产业链式"产教集成平台

实施战略互动，以国家、省市重大战略为指引，深度融入区域产业价值链与创新链，系统构建产教融合新布局，为校企合作提供主战场，打造"当地离不开"的高职院校。

1.服务国家、省市重大发展战略成立二级学院

积极响应"一带一路"倡议，实施中企"走出去""温职伴随"计划，在柬埔寨成立亚龙丝路学院，招收"一带一路"沿线留学生；积极推进校地联动，服务浙江八大万亿产业和温州市"5＋5"产业发展战略，与瑞安市政府共建温州职业技术学院瑞安学院助推瑞安制造业智能化转型，与瓯海区政府共建温州设计学院助力时尚产业的转型升级。

2.服务区域产业发展需求打造职教集团（联盟）

以支撑区域产业发展为导向，大力实施专业集群化发展战略。依据区域新兴产业发展规划实施产教深度融合办学试点，牵头成立"浙南职业教育集团"，目前有会员单位 107 家，其中副理事长单位由 3 家浙南区域的高职院校、3 家行业协会和 6 家行业龙头企业担任；与永嘉县政府、瑞安经开区、乐清经开区、瓯海区政府等共建 6 家产教融合联盟，形成政府、区域支柱行业协会、地方龙头企业协同的产教融合模式。

3.服务行业企业需求打造产业学院

学校坚持"用明天的技术，培养今天的学生，为未来服务"的理念，紧紧围绕浙江省数字经济一号工程实施人才培养，大力进行新技术应用人才培养，服务"中国制造 2025"战略。目前，学校已与凤凰教育集团、奇安信科技集团、天心天思集团以及中国联通温州分公司等大型企业共建产业学院，促进人才培养供给侧与产业需求侧结构因素全方位融合。中国联通温州分公司投入 2300

万,与学校共建"5G+"产业学院,致力于浙南区域 5G 应用人才培养和技术转化。浙江心思智能科技有限公司拟投入 4350 万元与学校共建天心天思产业学院,实现数字经济教育与数字经济产业在全市乃至全国的协同发展,促进人才培养供给侧与产业需求侧结构因素全方位融合。以创新的人才培养理念引领产业学院建设,形成企业为主体、市场为导向,融产学研创用于一体的产教融合新平台。

(二)科教融合,育培新动能,打造"深度立地式"社会服务平台

高校应直面当地企业发展困难,坚持"以有为换有位",全方位融入区域创新体系建设中,主动服务实体经济转型发展。2014 年以来,科技立项 1457 项(其中市厅级以上 483 项);授权专利 904 项(其中发明专利 212 项),专利转让 209 项;2018 年授权发明专利 111 项,发明专利数占全高职院校总数的二十分之一强,位居全国高职院校第一。2015 年以来,连续 3 次荣获全国高等职业院校服务贡献 50 强。

1.坚持"立地式"研发导向

依托国家级应用技术协同创新中心——浙南轻工装备智能技术协同创新中心,构建"企业出题、学校接题、师生解题、师生答题"研发模式,把企业难题直接转化为师生研发课题,精准实施"靶向研发",成果落地性强。如浙江省轻工机械技术创新服务平台,服务企业达 250 余家,提供技术服务 210 余项,帮助企业创办研发中心 14 个。近 5 年学校科技服务到款额达 1.5 亿元,取得经济、社会效益双丰收。

2.创新产学研创用协同机制

瞄准区域产业发展方向,积极融入区域产业链、创新链,将技术应用中心、大师工作室和研发平台等进行整合,打造成面向具体行业或产业的集社会服务、师资培养、学生培育等为一体的产学研创综合服务平台,成效显著。2018 年,学校获评高等教育研究最具影响力公办高职高专院校第一;国家示范性和骨干高职院校科研竞争力全国前五;百名专任教师获技术专利(技术发明)项目数量全省排名第一;主持科研课题人均经费全省排名第二。

3.与行业企业共建研发中心

加强与大型企业产教深度融合,共建企业研究院(中心)17家,与中小微企业共建产学研合作基地20家。与康奈集团、起步儿童用品有限公司等企业共建鞋、服技术研究院,实现省级创新产品40余项,完成省、市区级项目20余项,新产品新技术每年为企业增加产值超2000万元。目前,学校牵头成立了44家国家、省、市、院四级科技研发平台,其中,国家级1家、省级4家、市级18家,同时建有科技成果推广转化中心(温州市重点科技中介服务机构)和浙南鞋革知识产权联盟各1家。

(三)创教融合,育培新生态,打造"专创融合式"创新实践平台

以大学生创新创业能力发展为核心,以创业教育与专业教育、区域产业结构深度融合为主线,以创新人才培养模式、优化课程体系、贯通人才培养环节为重点,构建立足区域、分层分类、深度融合、协同递进的专业—创业—产业"三业"融合式创新创业教育生态体系。

1.创新产教融合创业人才培养理念

深度推进专业与区域产业对接,整合专业、科研、平台、人才等多方面资源优势,把企业真实需求项目作为创新创业人才培养的重要载体,促进人才培养与企业发展的合作共赢,合力助推创新创业教育,打造"专业、创业、产业"三者之间良性循环的"三螺旋结构"。学校要求每个"产学研创用"平台至少对接一个大学生创业团队,以智能化、信息化、时尚创意等新技术应用项目为重点,成立了10个系(院)创客空间、68家创新创业工作室和研发机构创业团队、100余家校外众创空间和平台。

2.优化产教融合实践教学体系

在原"实训+科研"的基础上,把"做中学、学中做、探中学"向"做中创、探中创"延伸,将技术研发与学生专业实训、创新创业实践进行有机整合,不仅培养学生实践动手能力,更注重培养学生创新应用能力。东南电子股份有限公司委托学校浙南轻工装备智能技术协同创新中心开发产品检测与包装作业流水线,在投入36万元研发经费后取得明显成效,后追加64万元经费,开发出

性能更好的二代流水线,机器换人效果显著。

3.创新产教融合创新创业模式

着力实施校园形态重构,推进创新创业型校园形态建设,打造"师研生随、师导生创、师生共创"的"三师三生"培养模式,把创新创业教育和专业教育深度融合。近两年,以研创大楼为依托建立的国家级示范众创空间"温州产业科技众创空间"成功孵化出具有成长性的新技术应用型创业企业 14 家、在孵企业 39 家,年营业额达 3600 余万元,创业团队授权专利 80 项、师生共同授权22 项。

六、产教深度融合治理之效:高职教育的"温州模式"

学校秉承"厚德长技,励学敦行"的校训,着力推进"服务为基、学生为本、能力为重、创新为要"的办学实践,形成了"区域有什么支柱产业,就建设什么专业;区域有什么企业难题,就建设什么服务平台;区域有什么新技术需求,就培养什么新技术应用人才"的办学实践,走出了一条"与区域经济互动、与企业行业共赢"的办学之路,被誉为高职教育的"温州模式"。

(一)战略方面

学校紧随区域经济发展,积极整合政、校、行、企、研等多方资源,不断深化产教融合、校企合作,全力构建"一核四翼"的"东、西、南、北、中"产教融合新格局。东面与温州市经信局联办温州市企业综合服务平台,服务企业 6 万余家;南面与瑞安市政府联办瑞安学院,与瑞安市经济开发区共建智能制造产教融合联盟,目前在校生近 2000 人;西面与瓯海区政府联办温州设计学院,打造浙南地区最优秀设计人才、最时尚设计作品、最先进设计技术、最新潮设计资讯的"四大集市";北面创建永嘉学院,打造服务永嘉和乐清支柱产业转型升级的高地。基于"东、西、南、北、中"产教融合格局,学校不断吸引行业协会、知名企业和政府部门合作参与,并牵头成立浙南职教联盟,引领职业教育正式走向集团化。此外,学校全面推进机制体制创新,起草出台《温州职业技术学院关于深化产教融合的实施方案》《温州职业技术学院深化产教融合重点工作及责任分解》《温州职业技术学院产教融合项目立项资助暂行管理办法》等文件。

（二）战术方面

学校积极探索混合所有制办学模式，创新政行企校协同育人机制，推动引校进企、引企进校，广泛开展"委托培养""定向培养""订单培养""现代学徒制"等人才培养方式。学校将智能制造类、鞋服设计类、现代服务类三大专业集群及五大专业群与产业深度融合，充分利用区域外部资源，与1000多家世界500强企业、行业龙头企业和50多个行业深度合作，校行、校企共建温州设计学院、中国鞋都技术学院、温州服装学院、温州家具学院、温州酒店管理学院、安恒网络空间安全学院、"5G＋"产教融合研究院等7个产业学院，吸引政府、企业等资金投入10多亿元。此外，学校大力整合优化内部资源，在省科技创新服务平台建设基础上，整合原有技术应用中心、工程中心、协同创新中心、实训中心、大师工作室和研发平台等机构，建立了一系列针对某个具体行业与产业的"产学研创用"综合平台，使平台建设与区域发展双向互动、与教师发展双向互动、与人才培养双向互动，总体实现教育和产业统筹融合，校企协同育人机制全面推行。

（三）实施成效

自2018年6月成立产教融合处以来，学校产教融合成果斐然，2018年底获批温州市产教融合示范基地，同年获选"温州高校产教融合示范基地建设项目"；2019年学校获首批"浙江省高校产教融合示范基地建设项目"，并成功入选"浙江省双创示范基地"及教育部高校数字媒体产教融合创新应用示范基地；"浙南轻工装备智能制造产教融合工程项目"与"数字媒体产教融合创新应用示范基地"成功入选2019—2020年度浙江省产教融合工程项目。创业者联盟连续四年斩获"全国高校创业社团百强"荣誉。《根植温州、依托产业、产学研创相结合，培养新技术应用的创新创业人才》案例成功入选2019年教育部高校创新创业教指委高职院校创新创业教育特色典型案例。学校探索多链融合共同发展，逐步形成教育链、人才链、产业链与创新链等多链畅通，为助力提高服务区域经济能力，助推区域经济发展贡献力量。

第二节 多元协同打造浙南职教集团

温州是我国东南沿海重要的制造业城市。近年来,温州市委市政府助推传统产业高端化,积极实施高端产业培育,形成了低压电气、鞋革、服装、泵阀和汽摩配等五大传统制造业集群和以物联网及新能源汽车、生命健康产业为核心的战略新兴产业集群。厚实的制造业为职业教育奠定了坚实的产业基础,温州率全国之先,提出了"产教城"融合发展的生态系统,深入推进产教融合、校企合作,职教理念超前。目前,温州拥有5所高职院校和41所中职学校,数量和在校学生数均处于同类城市前列,其中国家重点学校3所,省级重点学校9所,开设18大类、84个专业的课程,基本覆盖了浙南支柱产业。近年来,国家以提高人力资源素质为导向,深化供给侧结构性改革,推进产教融合,强化教训资源整合,鼓励加快组建以资本为纽带、紧密对接区域产业的实体化职教集团。

浙南职业教育集团由温州职业技术学院牵头组建,温州市政府主管,以浙南地区高职和中职学校为主体,相关产业园区、科研院所、行业、协会、企事业单位参与,是在自愿基础上成立的产教融合、校企合作的非营利性职业教育联合体。目前有会员单位107家,其中副理事长单位由3家浙江省内高职院校、3家行业协会和7家行业龙头企业担任。作为温州职业教育的龙头,温州职业技术学院成功入选全国"双高校",成为"国内高水平、国际有影响"的高职院校,办学实践被誉为高职教育的"温州模式",打响了温州职教品牌。

一、职教集团的重点任务

(一)创办特色产业学院

浙南职业教育集团充分发挥温州民营经济机制体制优势,围绕县域特色主导产业发展需求,积极鼓励和引导民营企业加入产业职教集团,创办特色产业学院。以温州职业技术学院等高水平职业院校为依托,采取县(市、区)政府提供土地，企业行业提供资金，职业院校代管运营等形式创办瑞安学院、永嘉学院、温州设计学院等股份制、混合所有制特色产业学院。在具体运营中，以民营资本为主体组建实体化运作平台，采取理事会领导下的企业法人和事业法人的"双法人"制运作模式。按照现代企业制度，不断优化资产结构和内部治理体系，提高平台运营效率和营利能力，增强职业教育对区域特色主导产业的支撑功能。

（二）打造滨海职教综合体

浙南职业教育集团根据产业与专业对接原则，引入社会力量在滨海职业教育中心建设"中职＋高职＋研究院＋产教联盟"职教综合体，将其打造为"政校企"深度合作、"公私外"资产混合、"产城人"有机融合、"产学研"协同创新的职教新平台，探索"公私混合、校企双元、中高一体"办学新模式。滨海职教综合体将以滨海职教中心为支撑，整合浙南产业集聚区企业资源和温州市职业教育资源，面向教育教学、实习实训、职业培训、创新创业、应用技术研发等领域打造训育研创用一体化平台，通过实体化、市场化运作提升综合体自我造血功能，并将优质教育资源落实到人才培养上，构建起职业教育的立交桥。

（三）组建专业集群综合体

浙南职业教育集团紧密对接温州数字经济、智能装备、时尚制造和现代服务业等产业领域，以集团内部资本为纽带、内部人才平台为支撑，构建"校企双主体、行业支撑、专业承载"的专业集群综合体，推进温州产业链、创新链和温州人才链、教育链融合。其中，以温州职业技术学院、浙江工贸职业学院等院校的特色优势专业集群为载体，引企业资本和行业资源进校园，依据职业岗位需求打造开放式专业集群微生态，力图在全市建设15个左右的专业集群综合体，聚焦人才培养、技术创新和社会服务能力的提升，精准服务区域主导产业集群式发展需求。

二、职教集团的产教融合特色

（一）集团资源共建共享

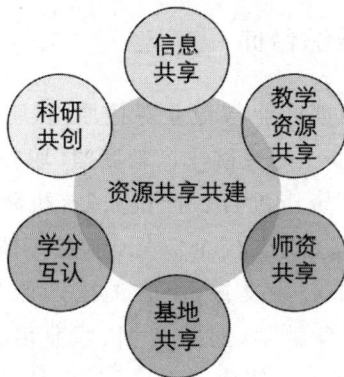

图 7-2　集团资源共建共享模型

围绕温州市"十三五"期间急需培养重点产业高技能技术型人才，结合温州五大传统优势产业及五大战略新兴产业的区域布局特征，浙南职业教育集团紧密对接各产业园区、产业集聚区，推动集团内部资源共建共享（如图 7-2 所示）。首先，浙南职业教育集团开通"职教集团网站"和"职教集团公众号"，搭建集团成员之间的信息共享、技术交流与业务合作平台。其次，充分利用"职教新干线"，促使各职业院校全面开放校内教学资源库，实现教学资源共享；建立集团内职业院校之间学分互认制度，推动集团内部共享课程及实训平台，特别是网络精品课学分共享；共同建设集生产、教学、研发、培训为一体的实习实训基地，并以此带动新建 40～45 个校外顶岗实习基地，每年为成员学校提供顶岗实习岗位数达到集团内职业院校相关专业毕业年级学生数的 85％以上。再次，建立总数 1000 人、动态调整的职业院校兼职教师库，企业一线技术人员到职业院校担任兼职教师达 150 余人次以上，参与教学能力培训和教研教改时间年均超过 65 学时，成员院校主体专业教师参与企业技术服务活动和现场锻炼的时间年均超过 30 天。最后，集团内部加强合作型应用技术科研机构（包括研究所、协同创新中心、工程技术研究中心等）与科研团队建设，并通过共享型研究基础条件建设,整合集团成员单位科研力量,提升研发与服务能力,做到科研共创。

(二)集团内人才共育

浙南职业教育集团以专业合作建设委员会为依托,利用集团资源规划建立纵向延伸和横向合作机制(如图 7-3 所示)。每年召开 1～2 次研讨会,研究探讨集团内各职业院校的专业结构调整,加强新专业建设的论证和协调,减少重复建设,促进成员院校特色化发展,做到集团内部专业互补、差异化发展,不仅有利于减少集团内部生源竞争,还可形成职业院校之间专业布局合理、集中优势错位发展的格局;制定人才培养方案和行业内 20 个专业的"专业人才培养标准",以项目合作的方式启动实施一批专业实践课程建设,针对不同层次人才培养的需要,根据对应工作岗位群的要求,共同编制课程学习大纲、课程考核标准、校本教材等,形成集团内部人才培养标准;推动集团内企业与职业院校深度合作实施教学,遵循"教、学、做合一"原则,结合行业企业紧缺人才需求,集团成员之间积极开展"订单、委托、学徒培养",集团内主体专业"订单培养"学生覆盖率平均达 45% 以上;校企合作共同建

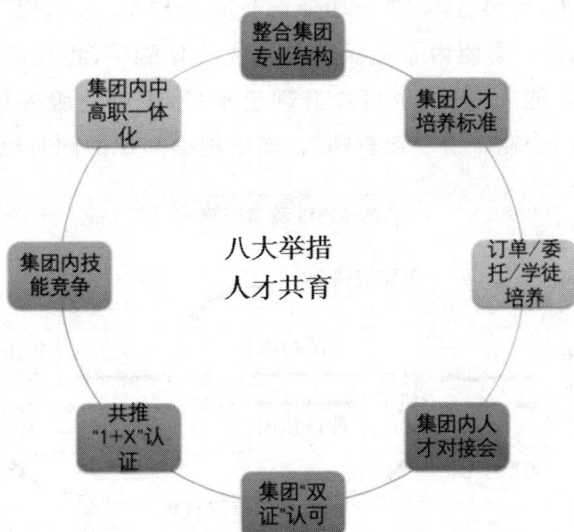

图 7-3　集团人才共育模型

立以学生职业能力为核心的质量评价体系,集团内部校企共同推进"1+X"证书制度,特别是集团内部教学硬件和师资相对薄弱的高职院校,可以同集团内部企业共同推进"1+X"证书;提高集团内"双证"即"理论证书+职业资格证书"的完成率,职业技能鉴定或职业资格考试项目的专业覆盖率达到集团内各职业院校主体专业的100%,集团内职业院校主体专业毕业生"双证书"获取率100%;集团建立校企合作推进毕业生就业的长效机制,定期举办"人才供需见面会""校企人才对接会",集团内职业院校毕业生在集团内企业的就业率达30%以上,其中对口就业率85%以上,毕业生满意率90%以上;依托成员院校和共建基地,逐步推进中高职一体化的具有区域特色的专业;围绕集团成员单位共性职业岗位和专业,建立稳定的竞赛机制,积极开展集团院校学生和企业员工的技能竞赛;结合全国、浙江省职业技能大赛的具体要求和区域经济和人才需求特点,积极承办行业、企业等各类职业技能大赛,为行业、企业做好竞赛服务。

(三)集团内师资共建

浙南职业教育集团会员中包括浙江及温州行业协会17家,合作企业54家,研究机构4所,为协会内18所职业院校共建校企"双师库"提供了良好平台(如图7-4所示)。集团内企业派遣技术或管理能手,担任职业院校兼职教师,在输出实践技能的同时,也可提升理论水平,更好地服务集团内部企业。另外,职业院校向企业派遣专业教师,在输出理论知识的同时也可以获取实践

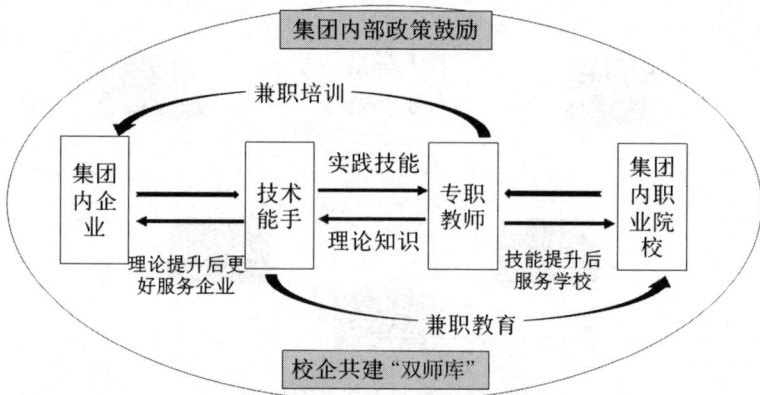

图7-4　集团师资共建模型

技能以提升实践能力。此外,职业院校专业教师及集团内企业讲师通过被聘为行业培训讲师,以短期培训、定向培训等形式,面向在岗和下岗职工、农民工转移、企业职工提升、创业技能培训和鉴定工作,为地方经济发展服务。充分利用集团化发展出台各项政策、提供会议或者是建设工作室,如内部出台有利于企业专业技术人员到集团各院校兼职的有利政策,按照教职工编制总额的 20％可用于聘用专业兼职教师的比例要求,加大集团各院校兼职教师聘任力度。校企联合开展专兼职教师培训工作,提高兼职教师教学能力和专职教师实践能力;开展院校教师管理经验交流和专任教师业务交流活动,推动专任教师下企业锻炼,提高教师实践教学能力;建设双师资工作室,依托企业实践基地,建立专兼职教师 1 对 1 的结对互助机制,推广"双师"培养基地建设,在院校和企业互建工作室,为专兼职教师的教学和下企业锻炼与技术服务提供便利条件。

三、职教集团的未来发展

(一)创新机制,提升集团运行效率

1.完善集团治理模式

根据国家、省市出台的职业教育集团化办学政策制度,建立集团紧密层院校、行业企业等共同出资的法人型职业教育集团;修定集团章程,改进集团治理结构和治理模式,进一步吸纳和调整成员单位,扩大集团办学覆盖面,逐步形成紧密层、半紧密层、松散层的集团成员组成结构,进一步提升集团化办学能力。

2.健全集团组织结构

在集团现有组织机构基础上,依据市级各部门的职责分工,构建基于政府部门—行业协会—院校专业(群)—行业骨干企业参与的工作委员会与专业(群)建设分会,结合职业教育发展和温州市产业转型升级需要,进一步完善集团分支机构工作职责,提升集团分支机构工作效能,推动集团各成员单位在专业对接产业、服务转型升级、提高职业教育水平等方面发挥更大作用。

3.创新集团运行机制

以协作共商为基础,以推进资源共建、人才共育为目的,以互利共赢为动力,不断完善会商、决策、考评、奖惩和成员加盟、退出等机制,保障集团规范化管理;加快校企、校际等合作的长效机制建设,保障企业参与职业教育的利益回报,促进合作内涵的进一步深入。

(二)实施国际化工程,提升教育国际服务水平

1.引进境外优质教育资源

引进国际先进、成熟适用的人才培养标准、专业课程、教材体系、数字化教育资源、教学方法、评估机制、国际证照等教育资源,鼓励与境外院校合作开发课程和教材。加强与境外教育机构合作,积极申报举办中外合作办学项目。推进与境外教育机构合作建设联合实验室或实训中心。

2.建设国际化师资队伍

建立集团师资出境培训规划,有计划地选派优秀中青年教师到境外进行深造、培训、进修和开展科学研究。支持集团各成员院校与境外友好院校进行师资交流,支持教师加入国际学术组织。推动引智工作,积极引进国外文教专家、技术专家和优秀管理人才,提高集团内聘任外籍教师比例。

3.合作培养学生

加强出国留学政策引导宣传,建立出国留学资助制度,增加集团内学生出国留学的形式和渠道,扩大出国留学规模。优化来华留学生学习和生活环境,建设对外汉语教学资源库,打造国际生项目精品课程,加强对外汉语师资队伍建设,设立来温留学生奖学金制度,重点资助"一带一路"沿线国家和地区来温留学生、友好城市来温留学生,拓展留学生生源地,扩大来温留学生规模。

4.提升教育国际服务水平

依托"一带一路"倡议,在沿线国家和地区建立境外办学机构,承揽国际教育服务项目。积极参加对外汉语教师选派工作,推进汉语国际推广工作,积极

推进集团内学生到境外实习或就业,提升学生就业层次。

(三)形成可持续发展的政策环境

集团可持续发展离不开政府和行业的高度重视。充分利用温台职业教育创新发展高地建设的契机,根据实体化职教集团组建的工作目标要求和建设任务,争取政府给予配套政策支持,在项目建设、人才培养、人才引进、学科发展、日常办学经费补助等方面给予政策倾斜支持。对集团申报的校企合作项目、集团承担产业优化升级技术研发项目优先立项。集团制定校企合作项目管理办法,并建立评价监测体系,对校企合作项目进行有效的过程监控和绩效评估。

第三节　建设全国高等职业院校应用技术服务联盟

为响应国家创新驱动发展战略,提高应用技术研发能力和教育教学质量,2017年,由温州职业技术学院牵头,联合政府部门、国家高职示范院校、骨干院校、中职学校和行业龙头企业等发起成立了"全国高等职业院校应用技术服务联盟",以服务经济建设为宗旨,以校企间、院校间、企业间、区域间合作共赢为基本目标,以服务国家和区域经济发展等国家战略为根本任务,旨在搭建产教融合、校企合作的高职技术应用协同创新服务平台,建立产教融合协同创新机制,推动高职院校积极开展应用技术研发服务和新技术应用的教育改革创新,更好地服务区域经济社会发展。

围绕联盟发展目标,以服务国家创新驱动和区域经济发展等重大战略为根本任务,通过组建技术应用协同创新体,打造区域经济转型升级的"助推器";建立训研创一体化公共服务平台,打造技术技能积累的"浓缩器";建设面向全国高职院校的"双创人才"和技术资源富集的开放载体,打造"双创人才"培养和新技术应用人才培育的"孵化器"。

一、职教联盟的发展概况

(一)良好的法律制度环境,政府的大力支持

全国高等职业院校应用技术服务联盟建立了章程体系,并有针对性地制定了《联盟专项基金项目管理办法》,规范联盟中成员的各种行为。且联盟的发展得到了学校、温州市教育局、省教育厅乃至教育部的大力支持,且教育部专家、上级领导多次应邀赴会作主旨报告。

(二)以服务会员为宗旨,重视会员单位的利益

全国高等职业院校应用技术服务联盟都是按照会员的共同意愿依法成立的,其根本宗旨是为会员服务,时刻强调会员的利益,维护会员的合法权益。为了更好地为会员单位服务,全国高等职业院校应用技术服务联盟建立了会员单位的管理档案,了解会员的详细情况,针对会员单位的需要开展相应的学术活动与服务。

(三)完善的内部组织管理

全国高等职业院校应用技术服务联盟的代表大会、专家顾问委员会、秘书处等,其领导由会员选举产生,且是由学术上有权威、管理上有经验的专家担任,他们具有丰富的专业知识,能真正站在联盟发展的角度考虑问题,重大决策需有三分之二以上的会员代表表决通过方可生效,能够真正代表会员利益。

(四)重视交流成果的出版,打造精品项目

全国高等职业院校应用技术服务联盟重视联盟专栏的出版工作,2019 年起以《温州职业技术学院学报》作为联盟交流成果传播的主载体,学报进行筛选后,优选联盟成员单位中优秀的科研成果发表在该期刊上。每年都会投入部分科研资金保障高质量成果的产出。联盟专栏的高度发展不仅可以提升联盟的形象,塑造联盟的品牌效应,其收益还可以反哺联盟,保障联盟的经济基础。

(五)高度开放性,重视与企业合作

联盟与企业、学校、政府和其他社团建立了紧密的联系,并积极参与多方面的合作。联盟与亚龙智能装备集团股份有限公司、中国·汇润机电有限公司、温州瑞明工业股份有限公司和中国·瑞立集团等公司签订了项目合作协议。

二、职教联盟的成绩与问题

(一)联盟建设取得的成绩

自2017年6月在浙江温州结盟并发布《温州共识》以来,通过系列活动凝聚人心、共解疑惑、共绘蓝图,取得了良好的协作口碑,产生了较大的社会反响。截至2021年底,联盟共有90家会员单位,其中包括69家高职院校、18家校企合作企业以及3家研究院,同时由亚龙智能装备集团股份有限公司出资设立了联盟一亚龙专项基金项目,并完成首批项目立项。

联盟工作在3个方面有所突破:一是在合作平台上更多元化。鉴于高校发展和合作企业实际运作过程中具有普适性的关键问题、瓶颈问题,搭建多种平台进行合作探究,便于进行经验借鉴与思维拓展,进而缩短独自探究的行程。二是在合作内容与形式上更趋广泛。每次活动不仅有特邀专家所作高屋建瓴的学术报告、工作指导,更有来自一线的院校领导、处长主任、平台负责人的经验分享。合作形式不仅有联盟定期组织的多种形式活动,更有联盟各片区的高校根据自己的需求进行的活动。三是在社会影响力上更趋扩大。良好的合作成效引发了良好的社会反响,不仅增强了已有合作院校之间的凝聚力与辐射面,而且吸引了更多的院校加盟。

(二)联盟建设存在的问题

联盟成立4年以来,取得了一定的成效,但是也存在一些不足:

第一,学术交流机制有待创新,国际化交流与合作有待加强。目前联盟由于受资金、规模的限制,开放程度不高,没有建立起较好的社会公信度和学术

权威性。而联盟汇集了本领域最优秀的人才,只有加大科研资金的投入、积极创造机会,促使会员跨地域、跨行业的学术技术研讨、提升会员自身学术水平和科技服务能力,才会不断增强联盟的品牌影响力。因此,联盟应积极争取各方资金支持、充分利用国内外资源,及时掌握国内外最新发展动态,积极组织会员参加国际会议和国际交流活动,加强与发达国家同类联盟的联系,争取与国外同类联盟的互访与学习机会。

第二,网络化管理有待进一步增强,资源共享有待进一步促进。由于科学技术具有很强的时效性,联盟应充分重视网络资源的运用并将最新研究成果及时传递给会员和广大群众,形成网上资源共享,降低资源交易成本。全国联盟当前虽建立了自己的网站,但是还在不断完善中,以方便会员单位查阅资料,开展多种形式的网络教育,建立学术论坛,加强会员之间的网上互动,这不仅可以节省成本,还可以提升联盟本身的知名度。

第八章　学生育人治理体系

第一节　高职院校学生教育管理工作创新

我国高等职业教育发展迈入了旨在提质培优的"双高"时代。国家对高职院校学生培养的目标有着清晰的定位,要求其提高学生的技术技能水平,培养出经济社会发展所需要的制造类人才,即"大国工匠",这既是高职院校打造技术技能人才培养高地的应有之义,也是推进治理体系与治理能力现代化的核心使命。因此,构建与创新有高职院校特色的学生工作治理体系是新时代职业院校的重要议题。

一、高职院校学生教育管理的治理诉求

治理囊括了多元主体范畴,治理理论强调获取共同的价值诉求,努力将多元要素融入治理过程中,从宏观上的政府、社会,到微观上的组织与个人,其在治理的环境内充分发挥各种作用与价值,努力实现集体利益目标的最大化。治理理论落实在高职院校学生教育管理工作中是一次微观层面的重要尝试,能够在多维层面上满足不同利益主体的价值诉求。一是高职院校打造"大国工匠"的目标诉求。在顶层设计上,高职院校已经明确了培养"新时代工匠人才"的育人目标与责任使命,并围绕这一目标不断加强学生教育管理工作。二是解决现实工作问题的管理诉求。学生教育管理工作是高职院校办学的重要

环节，也是关乎办学水平与质量的重要衡量标准。探索多元化的治理路径，有助于切实增强学生教育管理的实效性与针对性。三是满足学生参与管理的组织诉求。在原有的科层制高校管理体系中，学生作为学校办学的主体鲜有实现参与权利的渠道，自身作用发挥不充分。引入治理理念，搭建组织管理平台，可以有效保障学生主体地位与主体权益。四是增强学生教育管理效度的实践诉求。高职院校学生教育管理工作要积极适应现代职业教育发展精神，落实"以人为本"理念，增强学生在参与管理中的地位与作用，不断增强管理效度，满足学生的多元发展诉求。

二、顶层设计：明确价值主导与发展定位

　　价值体系作为治理体系的观念形态，处于治理体系的开端位置，能为治理体系的形成、运行及多元主体的协同共治提供方向。因此，高职院校学生教育管理的有效开展依赖于育人理念的引领。高职院校的人才培养强调德技并修的育人机制，就是要在坚定理想信念、厚植爱国主义情怀、加强品德修养、增长知识见识、培养奋斗精神、增强综合素质上下功夫，使学生既具备核心政治素养，又具备较高的技术技能水平，成为有理想、有本领、有担当的人才。这一价值诉求可归结为"以生为本"与"质量为先"的耦合。

　　首先，凸显以生为本的价值导向。在推进高职院校治理体系与治理能力现代化的进程中，高职院校教育的价值追求应与社会整体价值理念相契合，将"公平""效益""人本"与"发展""效率""技术"放置于同等地位。把职业院校的学生培养好，对于推进教育公平，对于提升我国产业生力军的质量，进而推动我国经济高质量发展具有特殊重要的意义。高职教育作为一种教育类型，其本质是促进学习者的职业生涯发展，因此，学生教育管理的治理体系建设要秉承以学生为中心的生涯发展理念，坚持将学生的健康成长与综合素质提升放在第一位，力求实现学生全面发展与个性化发展。

　　其次，贯彻质量为先的工作方针。"双高"背景下基于专业群建设的高职院校人才培养，旨在促进学生职业能力的交叉融合和能力素养的复合协作，以培养宽专结合的高素质技术技能人才，促进人才培养供给侧和产业发展需求侧结构要素的全方位融合。在实践中，高职院校治理体系改革的终极价值目标应定位于提高人才培养质量，实现内涵式发展。因此，高职院校学生教育管

理的治理体系改革应更加强调教育质量提升,以解决高职人才培养供给侧与社会发展需求侧之间的错位问题。

三、中层运行:明晰执行主线与治理方式

(一)优化治理结构:学生教育管理模式促进人人时时处处育人

高职院校的治理体系与治理能力现代化,是关系到高职院校"培养什么人、如何培养人、为谁培养人"的根本问题。高职院校需要建立完善的学生教育管理治理结构,分别从队伍线、时间线和空间线三个维度系统构建全员参与、全时贯穿、全域协同的高校思想政治工作体系。

第一,队伍线上要实现全员参与、全员育人。高职院校全体教职员工都应将立德树人作为根本任务,通过"全导师"计划等充分挖掘各群体、各岗位的育人元素,强化育人的主体意识和育人责任的担当,自觉在各自本职工作中对学生实施直接或间接的思想政治教育和价值引领。

第二,时间线上要实现全时贯穿、全过程育人。在时间轴上,将立德树人贯穿到学生成长发展全过程,涵盖学生从入学到毕业并延伸至毕业后教育的整个过程;在过程融入上,将立德树人贯穿教育教学全过程,融入思想道德、文化知识、技术技能、社会实践教育等各个环节,形成全时性的育人机制。

第三,空间线上要实现全域协同、全方位育人。将立德树人贯穿到人才培养的方方面面,以环境育人、文化育人的全域思维拓展育人空间,充分调动家庭、社会等多方资源,关联校内与校外、课内与课外、线上与线下多个维度,实现协同并进、综合融通的全域性育人景象。

(二)完善治理制度:学生教育管理制度彰显需求导向与供给优化

治理制度体系解决的是"如何保障治理结构有效运转"的问题。高职院校学生教育管理在治理过程中应创建科学完善的制度体系,以理顺多元治理主体间的关系,从而改进政策制定的效能,进而实现有效治理。

首先,精准分析制度需求,夯实学生教育管理的制度基础。制度供给应以制度需求为出发点和落脚点。在国家大力发展职业教育的背景下,高职院校

要着力打造现代职业学校制度体系。当前，政府已出台大量文件以加快构建高校思想政策工作体系，高职院校学生教育管理应做好制度载体设计，确保各种政策红利在制度层面落地，从而发挥制度的规范与管理作用。要遵循"四梁八柱"的原则搭建规范的学生教育管理制度网络，以高职学生管理规定为总纲，分别从学生发展、日常管理、奖励处分等方面制定或修订政策文本、工作文件，以保障学生教育管理的资金投入、人员配备、项目运作等的有效协同，提高制度执行的效率效益。

其次，优化制度供给内容，单新学生教育管理的制度体系。一是通过制度激励来调动学生的主观能动性。形成以优秀学生奖学金、优秀毕业生等评选为基础，以"学习风尚奖"、"校园之星"、博雅学子、"十佳百优"学子等各类评优评先为补充的激励机制，营造比学赶超的良好氛围，形成争先进位的态势。二是通过推动评价机制改革促进学生人人成才。要重视学生作为治理观念中多元主体的中心地位，密切关注了解每一位学生的利益和诉求，贯彻因人而异、因材施教原则，构建以思想政治素质为根本，以身心健康素质为基础，以专业技能素质为核心，以职业发展素质为关键的大学生综合素质评价体系。

（三）变革治理方式：学生教育管理手段实现过程留痕与技术创新

治理方式体系解决的是"具体靠什么手段进行治理"的问题。治理作为一个综合系统，需要多元方法和手段的协同使用。科学的治理方法不仅可以提高学生教育管理工作者的积极性，还可以有效提升高职院校学校建设的效度和精度。面对思政教育新形势和00后高职学生的新特点，高职院校必须依托技术创新和手段改进反哺学生教育管理水准的提升。

首先，过程留痕推动学生教育管理从"无形"到"有形"。近年来，为了提升治理绩效，社会治理层面呈现复杂问题行政化、行政问题技术化、技术问题数量化的技术治理态势。同理，高职院校在学生教育管理过程中同样可推行以"下达指标、分解任务、量化考核"为特点的技术治理手段，特别是要将"抓铁有痕、踏石留印"的痕迹管理作为具体的治理方法。学生教育管理可以通过调查问卷、座谈纪要、谈心谈话记录、五类学生档案、活动总结等来反映工作进度与实绩。

其次，依托大数据，助力学生教育管理从"有限个案"走向"数据决策"。高职院校的人才培养,对接的是主导产业群和职业岗位群的目标实现,离不开对产业链与岗位群发展现状与趋势、区域经济对技术技能人才需求状态的充分了解。随着高职院校信息化建设进程的加速与大数据中心的建立,学生教育管理将有更为精细化的数据来源和科学化的决策基础。一方面学校可以基于动态、及时、全面的大数据进行深入和精准的"全样本"分析,从而提高学生教育管理的科学性和有效性。另一方面学生个体也可以基于内部诊断改进系统生成的个人成长发展"自画像",实时进行自我评估与调整,形成动态的、个性化的综合素质发展档案。

(四)统筹治理运行:学生教育管理路径秉承"德""技"同育与"四养融通"

治理运行体系解决的是"采取何种路径运转"的问题。高职院校学生教育管理要秉承德技并修的全育人理念,紧紧围绕"培养高素质技术技能型人才"的办学使命,既要积极弘扬社会主义核心价值观、立德树人,又要着力发扬现代"工匠精神",以技成人,营造"德""技"协同育人的治理文化,设计治理运行方式,全面实施"四养融通"尚德工程,有效发挥学生管理制度在处理学生各教育阶段问题的有效作用,加强思政工作队伍的建设,整合教学管理资源,形成全员育人新格局,引导学生不断强化政治修养、职业素养、生活涵养和健康培养。

四、基层建设:平衡服务主体与管理需求

高职院校学生教育管理工作的对象与核心主体均是学生群体,基层建设的主要阵地为三个课堂,因此高质量的治理体系构建需要在明确理念与明晰方式的前提下,在三个课堂的建设中不断平衡学生主体地位的发展需求和教师管理任务诉求,从而双向保障顶层主导布局、中层主线运作可持续发展。

第一,深化第一课堂"课程思政"教育教学改革,让学生参与考核标准讨论、作业评价赋分、翻转课堂展示等,既响应三教改革和课程育人的要求,又凸显以生为本的价值导向,激发学生自我管理的动能。学校基于第一课堂教育管理的改革,延伸出了"课程思政"系列微课、"温职青年说"系列师生微课,孵化出的优秀讲师参与省微课大赛、教师教学技能大赛并获得国家级、省级特等

奖、一等奖等荣誉。

第二,完善第二课堂成绩单制度,分思想品德、身心健康、文化艺术、职业发展和社会服务等五个维度系统规划素质拓展活动菜单,推出博雅行动新 π 青年养成计划,设定"必选＋自选"相结合的素质活动菜单,保证学生的主流价值活动与创新形式活动双线发展,形成个性化定制,同时推进活动组织和学生参与"学分化"自治管理,设置激励、选拔、维权等功能渠道,保障学校发展目标、教师管理任务、学生成长需求之间的平衡,更提升整体的运行效能。

第三,提升第二课堂实践育人成效,围绕培育"新时代工匠人才"的目标,在教师的调控范围内,明细自治管理边界,在组织形式、权利义务关系等方面适用有度的边界内,充分发挥学生的主观能动性,自建团队、自制方案、自设规范、自洽运行,创新"青春告白祖国"等爱国主义教育,扎实推进青马学院和学生理论社团建设等思政育人载体,组织"万生入千企、百工进校园"等主题活动,将工匠精神培育融入新青年下乡社会实践、青年志愿服务、双创文化节等,开展劳动教育与实践、心理健康文化节、"小步点 APP"阳光健身跑等全面提升学生的政治修养、职业素养、生活涵养和健康培养。

以人才培养治理提升学生竞争力,落实立德树人根本任务,坚持德智体美劳五育并举,培养具有更强使命、更宽视野、更高层次、更精技术和更全素质的"新时代工匠人才",为地方经济社会发展提供人才支撑。

第二节 思想政治素养"三个三"育人模式构建

依据教育部《高校思想政治工作质量提升工程实施纲要》中"构建心理育人质量提升体系,着力培育师生理性平和、积极向上的健康心态,促进师生心理健康素质与思想素质、科学文化素质协调发展"的要求和《健康中国行动》中对全面提升心理健康素养的需求,落实立德树人根本任务,提炼出"三育一体"(心理健康素养教育、心理健康素质教育、思想政治教育)的理念,并将其融入心理健康教育教学整体过程,同时设置知识、能力和思政"三维育人目标",积极培养心理健康素养优、心理健康素质优、思想政治素养优的新时代"三优心青年"(如图 8-1 所示)。

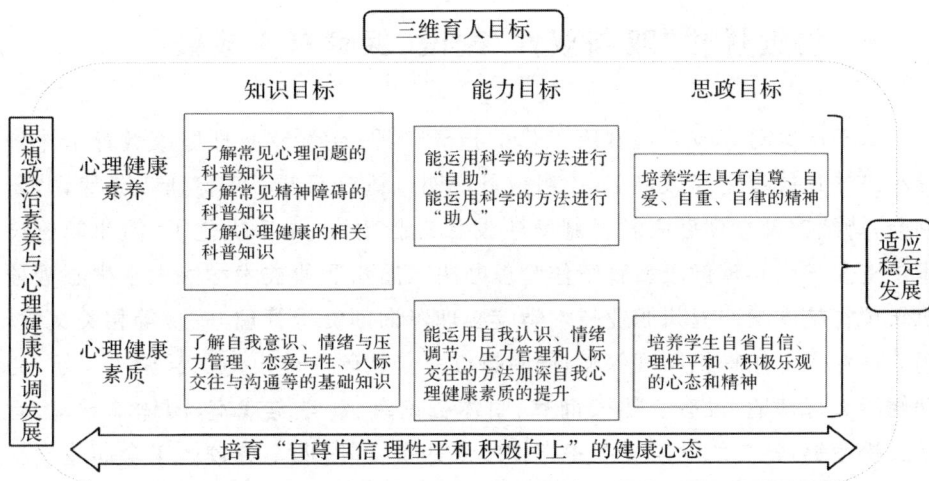

图 8-1　三维育人目标

基于学校学生整体教育管理顶层设计，在中层管理与基层实践中依托校内外三个课堂，全方位推动心理健康素养、心理健康素质和思想政治素养的教育教学全过程入脑、入行、入心，从而达成三维目标（如图 8-2 所示）。

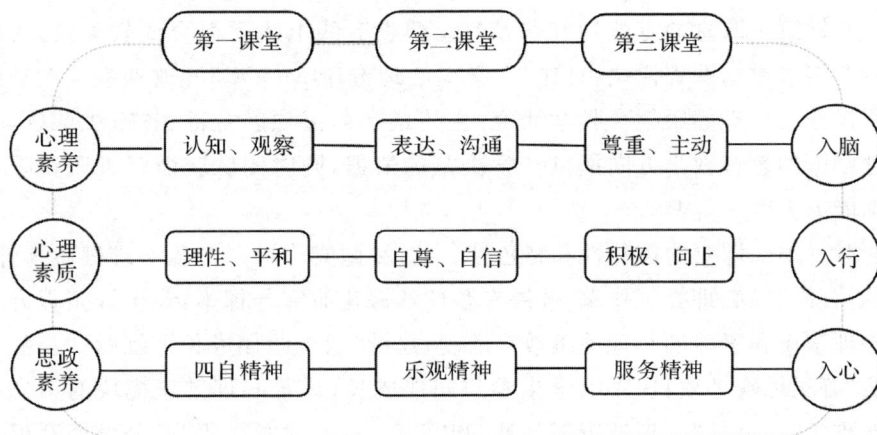

图 8-2　三个课堂构架

一、持续优化"双制双件"建设，保障育人成效

基于国家对高校心理健康工作的指导精神，在学校心理健康教育工作领导小组的顶层规划与领导下，小组成员定期或适时召开心理健康工作研讨、研判会，持续完善心理健康教育制度建设和机制建设，先后优化了《温州职业技术学院大学生心理健康教育工作管理办法》《温州职业技术学院大学生心理危机干预实施方案》《温州职业技术学院心理咨询师资费管理办法》等相关文件，为心理育人工作提供制度保障；同时持续完善软硬件建设，建成"阳光工坊"心理健康教育基地，设有个体咨询室、团体咨询室、沙盘游戏室、团体辅导室、音乐放松室等，各二级学院均配备咨询或谈话室，同时四个分校区正全面建设独立的心理健康教育场所，总面积共 580 平方米，购置北辰心理健康测评系统，心理健康预约系统和心理健康工作管理系统，为心理育人工作提供软硬件保障。

二、系统活化"三个课堂"载体，支撑育人主线

发挥第一课堂的专业性和普及性。建设有线上线下混合式教学模式，依据专业需求重构课程模块，自建"大学生心理健康 MOOC"开放课程。教学团队积极开展心理健康教育教学研究，主持或参与多项教育部、省市级课题，为心理健康的教育教学方向提供科学决策的依据，同时团队获浙江省职业院校教学能力大赛一等奖。

激发第二课堂的趣味性和特色性。建设"阳光心灵""冬蕊心理健康素养""悦心育匠"等心理类工作室，开展专题性的深化研究与探索，集中开拓提升学生心理素质和素养的心理健康教育活动；建设"阳光同伴成长训练营""彩虹工作坊"等早练晚训项目，吸引学生参与同伴成长；设置心理健康模块的第二课堂博雅学时，依托"心理健康素养月"和"5.25 心理健康文化节"分学期开展主题性系列活动，学生整体活动参与率达 85％以上，多项活动曾受到学习强国、《浙江工人日报》、浙江新闻客户端、《温州日报》等主流媒体报道。

延伸第三课堂的思政性和服务性。与爱加倍公益组织共同建设"爱青春同伴行"教育基地，指导并带领学生在校外初高中开展关于"青春、爱、性"的同

伴教育活动,近两年在二十一中、温州科技职业技术学院等服务学生近千人次;与南湖社区共建心理健康服务基地,连续三年为社区新居民儿童提供趣味教育和团体辅导活动,为社区家庭和家长开展家庭教育、亲子教育讲座,活动曾受到温州电视台采访报道。

三、全力联动"三个主体"合力,提高育人质量

联动发挥"教师主力、同伴助力、医生外力"。发挥教师主力,建有"阳光心灵"导师团教师队伍(20位专兼职心理咨询师＋7位心灵导师),每学期组织开展案例研讨、督导和咨询技术培训至少25学时,有力提升教师队伍专业性。激发同伴助力,建有"阳光心灵"同伴队伍(寝室信息员＋班级心理委员＋"爱青春同伴行"讲师团),每学年开展"阳光同伴"素养培训班,每周开展讲师团培训,为全校班级提供"爱青春一日营"活动和班级团体辅导活动。同时与温州医科大学附属康宁医院、温州市第七人民医院等共建危机干预服务基地,畅通绿色通道,有效发挥医校合作的力量,为师生的科普宣教、专业评估、危机预判等提供科学保障。

四、创新发展信息化建设,构建育人新形态

运用MOOC、超星尔雅、生物反馈等技术构建智慧教学支持环境,整合教学资源,提升第一课堂有质有效;运用PU口袋校园完成活动的线上报名、审批、学时认定等流程,运用学工系统、"我的温职"网上办事大厅、心理测评系统等完成咨询预约、心理信息库和档案建设、数据分析等,多形式开展线上活动,保障第二、三课堂有序有趣。

依据"三育一体"理念,立足学生心理健康素养、素质和思想政治素养发展的"三素"培养需要,设置育人"三维"目标,有的放矢地联动"三课",通过线上线下多形式多渠道活化育人载体,形成特色活动品牌,从而全面构建教育教学、实践活动、咨询服务、预防干预、平台保障"五位一体"的心理健康教育工作格局。

第九章　国际合作办学治理体系

第一节　国际化办学体系构建与实践

国际化是新时代高职院校对接实体经济高质量发展、提升办学水平、聚焦内涵建设的必然要求，也是中国高职教育打造世界品牌，提升国际影响力的战略举措。推动高职院校国际化发展是一项系统性工程，需要从基础设施、教学资源、师资力量、专业课程等各个方面内外统筹，实现国内外协同发展，这对高职院校治理能力和水平提出了较高要求。学校的国际化探索，一直服务于学校的整体规划，并充分结合地方经济、社会发展转型升级的需求，拟定国际化整体行动方案，寻求切实可行的国际化路径，走出独具特色的国际化道路。

一、深化国际化办学理念，提高政治站位

学校的国际化办学坚持以立德树人为根本，深化产教融合与校企合作，以专业群建设为抓手，以应用技术研发为引领，以深化体制机制改革为保障，探索国际化发展新路径。

（一）以服务国家战略为根本，践行职业教育新时代使命

2016年，教育部出台《推进共建"一带一路"教育行动》，强调"一带一路"为推动区域教育大开放、大交流、大融合提供了大契机，鼓励中国优质职业教育

"走出去",培养"一带一路"急需人才。此外,《浙江省中长期教育改革和发展规划纲要(2010—2020年)》明确指出,浙江要积极推进教育国际交流与合作,着力培养一大批国际化人才。学校坚持提高政治站位,以提高国际化人才培养质量为国际化的出发点,引进国际先进理念、标准和经验,推动学校的职业教育尽快与国际接轨,为提升国际竞争力夯实基础,进而参与国际职业教育事务,积极响应"一带一路"倡议,在国际职业教育市场上发出中国声音,提供中国方案。

(二)以发展内涵为核心,增强高职教育国际竞争力

实现高职教育国际化,就是致力于构建开放型职业教育体系,开展多形式、多层次、高水平的国际合作办学,注重提升校企合作质量与人才培养质量,探索与中国企业和产品国际化相匹配的高职教育发展模式,构建与国际标准对接的专业标准、课程体系,加快培养适应我国企业"走出去"要求的技术技能人才。学校坚持实事求是的原则,根据实际制定国际化发展的目标、定位、方向和指导思想,科学选择适合自身的面向地域以及合作伙伴,树立独具特色的国际化办学和育人理念,结合自身办学实际与国际劳动力市场需求,着力打造特色专业并形成专业特色,不断增强国际竞争力。

(三)以树立品牌为导向,打造高职教育国际品牌

高职院校要在国际职业教育市场上立足,扩大国际影响力,打造教育品牌至关重要,因此,学校将品牌建设融入校园建设、专业建设、课程建设、师资建设、院校治理等各方面。品质是品牌的基石,高职院校打造国际教育品牌,根本在于提高办学和育人质量,只有持续输出高品质的人才和技术服务,才能赢得国际市场的广泛认可,形成品牌效应。因此,学校实施质量建设工程,建立质量保证体系,推动教学标准、管理模式与国际接轨,为打造优质教育品牌提供坚强支撑,逐步实现教育观念国际化、学科专业国际化、课程设置国际化、教学管理国际化等,加强学校师生与国际合作伙伴的互动和交流。

(四)以弘扬中华文化为己任,向世界讲好中国故事

"一带一路"作为开放包容的经济合作倡议,是以经济合作为基础和主轴,以人文交流为重要支撑的国际性合作模式,为高职院校的国际化办学提供了重大的历史机遇,也对高职院校的国际化办学提出了新要求。高职院校要在

国际化发展过程中凸显特色、提高质量,必须高度重视文化软实力建设。"一带一路"沿线国家和地区的人才需求更趋多元,对具有国际视野的技术应用型、复合型人才的需求量不断增大,这为高等职业教育的国际化发展带来前所未有的机遇和挑战。学校开展国际化合作交流,始终注意培养学生的国际化视野,并以此传播中华文化,向世界讲述中国故事。

二、强化顶层设计,落实国际化办学理念

"扎根中国、放眼世界、面向未来"是"双高计划"的基本定位,"双高计划"提出"引领改革、支撑发展、中国特色、世界水平"的建设目标,显示出深化职业教育改革、提升职业教育发展水平和服务贡献度的紧迫性,同时对职业教育的改革发展方向、建设目标等提出具体要求。国际化是高职院校落实"双高计划"的题中之意。学校为认真落实教育部等部门关于教育对外开放的决策部署,扎实推进"一带一路"教育行动,提升国际交流合作水平,开创教育对外开放新格局,充分结合地方经济社会发展转型升级的要求,做好学校建设的顶层设计,拟定整体行动方略,走出独具特色的发展道路。

第一,坚持统筹协调、共同推进。在党委统一领导下,加强科学规划引领,将国际化办学纳入学校总体规划,强化顶层设计,健全政校企多部门协调联合机制,加大保障力度。

第二,坚持伴随中企、深化服务。秉承"与国际接轨",坚持"学理念—输标准—育英才"的教育国际化战略,积极探索国际化办学模式。"伴随中企走出去",输出中国职教标准,促进标准体系国际化、社会服务国际化。

第三,坚持制度创新、协同育人。完善政策保障和激励机制,构建各部门合作协同育人机制,加强智力支撑,广泛调动全员参与国际化办学的积极性,展示当代中国良好形象。

三、强化中层运行,构建国际化办学机制

(一)运行体系

国际化管理体制机制的创新与完善是高职院校国际化办学有序开展的重

要保障。高水平高职院校需要不断创新和完善国际化管理架构，积极构建国际化相关职能部门并加强国际化考评管理，通过建立运行组织体系、协调运行机制和完善考核评价体系，为国际化发展水平提升保驾护航。为推动国际化办学有序高效地开展，学校成立了由学校党委书记、校长担任组长，分管国际化工作的副校长担任副组长，相关职能部门负责人、各二级学院院长组成的教育对外开放工作领导小组，确立学校国际化工作思路和工作机制，制定规章制度和实施方案，统筹规划、组织、协调、领导、督促国际化工作。各职能部门、二级学院协同配合，齐抓共管，为国际化工作的开展提供有力的体制机制保障。

(二)评价体系

学校建立健全国际化办学的评价体系，推动学校国际化办学品质的不断提升，加快国际化办学实现内涵式发展。教育部高等学校质量年度报告和浙江省高校督导评价、教学工作及业绩考核，都将国际化作为重要指标，纳入高职院校综合评估体系。按照《教育部关于进一步加强高等学校中外合作办学质量保障工作的意见》精神，浙江省教育厅每年年初根据学校提交的中外合作办学报告，组织抽查评估工作。学校制定的《部门绩效考核办法》《专业群建设管理办法》和《专业建设工作业绩考核及专业动态调整办法》，将国际化工作纳入二级学院年度考核、专业群建设及专业建设工作业绩考核指标体系。以上级主管部门评估为依托，构建内部诊断与外部评估相结合的多层次全方位评价体系，提高评价效能，为国际化办学的发展提供质量保证。

(三)激励体系

国际化办学成功的关键在于教育教学质量，因此需要强化师资队伍建设与人才培养，建立健全激励体系，提升教师的业务水平与敬业精神，调动学生学习的主动性与创造性。浙江省教育厅对省示范性中外合作办学机构和项目在招生计划、师生培养、对外交流等方面给予倾斜和支持。学校制定《公派海外分校工作人员暂行规定》，公派海外分校的工作人员在职称评聘中享受优惠政策，调动海外公派工作人员的积极性，推进学校海外办学工作。学校每年选派 2 名开展中外合作办学的专业教师赴合作院校学习。学校设立了国际学生奖学金，包括新生奖学金、优秀学历生奖学金、HSK 奖学金、省政府奖学金等 4 类，吸引国际学生来校留学。

(四)约束体系

建立和完善约束体系,提高教学质量,提升人才培养质量。浙江省教育厅对违规办学、质量评价较差、社会反映强烈的中外合作办学机构和项目,依法严肃查处。学校制定了《温州职业技术学院中外合作办学项目管理办法》,鼓励在国内新兴和急需的学科专业领域,在学校已有或者相近专业、课程,与学术水平和教育教学质量得到普遍认可的国外知名高校举办中外合作办学项目,规范中外合作办学的申报和实施。学校制定《专业建设工作业绩考核及专业动态调整办法》《温州职业技术学院学生管理规定》《国际学生招收和培养管理办法》来规范和约束国际化工作。

四、国际化办学实践

学校坚持"引进来"与"走出去"相结合,借力并助力"一带一路"建设,开展国际职业教育服务,承接"走出去"中资企业海外员工教育培训,推进"中文＋职业技能"项目,开发专业标准和课程体系,推出一批具有国际影响的高质量专业标准、课程标准、教学资源,推动技术技能人才本土化,打造中国职业教育国际品牌。

(一)引进国际优质资源,助推专业品牌建设

学校积极与加拿大、英国、意大利、德国等职业教育强国交流合作,引进中外合作办学项目和机构,学习借鉴国际先进成熟适用的职业标准、专业课程、数字资源等,促进优质教育资源移植内化。2007年以来,学校与加拿大不列颠哥伦比亚理工学院开展"机械设计与制造中外合作办学项目",引进海外优质课程21门,连续办学11届,培养了近500名毕业生,两次被评为"浙江省示范性中外合作办学项目";2010年起与英国桑德兰大学合作举办电子商务专业4届;2021年1月,与意大利米兰ACME美术学院合作举办服装与服饰设计专业项目获浙江省教育厅批准,教育部备案,引进意方15门专业课程,每届招生90人。

（二）开展国际学生"中文＋"培养，打造"留学温职"品牌

学校统筹国际化资源，开展"一带一路"沿线国家和地区国际学生招生培养工作。一是南非学生培养。2018 年，与南非中国文化和国际交流中心及南非高教部职业教育培训署三方共同合作了南非大学生来华实习实训项目，承担推进实施中南非双边技术技能人才培养任务，成为浙江省第一批与南非政府建立留学生合作培养的高职院校。第一批电气自动化专业 25 名学生和第二批机械设备安装专业 19 名学生采用"4 个月专业理论学习＋4 个月企业顶岗实习＋4 个月项目化管理学习"的形式，圆满完成在华一年的理论课程和顶岗实习。二是柬埔寨学生培养。学校建立柬埔寨温州职业技术学院亚龙丝路学院，根据柬埔寨当地职业发展及中资企业用人需求，开设电气自动化专业，现有学生 221 人，每年招收 50 人。2019 年，3 名来自丝路学院选拔的优秀学生来学校攻读电气自动化专业。2019 年底，继续选拔 8 名丝路学院优秀学生分别来校学习电气自动化专业和酒店专业。在专业学习的同时，学校还为国际学生提供丰富的中国文化课程和人文交流活动，努力培养一批知华友华爱华的人文交流友好使者，打造"留学温职"品牌。

（三）实施温职伴随计划，输出中国职教标准

学校积极响应国家"一带一路"倡议，伴随中资企业"走出去"，依托我国现有专业教学标准、课程标准和岗位标准，结合输出国实际，坚持自我与他者兼顾、规模与质量并进、共性与个性相结合，在柬埔寨、意大利、南非等"一带一路"沿线国家和地区输出一批具有中国特色的高质量专业标准、课程标准和岗位标准。

一是深耕柬埔寨。深化柬埔寨丝路学院建设，实行公派海外分校工作人员优惠待遇，拓宽合作专业，培养中国企业海外生产经营需要且符合中国企业用人标准的本土化人才。深化中柬职教合作联盟建设，发挥中柬职教合作联盟共建、共享、共赢机能，联合中柬联盟单位开展语言交流培训线上线下资源建设，探索产业化发展模式，扩大教育国际合作与交流。深化中柬语言文化交流中心建设，为柬埔寨职教师资、学生、企业员工开展汉语培训和技术培训。深化柬埔寨研究中心建设，充分利用温商资源，立足于中柬合作的现实问题和需求，为中柬合作提供决策咨询，发挥"智库"作用，服务国家外交、地方建设和

学校发展需要。学校制定并输出了电气自动化专业教学标准和 4 个课程标准，得到了柬埔寨国家技术培训学院的认可。

二是服务意大利。学校在意大利成立"温州职业技术学院意大利培训中心"，设立了都灵和罗马两个教学点。与中意青年会开展深度合作，调研意大利酒店发展需求，派遣专业骨干教师赴意大利，针对意大利本土酒店和在意华裔酒店的管理人员开展专业培训。与东皮埃蒙特大学共建中意旅游与经济发展促进中心，就意大利旅游产品设计开展调研并提供咨询。为意大利华裔青少年开展"网络培训班"，积极开设"海外云课堂"，助学海外侨二代。开设公益创意课、编程课、"漫谈温州文化"系列课程，增进海外华裔青少年对中华文化的亲近感，提升他们学习中华文化的兴趣，推动海外华文教育发展。

三是走进非洲。从非洲研究院、浙江省商务厅、温州市商务局等渠道获取信息，针对非洲产业结构及专业技术人才需求、职业教育概况、中国企业在非洲投资面临的问题等进行调研，寻求承揽非洲大型工程的中资企业或在非洲办厂、收购的中资企业合作，寻求对中国职业教育和技术装备、专业标准认同的非洲优质院校为合作对象，创办集职业教育、职业培训、科学研究、文化传承、创新创业"五位一体"的"鲁班工坊"，立足非洲，服务"一带一路"沿线国家和地区。学校修订了电机与电器技术、机械设计与制造、跨境电商、建筑设计等 4 个专业标准，电气 CAD 等 39 个课程标准和变电设备检修工、高低压电器及成套设备装配工等 3 个岗位标准，并将标准输出到南非、乌干达。

学校聚焦开放办学，引进国外优质资源，传播中国文化，输出中国职教标准，服务"一带一路"沿线国家和地区，聚力打造区域性国际化特色高职院校，打造"伴随中企走出去"的典范，使之成为服务世界温州人的"桥头堡"和中国—东盟职业教育合作的"领头羊"。

第二节　柬埔寨温州职业技术学院亚龙丝路学院

温州职业技术学院和亚龙智能装备集团股份有限公司开展合作，与柬埔寨国家技术培训学院在 2018 年组建柬埔寨温州职业技术学院亚龙丝路学院，旨在推进国际化产教深度融合，服务中资企业海外发展，输出中国高职优质教育资源和教学标准，坚持优势互补、资源共享、互惠双赢、共同发展，成为两国示范性产教融合、校企合作、职业教育的办学机构和研究机构，为促进两国高等职业教育和文化交流培养高质量的专门人才。

作为中国在柬埔寨创办的第一所伴随中资企业"走出去"的海外丝路学院，柬埔寨丝路学院是浙江省高职院校在柬埔寨建立的第一所海外分校，也是温州职业技术学院发挥温州侨乡优势，对接温州柬埔寨商会资源，服务"一带一路"温商在柬当地产业建设，培养中资企业在柬生产经营需要，符合中资企业用人标准的高素质技术技能本土化人才的第一所海外职业院校。

一、创新教学模式，实现学校办学的国际化

柬埔寨丝路学院全面开展职业教育合作领域人才培养、留学生教育、师资培训、海外产教融合、技术研究、标准资格认证等方面的深度合作和交流。学校在制定境外分校人才培养方案和教学育人模式方面进行了改革探索，形成了多形式、多方位的教学育人范式。

(一)"职业培训＋学历教育"双形式

柬埔寨丝路学院不仅向柬埔寨当地学生提供大专学历教育，而且还承担了柬埔寨教师及中资企业员工的职业培训教育，既有针对性的对当地员工进行职业指导与技能培训，又满足当地学生和部分员工对提升学历的需求。今后将以柬埔寨丝路学院为平台，根据需求将国内部分成熟行业技术标准引入柬埔寨，开展有相应资格认证的职业培训教育。

(二)"海外＋本土"双校区

学校不仅联合企业把国内优质职业教育资源送出去，还把优秀柬埔寨留学生请进国内校本部学习技术与中国文化，实现"走出去＋请进来"相结合。先后于2019年和2020年，选拔来自柬埔寨亚龙丝路学院的11名优秀学生，到温州学习电气自动化和酒店管理专业。三年的在华学习，让他们有机会更好地学习专业技术并感受中国文化，最终培养成知华友华又懂核心技术的中资企业海外中层管理人员或技术骨干人员。通过双校区的育人方式，可以从多角度、多维度更全面完善地开展人才培养工作，满足未来企业对高端海外本土人才的需求。

(三)"柬埔寨＋中国"双标准

学校在制定柬埔寨丝路学院人才培养方案及教学标准上实行双标准。前期调研合作专业在柬埔寨及中国的相关标准,由于柬埔寨的职业教育与中国存在差异,双方在借鉴国际先进相关专业职业标准的基础上,综合双方的实际情况,修订原有课程、增设新课程、引进国际通用标准新教材,制定出适合柬埔寨丝路学院的国际化教学标准和人才培养方案。

(四)"外派主讲＋本土助教"双师资

为适应柬埔寨丝路学院教学需求,并考虑柬埔寨当地的实际情况,采用"外派主讲＋本土助教"的教学方法,创新教学方式改革。学校外派专业教师骨干团队赴丝路学院开展教学授课工作,在课程授课中再配以分校柬方助教。一方面可以更好地应对并解决教学过程中可能存在的问题,另一方面可以逐步将海外分校当地教师培养成为能够独当一面并按教学标准开展授课的教师。同时,为柬埔寨丝路学院培养师资储备力量,满足未来的招生规模要求并降低本项目成本支出。

(五)"知识＋传承"双课程

柬埔寨丝路学院的办学理念不仅体现在学生专业知识技能上学有所成,更重要的是培养具有中国情怀、国际视野和跨文化沟通能力的中柬友好交流的亲善使者,将中国文化介绍给当地的学生们,让他们了解中国,喜爱中国,从而培养适合中资企业的本土人才,为企业生产和中柬人文经济交流发展贡献力量。语言是文化传承的重要载体和有效沟通交流的工具,因此学校将汉语教学纳入人才培养方案中,并贯穿整个学历教育周期,在外派专业教师的同时也派出资深汉语教师赴柬同步授课。

二、开展多元共建,深化产教融合的国际化

柬埔寨丝路学院由政校企多元主体共建,不断深化国际化产教融合,服务"走出去"的中资企业。

（一）创新合作模式

实行"政府—学校—企业"三方合作模式，以中柬双方政府主导政策支持，亚龙智能装备集团股份有限公司输出教学实训设备，学校负责内涵建设，解决了学校海外基础设施建设的局限性。合作三方成立专门工作小组，由双方校长和公司董事长担任项目负责人，中柬双方各派专业教师和管理人员，将共同开展对合作专业的课程建设、教学管理和研究等事务。

（二）输出标准模式

输出中国相对成熟的职业教育标准和模式，增强中国职业教育在柬埔寨的影响力，为柬埔寨培养高素质的技术技能人才，提高柬埔寨技术技能人才的整体水平，为在柬发展的海外企业培育符合当地生产经营需求的本土化技术技能人才。

（三）提供人力支撑

柬埔寨丝路学院以企业需求为导向，为企业培养输送技术技能型人才，有针对性地对员工进行职业指导与技能培训，为合作企业"走出去"打开了市场，为在柬温商企业的发展提供了当地人力资源支撑，实现学校职业教育产教融合国际化与企业国际化的合作发展共赢。

三、办学成果丰硕，提升学校国际影响力

柬埔寨丝路学院成立以来，办学成果丰硕，在国内和柬埔寨当地社会反响良好，中国东盟中心、《浙江工人日报》、《欧华联合时报》、柬埔寨相关报社和电视台等多家媒体都大幅做了报道。

（一）提供专科学历教育

根据柬埔寨当地职业发展及中资企业用人需求，开设电气自动化专业学历教育。现有学生 221 人，2019 年 2 月，3 名由丝路学院选拔的优秀学生来学校攻读电气自动化专业。2019 年底，继续选拔了 8 名丝路学院优秀学生分别

来校学习电气自动化专业和酒店专业。学校还提供来华留学生奖学金，全额或半额资助柬埔寨学生来中国校本部学习。

（二）开展技术培训服务

通过外派多名教师到柬埔寨授课和邀请部分学员来校本部培训的方式，实现"走出去＋请进来"职业培训相结合。2018 年中国东盟中心牵头，由柬埔寨劳工部、青年体育教育部从柬埔寨选拔优秀教师和行政官员，派送至学校本部开展为期 1 个月的电子基础技术及数模电领域技能培训学习。2020 年 8 月，与柬埔寨温州商会签署战略合作协议，在深耕中柬职业教育和社会服务方面达成了全面合作意愿。学校外派教师为柬埔寨顺达机电工程有限公司、三一重工等中资企业完成《自动生产线机械手的 PC 程序控制》《自动生产线分拣系统的 PLC 程序控制》等 4 项技术服务，为柬埔寨中资企业培训员工超 3 万人。

（三）输出专业相关标准

深化产教融合，借鉴国际先进相关专业职业标准，融入企业对本土人才技能和职业素养的需求，综合国内和柬埔寨职业教育标准差异和实际情况，重构课程体系，增加实训实践课程，引进新教材，制定并输出了合作专业电气专业人才培养方案和教学标准，以及 4 个课程标准，得到了柬埔寨国家技术培训学院的认可。

（四）成立中柬职教合作联盟

2019 年 7 月，温州职业技术学院牵头成立了"中国—柬埔寨职业教育合作联盟"，现有 77 家政府、院校、行业、企业单位正式结盟，共同推动中柬职业教育合作；承办了第十届"中国—东盟职教合作联盟启动仪式暨产教融合论坛"，作为发起单位之一，参与组建中国—东盟职教合作联盟；主办了第十一届中国—东盟创新产教融合模式探索暨亚龙丝路学院洽谈会，实现 2 所丝路学院揭牌、7 所院校签订丝路学院框架合作协议；策划主办第十二届"中国—东盟教育周分论坛"。

（五）创立中柬语言文化交流中心

2019 年 11 月，学校与柬埔寨国家技术培训学院签署了《关于共同建设中柬语言文化交流中心的协议》，创立了中柬语言文化交流中心，学校专业教师与资深汉语教师通过线上线下进行语言与文化的交流，推广中国文化通识教育，开展汉语言培训。

（六）建立柬埔寨研究中心

2020 年 8 月，学校揭牌成立柬埔寨研究中心，该中心立足于中柬国际交流与合作前期基础，秉承"一带一路"等国家和地区外交战略，着力开展职业教育区域和国别研究及双方的产业发展政策研究，为当地中资企业投资及产业发展提供服务。已编写《柬埔寨教育情况手册》，并正在开展柬埔寨温商口述史研究。

柬埔寨温州职业技术学院亚龙丝路学院建设得到了浙江省厅等部门的重视，校领导多次受邀在省共建"一带一路"丝路学院校企对话会、第二十届中国国际教育年会、中国—东盟职业教育周等国际会议上做分享发言，省政协副主席、省商务厅副厅长等领导受邀到柬埔寨丝路学院进行实地考察调研，办学模式得到了省厅领导肯定并获好评，该项目被评选为"中国—东盟特色合作项目"。

第三节　中国—柬埔寨职业教育合作联盟

2016 年 10 月，习近平主席对柬埔寨进行国事访问，中柬两国签署了《中华人民共和国与柬埔寨王国关于编制共同推进"一带一路"建设合作规划纲要的谅解备忘录》等 31 项合作文件，中柬两国之间各项务实合作有序推进。2019 年 4 月，在第二届"一带一路"国际合作高峰论坛期间，中柬两国签署了构建中柬命运共同体行动计划，为双边关系发展注入新的动力。2019 年 7 月，在柬埔寨劳工与职业培训部、中国国际教育交流协会的指导下，学校牵头与柬埔寨国家技术培训学院、亚龙智能装备集团股份有限公司等中柬两国相关院校、行业企业共同发起成立了"中国—柬埔寨职业教育合作联盟"（以下简称中柬职教联盟），联盟现有 77 家理事单位，其中中方 57 家，柬方 20 家。

中柬职教联盟是在中柬合作交流和国家职业教育宏观政策指导下,遵循"相互尊重、平等合作、互利共赢"原则,围绕中柬两国双边职业教育合作交流开展活动,深化产教融合,创新技术技能人才培养模式,发挥职业教育和行业企业在促进中柬两国经济社会发展、产业升级和人文交流中的基础性作用,促进两国民心相通,夯实两国友谊世代相传的社会和民意基础。

一、完善机制,保障联盟有序有效运行

为正确把握相关方针政策,进一步理顺联盟成员之间的合作关系,完善联盟运行机制,使其成为一个统一、高效、廉洁、协调的组织机构,在中国教育国际交流协会的指导下,联盟制定了《中国—柬埔寨职业教育合作联盟中方理事会章程》(以下简称《章程》)。2020 年 8 月,在由学校主办的中柬职教合作联盟中方理事会成立暨第二次工作会议上通过了《章程》,并成立了中方理事会。

联盟单位设理事长单位、副理事长单位、常务理事单位、理事单位。温州职业技术学院为中方理事长单位。中方副理事长单位 14 家,中方常务理事单位 23 家,中方理事单位 19 家。柬埔寨国家技术培训学院为柬方理事长单位。联盟设理事长、常务副理事长、副理事长和理事若干名。理事会设全体理事会议、理事长会议和秘书处。全体理事会议是理事会最高权力机构,原则上每年召开一次。理事长会议是理事会的常设决策机构,秘书处是理事会的常设办事机构,设在温州职业技术学院。理事会采用单位席位制,每届任期五年,每五年举行换届大会。《章程》还明确了全体理事会议、理事长会议、秘书处的权责,理事单位的权利和义务,理事长、常务副理事长、副理事长和理事的职责,确保联盟有序发展。

二、开发平台,促进成员单位交流合作

(一)搭建合作平台

中柬职教联盟已促成辽宁机电职业技术学院、柬埔寨贡布地区理工学院、亚龙智能装备集团股份有限公司 3 家单位签约组建丝路学院,杭州职业技术学院与吴哥国家学院,重庆公共运输职业学院与马德望国家职业学院等数十

所中柬院校"联姻",共签署 36 项合作协议。温州职业技术学院与柬埔寨国家技术培训学院共建了中柬语言文化交流中心和柬埔寨师资培训中心,为联盟进一步发展奠定了扎实的基础。

(二)创建交流平台

中柬职教联盟创建了网站,设置"政策环境、共享资源、中柬资讯、联盟动态、通知公告"等栏目,及时发布上级部门政策文件及相关资讯,开辟联盟对外宣传、信息共享与交流的窗口,为联盟成员单位及社会各界了解联盟提供平台。联盟积极组织开展中外合作交流专项培训、经验分享、成果展示、学术论坛等活动,凝聚各方智慧,提升院校对外开放水平。

(三)共建实训平台

联盟单位利用优质的教学资源和实训设备,与柬埔寨当地中资企业紧密合作,共建校外实训平台,提供参观、考察、实习、调研、培养等实践内容,培养学生的职业素质和实际操作能力。联盟与温州商会签订协议,联盟单位对柬埔寨企业特别是中资企业员工提供职业培训或汉语培训,培养一批技术过硬、认同中国文化的技术技能型人才与企业管理人才。

(四)筹建研究平台

学校筹建了柬埔寨研究中心,中心立足于中柬国际交流与合作前期基础,秉承"一带一路"等国家和地区外交战略,着眼于中柬合作的现实问题和需求,以留学生人才培养为基础,搭建高水平的国际学术交流平台,着力打造具有一定影响力的柬埔寨"智库"研究中心,着力打造职业教育服务中企"走出去"的典范。

三、深化共享,助推中柬职教合作交流事业

(一)共享教学资源

建立课程资源库,通过"云课堂",让柬埔寨学生在当地就能学到中国职业

院校的课程。融合国际职业证书标准和技术规范，教学人员、企业技术人员和行业研究人员共同开发岗位标准、专业标准、课程标准以及教材，实现联盟成员单位之间最为有效的广泛合作。共享联盟成员现有教学资源，构建柬埔寨紧缺专业人才的教育培训体系。

（二）共享项目资源

统筹柬埔寨学生、教师来华学习培训项目，开展校际合作与交流，跨境合作招生、合作培训，支持联盟成员互派代表团，深化在教学教研、教师培训、学生教育、职业技能培训等各方面的交流与互动。在联盟框架协议下促成中柬双方成员单位建设中柬职业教育共同体，开展合作办学，建立丝路学院、"鲁班工坊"等，实现合作办学国际化。

（三）共享人才资源

通过对联盟成员单位人才供求信息的收集和共享，建立跨单位、跨国界的信息共享机制，使这些数据能够满足联盟成员单位的人才需求、学生的就业需求，从而提高教学的精准度和对口就业的精准度，完美实现高职教育的社会功能，实现对口就业精准化。联盟成员院校充分利用自身优秀的师资力量和现代教育手段，每年派遣数名专职或兼职教师赴柬方合作单位指导实训实习，承担实践课教学工作，将国内先进的职业标准与柬埔寨当地实际情况进行融通，使职业标准输出更加合理科学。

四、中柬职教联盟的实践成效

（一）积极开展多边合作，开启校政行企合作新路径

中国—柬埔寨职业教育合作联盟成立后，积极开展职业教育多边合作，打破了过去职业院校"单打独斗"和"来而不往"的尴尬，开启了合力推进企业"走出去"发展的新路径，也解决了职业院校转型发展的难题，这将有助于整体提升中柬两国职业教育的发展活力与竞争力，对两国在职业教育合作领域的人才培养、留学生教育、师资培训、海外产教融合、技术研究、标准资格认证等方

面的深度合作和交流起到示范、辐射作用,共同支撑中国职业教育和中国产能走出去,实现产教融合国际化。

(二)充分发挥平台作用,促进中柬语言文化互通互融

中柬职业教育的深度合作,首先需要有效、快捷的语言沟通。联盟成立中柬语言文化交流中心,通过联合培养、交互培养满足当地企业需求的语言人才。同时,联盟积极推进柬埔寨研究中心建设,针对海外中企存在的技术问题提供解决方案,帮助企业解决生产中遇到的困难,为其提供智力支持,促成中柬职业教育共商、共建和共享机制的建立。

(三)坚持共商共建原则,输出中国先进职教标准

联盟在共商共建的原则下整合中柬联盟成员教学、科研、人才资源,致力于搭建中柬职业教育资格框架,使中柬双方职业教育和培训的学习者在不同种类和不同阶段的教育之间实现自由转换,实现学分学历以及资格证书的互认,逐步实现就业市场的从业标准一体化,实现两国职业教育合作的顺利推进,进而将经验推广到"一带一路"沿线其他国家和地区,打造跨国职教联盟样本。

第十章　信息化建设治理体系

第一节　探索新型的信息化建设推进机制

教育信息化是教育治理的有力支撑,是革新教育的"方法论"。坚持信息技术与教育教学深度融合,探索新型的信息化建设推进机制,打造一个互动学习无处不在、优质资源触手可及、信息数据实时共享、校务管理高效透明、生活服务便捷周到的智慧校园,创新教育教学模式、再造管理流程,为学校科学决策、实现高质量发展提供信息化支撑和保障。

一、顶层设计理念引领,打造智慧职教新生态

在《温州职业技术学院智慧校园三年规划》顶层设计下(如图 10-1 所示),科学规划、分步实施,开展智慧校园建设。打造智慧职教新生态,通过构建和完善信息化治理体系,推动学校在"互联网+""智能+"条件下打造教育教学新模式、发展教育服务新模式、探索教育治理新模式,通过信息化建设助力学校培育新时代工匠人才和服务于高质量经济发展。

在顶层设计的引领下,学校信息化建设取得了较大突破。学校网络基础设施完善,高可靠支撑信息系统安全稳定运行,按全校"一张网"的目标建成覆盖学校所有校区的校园专网,实现有线无线网络校园全覆盖;搭建"智慧校园"云平台,存储容量达 150TB,大幅度提高了业务响应能力;完善网络管理和数

字安防系统,多方位保护校园网络安全。学校教学资源丰富,教学平台"高并发"支撑线上线下融合教学,依托国家职业教育教学资源库项目,深入推进专业群资源库建设。学校统一规划并有效集成各类业务系统,高效率支撑校园服务管理,完成统一身份认证系统和大数据中心等建设,实现统一身份认证、统一数据中心、统一服务门户,应用服务纷纷落地。

图 10-1 "智慧校园"总体架构

二、中层执行制度护航,有力保障智慧校园建设

(一)上层运行制度:信息化建设组织机构设置

第一,依据《学校信息化组织机构设置办法》制度,优化、重构学校信息化

组织机构,形成更利于推进信息化工作的合理模型,进一步理顺教育信息化统筹部门、支撑机构和业务部门之间的关系,一方面,形成统筹推进教育信息化的合力,深入推进管理与服务信息化,从服务教育管理拓展为全面提升教育治理能力;另一方面,明确和规范多主体参与信息化建设的权利、责任及义务的划分,推动信息化治理措施的落地实施。

第二,依据《成立教育信息化治理委员会》制度,调整合并原有的学校信息化工作领导小组和网络安全工作领导小组,设立教育信息化治理委员会,进一步提升信息化建设的领导力和协调力。教育信息化治理委员会统筹和领导全校信息化建设工作,加强对信息化建设的把控和指导,保障并推进信息化建设。在教育信息化治理委员会之下设立教育信息化推进办公室,信息化职能部门负责人任办公室主任,负责学校信息化建设工作的战略规划、推进实施、协调管理及经费预算统筹。施行由校领导担任首席信息官(CIO)的制度,统筹本校信息化的规划与发展。

第三,依据《成立信息化专家委员会》制度,成立校内外信息化专家组成的专家委员会,充分发挥信息化专家的技术引领、经验指导和决策咨询作用,完善学校信息化治理架构,提高信息化建设的科学性、严谨性和实效性,降低建设风险。

信息化建设组织机构设置如图 10-2 所示。

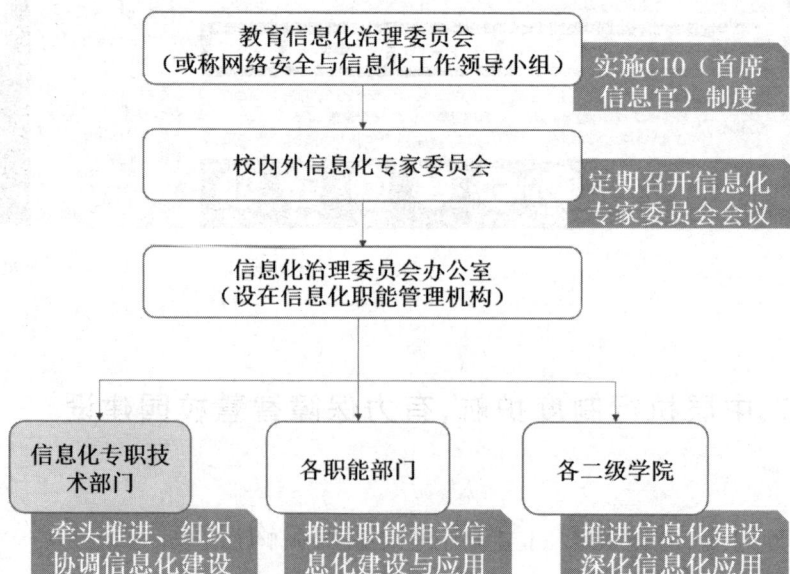

图 10-2　信息化建设组织机构设置

（二）中层运行制度：信息化建设与维护规章制度

制定完善的信息化项目建设、服务运营、数据治理、网络信息安全等规章制度及管理办法。

第一，网络信息安全方面。依据《温州职业技术学院信息系统与网络安全管理条例》，保障校园网络及信息系统的安全稳定，确保学校网络信息安全工作规范有序开展，促进学校信息化健康可持续发展。

第二，数据治理方面。依据《温州职业技术学院数据治理办法》，成立专门的数据管理体系架构，建立数据管理机制，制定各类信息化应用建设的数据标准和技术规范，明确定位校内各部门在数据管理各环节的职责，确定数据治理执行的流程，将数据治理的工作任务合理分解到各个相关部门，将数据治理成效纳入机构考核指标，确保制度执行的力度及效率。

第三，信息化项目建设方面。依据《温州职业技术学院信息化项目管理办法》，规范信息化建设项目的管理，实施信息化项目建设全流程管理，进行建设前论证、建设中对标、建设后找问题，及时反思并提出解决建议，将控制与规避风险贯穿项目实施全过程，提高建设质量和投资效益，更好地推进学校信息化项目建设和应用。

第四，信息化服务运营方面。依据《温州职业技术学院信息化设施设备管理办法》，规范全校基础网络、设备设施、信息系统的管理。

（三）基层运行制度：评价、激励与约束

第一，建立《网络空间安全评测指标体系》，落实信息网络空间具体任务和安全责任制，保障网络与信息系统的安全稳定运行。

第二，依据《数据治理考核指标体系》，建立数据源部门责任制，数据中心根据数据来源，确定相关业务部门责任，考核三块内容：系统交互性、数据正确率、修正及时度；建立数据使用申请制度，规范数据的使用申请流程，对数据进行脱敏处理，提升数据安全意识和保护能力。

第三，依据《信息化项目建设绩效评价体系》《信息化设施设备维护评价体系》，组建校内信息化绩效评估小组，对职能部门和二级院系的信息化项目建设和应用绩效进行评价；并抽取一定用户样本从用户体验的角度进行评价。评估结果影响今后申报项目的成功率。对标对表评价体系，强化约束机制。

按设定周期开展评估,对未达到预期实施效果或用户使用不满意的系统提出整改意见,要求相关部门形成整改方案,限期完成整改。

第四,对标对表评价体系,强化两个层面的激励机制。一是针对部门的激励机制,依据《部门或二级学院信息化工作考核制度》,采用以绩效为导向的资源投放机制,根据绩效评估的结果导向,学校在信息化项目规划、智慧教学空间安排、资金设备投放等方面实施差异性的策略,对信息化建设和运用成绩突出的部门予以考绩,并将考绩结果纳入部门年度工作业绩考核。二是针对教职工的激励机制,制定《教职工信息化应用能力和创新能力激励制度》,鼓励教职员工利用信息技术创新教育教学模式或提高工作效能,对信息技术应用方面成绩突出的教职工予以评优表彰。

三层管理制度体系如图 10-3 所示。

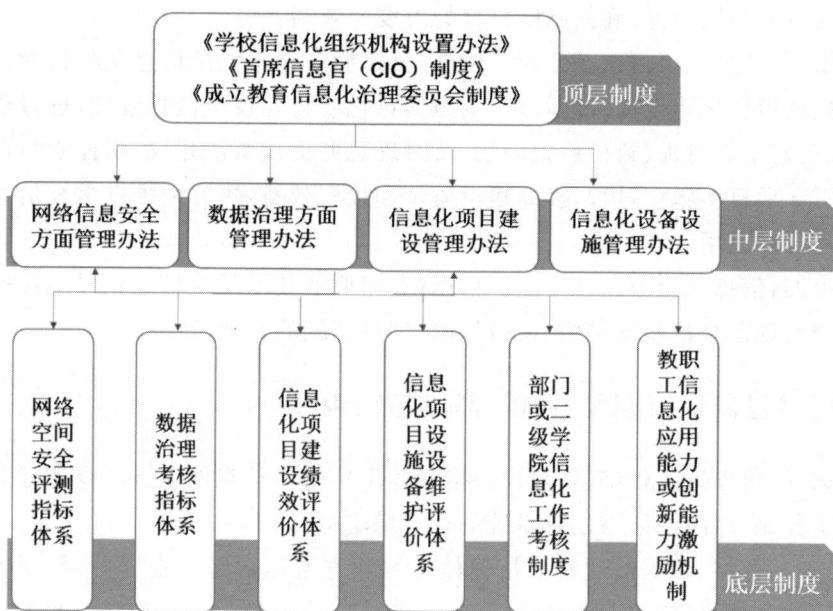

图 10-3　三层管理制度体系

三、基层项目托举,扎实推进智慧校园建设

首先,学校制定并发布阶段性的信息化建设专项规划或行动计划,作为学

校信息化建设的行动纲领。其次,制订智慧校园建设年度工作计划,强化推进的整体性与协同性。再次,按照目标分步实施、分层推进。

一是完善网络基础设施,高可靠支撑信息系统安全稳定运行,以校园网无线有线全覆盖、全网支持 IPv6 等项目为实施载体。二是打造智慧教学环境,构建以学习者为中心的全新教育生态(见图 10-4),以智慧教室、智慧实训室、智能车间、学习共享空间、虚拟仿真实训、云服务等项目建设为实施载体。三是深耕教学资源和教学平台,高并发支撑线上线下融合教学,以教学平台升级、校本教学资源库建设、国家或省级在线开放课程、线上线下混合课程等项目为实施载体。四是统一规划并有效集成应用服务,高效率支撑校园服务管理,以各业务系统建设为实施载体。五是建设大数据协同中心,实现个性化教学与精准化决策,以数据交换中心、大数据分析平台为实施载体。六是推进跨部门事项一事联办,深化"最多跑一次"改革,以 OA 和"我的温职"网上办事大厅为实施载体。依托以上 6 个方面建设为载体,推进学校信息化工作有效开展。

图 10-4　专业群智慧学习工场示意

近年来,学校积极适应"互联网＋职业教育"发展需求,运用现代信息技术融入教育教学,以学习者为中心,打造智慧教学空间,创新教育教学模式。增建智慧教室、智慧实训室,借助智慧教室实施远程互动混合式教学,借助智慧实训室打造校企在线互动智慧实训课堂;建成省级虚拟仿真实训中心 2 个、家具专业虚拟馆 1 间、时尚设计师生作品虚拟展馆 1 间,借助虚拟展馆以富媒体更加立体生动地展示教学内容与师生作品。学校成功入选浙江省推进智慧教育综合试点单位。

第二节　深化"最多跑一次"改革

为了认真贯彻浙江省委省政府及省教育厅关于全面落实教育领域"最多跑一次"改革工作要求，深入落实《浙江省教育厅关于推进全省高等学校"最多跑一次"改革的实施意见》等文件要求，深化学校管理领域简政放权，创新管理方式，切实优化教育服务，进一步激发学校办学活力，加快建设"清廉学校"，学校自2018年伊始，启动了"最多跑一次"改革。

学校牢固树立以师生为本的服务理念，强化"用户"服务意识、提升用户休验，按照师生、校友到校办事"最多跑一次"的目标，全面深化学校放管服改革，依托智慧校园，运用"互联网＋校务服务"，打破信息孤岛，实现业务协同，着力简化办事流程、减少办事材料、优化办事服务，努力使师生对改革的获得感明显增强、学校治理能力有效提升、发展活力不断增强。

自2018年启动改革以来，学校把"最多跑一次"改革放在优先位置，成立由校长牵头的"最多跑一次"改革工作专班，加强组织领导、创新管理方法、强化协同配合、细化考核督促，找差距、补短板、抓落实，各项工作稳步进行，取得了显著成绩。

一、加强跑改组织领导，促进跨部门联动改革

学校强化领导体制，成立了"最多跑一次"改革专班，设立了专班办公室，确立了由校长直接领导学校信息化建设，把信息化战略作为学校五大战略之一，在政策、人才、经费上予以重点保障。党政领导多次主持召开工作部署会、推进会，专班办公室定时召开"跑改"工作例会、专题会议，大力推进"最多跑一次"改革工作；成立了由各部门负责人组成的"最多跑一次"专群，各部门确定一名"最多跑一次"专员，将"最多跑一次"改革纳入部门考核。

二、梳理校务事项目录，构建校务事项"数据库"

全面梳理公布教师和学生到学校各部门办事"最多跑一次"的校务事项，成熟一批、梳理一批、优化一批、公布一批、实施一批。

结合校务公开，全面梳理未实现网上办理或未实现全流程网上办理的校务事项，编制"校务服务事项目录"，对校务服务事项有关内容进行补充完善，每个校务服务事项包含三大件：办事流程需求表、办事流程图、办事所需原表，编制事务清单，厘清服务流程。在具体实施中，遇到了"办事流程梳理不全、办事流程梳理不对、办事流程不够明确、办事流程资料不全、跨部门办事流程欠协调"五大难点问题，面对困难，执行部门迎难而上、逐个击破，先后在全校范围内开展了三轮校务事项的梳理，共梳理了150余项校务服务事项，初步构建了统一规范、动态调整的校务服务事项数据库，为推广校务服务"网上申请、网上审核、网上办结""网上申请、网上审核、EMS投递""网上申请、网上审核、现场办理"等新型网上办理模式奠定基础，实施跨校区用印审批、公共活动场馆审批、全流程电子采购等量大面广"一件事"（一事）的网上联审联办，推动更多事项"网上办""掌上办"，为实现师生办事线上"一网通办"（一网）奠定了基础。

三、打造网上办事大厅，实现"一网通办"

建设网上办事大厅的最终目标是实现服务流程的优化和再造，实现用户少跑路、不跑路、"数据"多跑路的目的。学校网上办事大厅由 OA 系统、"我的温职"网上办事大厅及其微门户组成。

（一）建设"我的温职"网上办事大厅，实现学生事务一网通办

学校立足师生实际需求，把学生事务的"最多跑一次"改革放在优先位置，全面开通学生事务在线办理服务，为学生提供"一站式"高效服务。一是通过该平台对学校原有的数字校园系统进行融合改造，逐步打破各部门、各系统间的壁垒，以先进的流程服务理念，将分散在各领域中的流程有效地整合起来，实现流程贯通和数据整合；二是通过该项目记录办事流程流转过程的关键数据，通过大数据分析找到影响办事效率的"症结"所在，简化办事程序，减少办

事材料,切实提高办事效率、优化办事服务;三是梳理面向社会(校友)的校务服务事项清单,为通过"网上办事大厅"面向校友提供相关办事服务做好准备。

(二)升级改造 OA 系统,优化教师事务的一网通办

学校原有的 OA 系统"泛微协同管理平台",为学校面向教师的校务事务建立了统一的工作流程管理平台,为进一步落实"最多跑一次",学校多次升级改造 OA 系统,推进面向教师的服务事项跨部门协作,进一步优化 OA 内部流程,以流程改造提升治理效能。

值得一提的是,为积极响应学校疫情防控需求,2020 年,学校信息化职能部门专为疫情防控开发并上线了"疫情防控期间专用流程"20 余项,年办件量30 余万件,为疫情期间的师生顺利返校复工复课和校园安全做出了积极的贡献。

(三)着力一事联办,深化"最多跑一次"改革

每年,深入调研并撰写《跨部门事项"一事联办"改革方案》,方案中列出了《年度深化"最多跑一次"一事联办事项清单》,校办和信息化职能部门牵头做好部门间协调、推动流程上线,有效推进了跨部门事务"一事联办"。

四、建设数据交换中心,实现校务事项数据共享

学校把数据交换中心作为"最多跑一次"改革的重点,推动行政办公、财务管理、学生工作、教学管理、科研管理、后勤服务等各部门建立数据仓,努力打破各部门的数据壁垒,支持科学决策。学校实施了大数据协同平台建设"两步走"计划:第一步,2019 年建设数据交换中心,打破业务系统间数据壁垒。一是建立一套数据标准。建立校级数据共享和交换信息标准,进行校园信息资源规划;二是建设数据交换中心,为所有的业务系统提供准确的、一致的数据,使数据在各个部门之间有效地流通、共享与利用;三是建设数据清理与整合平台,实现校务数据的共建共享;四是对学校已有信息系统及新建业务系统进行全面的整合,对未来建设信息系统明确接口规范。已落实完成"数据交换中心"与人事管理系统、教务管理系统、一卡通系统、图书馆管理系统、网上办事大厅系统等系统的对接,初步形成了学生、教师、学校组织架构等基础数据框

架。第二步，开展大数据分析应用平台建设，以在线校务事项相关数据分析为基础，实施综合校情（画像）、综合预警（挖掘）、综合分析（决策）、校园安全（保障）。两个步骤迭代升级，使得大数据成为分析与决策的助手，支撑流程优化决策，提升管理效能，向着"管理向服务转型"目标挺进。

五、引进便民服务终端，探索校内校外"一网通办"

一方面，学校着力推动将校务服务事项和政府政务服务事项"送出去，引进来"，引进校外的便民服务自助终端"瓯 e 办"，完成"瓯 e 办"终端建设。"瓯 e 办"便民服务终端将审批、证明、缴费、公共服务等常用事项汇聚在一个平台上，通过该自助终端，学校师生可以"足不出校"，以温州市民身份办理温州市政府部门的"最多跑一次"事项，在实现本校校务服务"最多跑一次"改革基础上，进一步拓展服务范围。另一方面，优化校内便民服务自助终端设置，将"最多跑一次"改革服务向自助打印延伸，切实为师生提供便利的自助打印服务。

六、完善线下服务，推进线上线下融合

学校在加强线上"最多跑一次"的改革的同时，加强线下服务，推动实体校务服务大厅和校务服务网融合发展。学校将学生事务办理进行资源整合，于2016 年 9 月全部纳入在学生公寓区新建成的学生事务中心，服务事项涵盖公寓管理、后勤服务、校友接待等，为学生提供一站式服务（一站）。中心建筑面积达 552 平方米，投入 120 余万元，与学生日常生活密切相关的后勤服务、公寓事务办理全年无休，2019 年以来，每年共服务师生近 10 万人次。专门开通两部 24 小时服务热线，解决各类学生需求与投诉等，以满足学生需求。

七、开展易班工作，有效衔接网络办公

学校作为第三批易班试点高校，根据浙江省易班中心统一部署，遵循"思想政治教育资源一网统筹，学生事务管理一网办理，学生工作一网承担"建设目标，结合学校智慧校园建设的总体安排，积极推进各项工作。自成为试点以来，完成了学校简介、机构群的设置，对机构号主页的各个模块、微社区、轻应

用快搭、优课等进行了测试，先后建立机构群 11 个、公共群 1 个、公共账号 8 个。陆续开展在校学生和学工队伍人员信息导入工作，并实现全面注册激活。整合新媒体工作队伍力量，在易班平台进行校园新闻、学生活动信息的推送，不断提升高校共建指数和活跃度。进一步探索将学工系统与学校网上服务大厅、易班平台和其他系统有效衔接，实现统一身份认证，信息互通，数据共享。

八、改革成绩与存在问题

（一）形成了一套可推广应用的跑改标准

在大力推进"最多跑一次"改革工作中，学校不断地探索"最多跑一次"实施途径、实现标准，校务办事流程得到了优化精简，学校治理能力得到了有效提升，师生对改革的获得感明显增强。

首先，形成了一套跑改实现标准，提升了规范化。一是建立了校务服务事项梳理标准；二是建立了流程优化标准；三是建立了数据共享标准；四是建立了平台接口标准。

其次，规范了平台和流程的开发工作。制定了平台及流程开发工作进度计划、流程上线步骤规范、流程建设需求说明书、流程需求变更确认单（电子版）等一系列办事流程开发工作规范。

最后，明确了校务服务事项建设要素。校务服务事项建设要素包括：服务描述清晰、待办节点提醒、表单数据免填写、审批可追溯、服务可评价、平台可监控（多维度监控统计）等。

"最多跑一次"改革的扎实推进，有效保障了学校的双高建设、重点校建设的推进，有力促进校务服务效能升级，使学校成功入选浙江省智慧教育综合试点单位。

（二）存在的问题

目前，学校的"最多跑一次"改革还存在以下问题：校务事项目录梳理还不够到位，多部门协办业务实现难度大，数据共享建设相对滞后，系统互融互通和在线办理率有待进一步提升、线上办事的建设规划与需求规划主体负责部门有待明确等。

（三）今后的措施

校务服务优化是一项长期工作，既需要观念革新、服务意识转变，也需要信息化大力助推。今后，学校将继续坚持一件事情"最多跑一次"而非到一个部门"最多跑一次"的原则，强化部门联动及部门学院联动，在以下方面继续展开探索：一是建立一套考核督查标准，制定《"最多跑一次"改革考核办法和评分细则》，推进"最多跑一次"改革长效发展；二是继续打通跨界流程，解决师生痛点，重点实现跨部门、跨系统服务流程的网上整合；三是在智慧校园架构下进一步完善数据共享和平台接口，完善共享数据标准，制定数据源考核管理办法、数据源单位责任数据清单、数据源考核评分细则；四是进一步完善信息平台接口标准，制定更为完善的信息平台接口标准。

学校将继续紧盯目标，实施挂图作战，明确责任分工，强化督查考核，依托智慧校园提供"最多跑一次"线上服务技术支撑，使平台建设持续化、流程再造常态化，真正做到"最多跑一次"改革见人见效、见师生获得感。

第十一章 招生—培养—就业联动体系

第一节 招生培养就业联动改革的体系构建

长期以来,高职院校在招生、就业与人才培养三项工作中往往人为割裂、各自为战,缺少统一考虑、统筹谋划。实践证明,"招生""培养""就业"属于联动闭环上的三个环节,相辅相成、互为因果,招生是"入口",就业是"出口",而人才培养是连接"进口"和"出口"的最核心、最关键的一环。生源质量的提高,有助于人才的培养,从而促进学生的就业,提高了学校的社会声誉和地位,反过来又带动学校招生的生源质量,如此往复形成良性循环,其他任一环节同理可得。

同时,"招生""就业"的好坏直接反映高职院校教育教学的实际效果,是评判人才培养质量高低的直接依据,是检验育人成效的试金石和晴雨表,是办学水平的直接体现,是倒逼人才培养模式改革的重要依据。鉴于此,深化招生培养就业联动改革必将成为高职院校拔高人才培养质量的极为重要的途径。

一、把准关键、设计路径,聚焦工作目标

根据学校"招生—培养—就业"联动改革会议精神,深刻认识"招生""培养""就业"三者的有机整体关系。坚持统一考虑、统筹谋划的理念和原则,以社会评价为导向、以专业建设为基石、以学生成才为中心,针对"招生""培养"

"就业"三者的内在逻辑关系构建专业动态调整机制,科学布局学校专业结构与规模,充分满足区域经济社会高质量发展需要。

二、打通脉络、注入动力,构建联动机制

深挖高职院校招生、培养、就业三项工作之间的逻辑关系和影响路径,设计"1+3+4"招生培养就业联动模式,打通联动脉络,激发内生动力:"1"即一项动态调整机制,通过《专业建设工作业绩考核及专业动态调整办法》构建起"招生""培养""就业"三者之间的指标制约关联机制,聚焦每个专业的招生计划规模,适时开展全校范围的专业布局优化调整;"3"即实施三项质量提升工程,分别为生源质量提升、培养质量提升和就业质量提升;"4"即开展四项质量的评估考核,分别为生源质量、培养过程质量、就业质量和往届毕业生职业发展质量的评估考核,并将评估考核结果运用到专业建设工作业绩考核与专业动态调整中(如图 11-1 所示)。

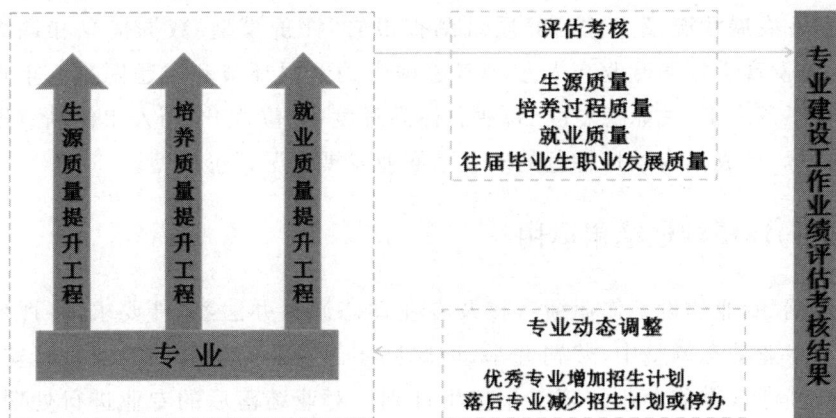

图 11-1　招生培养就业联动模式

(一)建构量化评估模型

综合生源质量、培养过程质量、就业质量和往届毕业生职业发展质量四项评估考核结果,按相应权重量化赋分,产生相应比例的"优秀专业""良好专业"和"合格及不合格专业";制定不合格专业评估负面清单,对不合格专业进行认定。

针对生源质量建立《生源质量量化评价办法》,根据各专业在不同招生类型的录取分数线及变化情况、专业录取分数线在省内同专业的排名、专业受考生欢迎程度等因素按不同权重和相应赋分标准,对学校所有专业当年录取的生源质量进行量化考核。

针对培养过程质量建立《专业建设工作业绩考核及专业动态调整办法》,实行基于"三层次需求"导向的专业建设工作业绩考核制度,与招生、就业、培养联动改革来运行,严格规范专业人才培养目标,持续提升人才培养与产业需求的契合度。建立《教师教学工作规范》《教学运行保障管理办法》《教学差错及事故认定处理办法》《课堂教学质量评价办法》等教学质量保障制度体系,细化教学标准,严格落实教师教学评价体系,强化教师爱岗敬业的意识,规范教学行为,保障课堂教学效果。

针对就业质量建立《毕业生就业质量评价标准》,以就业流向、用人单位资质、薪酬水平、福利社保、就业专业相关度等相关指标,动态掌握应届毕业生就业进展和质量,对学校各专业当年应届毕业生就业质量进行量化评估。

往届毕业生职业发展质量依据浙江省教育评估院每年的"浙江省高校毕业生职业发展状况及人才培养质量调查报告"评价模型、数据信息和调查结果,及时发现学校各专业在人才培养过程中的薄弱环节和问题困难。重点采集筛选工资水平、就业稳定度、就业总体满意度、岗位晋升、用人单位满意度等相关指标,形成具有学校特色的毕业生职业发展状况评价模型。

(二)注重评估结果运用

依据《专业建设工作业绩考核及专业动态调整办法》文件要求,将评价结果纳入专业动态调整中,奖罚并举、增减同步。对业绩优秀的专业进行奖励,增加业绩考核靠前专业的第二年招生计划。对业绩落后的专业进行处罚,如对专业建设工作业绩考核结果连续 2 年排名后 4 名的专业,削减一个教学班招生计划数或以上一年招生计划数为基准削减 25%招生计划数;连续 3 年排名后 4 名的专业,将停止招生,并撤销或合并专业。

(三)强化全过程质量提升

根据《温州职业技术学院关于招生就业质量提升工程的实施意见》要求,从二级学院、专业、教师三个微观层面环环相扣、步步推进招生培养就业联动具体任务,全面落实三项质量提升工程的具体任务,实现招生培养就业全员化、全过程。

在生源质量提升工作中,以区域招生宣传为主、目标生源为辅,组建教师招生咨询队伍、学生招生宣传队伍、校友招生推广队伍3支队伍,提高师生的"参与度";每年开展招生业务普及型培训、招生数据针对型解读、招生策略聚焦型研讨3项培训,提高工作业务的"专业度";借力官方平台、社会媒体、网络媒介3项资源,进一步提高学校的"美誉度"。

在培养质量提升工作中,每年根据国家新要求、区域产业新需求持续更新"人才培养方案修订指导意见",保证人才培养的实效性。深化"三全育人"改革,坚持德智体美劳"五育并举",实施"四养融通"尚德工程,全面提升学生政治修养、职业素养、生活涵养和健康培养。切实落实"教师、教法、教材"三教改革,大力推广改革成果,有效提升人才培养质量。

在就业质量提升工作中,打造"1+3"就业资讯平台,以温职就业网为数据枢纽,以大型招聘会、专业人才推荐会、企业专场宣讲会为具体互动载体,实施就业岗位信息对点推送,充分实现毕业生精准就业;加强大学生职业生涯规划教育,分年级、分阶段引导组织学生开展职业信息搜集、自我探索、职业目标确定、精准求职等工作,充分实现毕业生满意就业;深化与国有企业、上市企业、行业龙头企业、高新企业等优质企业的对接互动,多渠道、全方位搜集优质就业岗位,充分实现毕业生高待遇就业。

三、联动畅通、实效突出,切实提升质量

招生培养就业联动工作围绕"培养质量"、聚焦"专业建设"、直面"问题困难"、注重"协同互动"、强化"结果运用",结束了高职院校长期以来"招生""培养""就业"各自为战的工作局面,为高职院校专业建设和办学规划上注入持久动力。浙江省教育评估院每年开展的高校毕业生职业发展状况及人才培养质量调查显示,学校连续六年"毕业一年毕业生职业发展与人才培养质量""用人单位满意度""毕业三年毕业生就业竞争力"排名全省高职前两名。

实践证明,招生培养就业联动改革切实推进了学校生源质量、人才培养质量、毕业生就业质量的持续提升,不断优化学校专业结构和规模,为区域产业和地方经济发展源源不断地输送更优秀的新时代工匠人才。

第二节 "瑞立订单班"招生、培养、就业一体化

　　温州职业技术学院瑞安学院是经温州市委、市政府批准,全国首家公办高职院校与县级政府合作共建的二级学院,是地方政府促进高职教育综合改革试点工作的一次创新与实践。温州职业技术学院从"移校入区"战略高度,明确瑞安学院办学定位:基于现代学徒制的中高职衔接的招生、培养、就业一体化人才培养模式,为瑞安培养本地化人才,力争建设成为全国中高职衔接的示范、混合所有制改革的示范和高职院校服务县域经济发展的示范。

　　2017年,瑞安学院充分发挥高职院校服务县域经济的核心作用,探索中高职一体化人才培养,与中国瑞立集团、瑞安市永久机电学校组建"瑞立订单班",积极推进产教融合,深化校企合作。"瑞立订单班"是对中高职衔接职业教育模式的积极探索,是职业教育在产教融合、校企合作领域的大胆尝试与实践。

一、"瑞立订单班"项目概况

　　"瑞立订单班"属于产教融合型招生·培养·就业一体化班,是以企业人力资源五年规划为依据,结合中高职衔接培养模式,在政府、企方、校方、学生及家长各方签订的协议基础上,开展双元定向型(即指定就业企业)的校企共育培养。项目利用学生中高职期间(除高一外)寒暑假及顶岗实习阶段共计15个月,采取现代学徒制"双元"定向共育模式,实行"三导师制"共同培养学生,将企业实际岗位所需的品德、认识、理念、价值观、知识和技能以校企共育的方式融入人才培养全过程,真正做到学校招生与企业招工对接、课程内容与职业标准对接、教学过程与生产过程对接、职业素养与企业文化对接、毕业证书与资格标准对接,实现中高职一体化人才培养,培养了一批助推区域经济发展的复合应用型人才。

二、"瑞立订单班"招生、培养、就业一体化改革实践

(一)中高职招生一体化

结合地方中高职衔接政策和企业实际人力资源规划,瑞安学院、瑞安市永久机电学校与中国瑞立集团共同制定招生细则,计划招收瑞安本地应届初中毕业生 50 人,通过组织宣讲、参观企业、参观校园等形式,吸引符合条件的毕业生报名,并组织校企专家团队进行面试,严格把关,招收满足企业需求并有相应技能特长和职业兴趣的学生,实现精准招生。

高职、中职、企业及家长和学生四方在达成合作互信、共育人才的基础上,签订《"瑞立订单班"实施协议》,明确学校、企业及学生的责任和义务,以及相关的奖惩办法、毕业后待遇和服务期限等关键内容,确立"瑞立订单班"学生既是中高职学校的在校生,又是中国瑞立集团准员工的双重身份。

(二)中高职培养一体化

高职、中职、企业三方分别指定专人组成班主任工作小组,建立有效沟通渠道,强化团队共同管理,保证班级个性化定制培养。校企共同制定理论教学环节和企业实践环节考核标准,以"过程考核"为主、"结果考核"为辅的评价方式对学生进行管理和评价,并采取"二次末位淘汰制",即在教学过程中,如果连续两次考核结果均为班级最后一名,则对其实行强制淘汰,以强化竞争意识,提高学生学习的积极性,杜绝中高职衔接学生常见的消极学习现象。

寒暑假期间,企业"一对一"指派一线导师与学校教师共同指导学生实践,实现装配、加工、质量、工艺、设计、管理流程全覆盖,强化学生的专业实践能力,理论结合实际,有效提升学生的专业技术"硬"实力。在毕业设计环节,企业安排顶岗实习,为毕业设计提供真实课题,力求做到毕业设计既是学生技术技能的综合应用,又是企业实际问题的合理对策,使学生完全熟悉具体岗位,融入企业项目团队,实现三方共赢。学生顶岗实习享受生活补贴,经校企双方考核合格后,获全日制大专文凭。

课余时间,企业组织核心能力突破专题培训(如技术营销能力培训),邀请分布于全国各地营销网点的专家为学生进行专题教学并组织座谈,开拓学生

视野,提高学生专业技术综合应用能力。另外,企业可通过定期开展企业文化讲座、出资赞助班级活动,包括军训、运动会、文化活动月等,实现全过程的企业优秀文化熏陶、职业素养和行为规范培养,引导学生养成良好的职场"软"实力,形成对企业的认同感和归属感,真正实现人才引得来、用得好、留得住。

(三)中高职就业一体化

企业组织专家组对获得毕业资格的学生进行面试和技能水平考核,结合学生"过程考核"成绩,为学生进行等次评定,并根据其职业生涯规划协调分配岗位,发放对应的工资报酬;学生拿到毕业证当天即正式入职企业,无试用期;在理论学习和岗位实践过程中,学生成绩特别优异的,企业将安排部长及以上专人指导,学生毕业入职时岗位优先分配。

三、招生、培养、就业一体化改革成效

截至成书之时,以合作互信、共育为基础,以家校企协同全过程育人为手段,"瑞立订单班"已平稳运行两年半,学生即将毕业。瑞安学院从管理层面上对"瑞立订单班"人才培养模式进行顶层设计,与中国瑞立集团、中职学校及家长、学生成功签订"瑞立订单班"协议,使产教融合有了机制保障;瑞安学院牵头成立班主任管理小组,整合资源,提供实施保障;校企共同制定人才培养方案,构建课程体系,确定教学内容并组织实施,校企双方对人才培养质量实行全过程监控。通过开展职业能力提升、企业文化专题讲座和寒暑假企业实践,使学生对岗位的了解更加深入,对企业的归属感更为强烈。在校企共同制定的管理、考核机制的有效约束下,学生的学习热情高涨,实践态度积极乐观,在学习、做人做事方面均明显优于同期普通班学生。

参考文献

著作类

1. 埃伦伯格.美国的大学治理[M].沈文钦,张婷姝,杨晓芳,译.北京:北京大学出版社,2010.

2. 查吉德.高职院校治理结构的理论与实证研究[M].广州:广东高等教育出版社,2019.

3. 崔宝秋,等.高职院校 ISO 治理结构模式研究[M].南京:江苏人民出版社,2018.

4. 胡建华,王建华,陈何芳.大学内部治理论[M].南京:南京师范大学出版社,2019.

5. 胡蓉.高职院校内部治理结构的研究与实践[M].长沙:中南大学出版社,2020.

6. 李福华.大学治理与大学管理[M].北京:人民出版社,2012.

7. 李旭炎.现代大学内部治理结构研究[M].北京:人民教育出版社,2016.

8. 李卓繁.社会参与大学内部治理的运行机制研究[M].上海:上海交通大学出版社,2019.

9. 罗尧成.高职院校现代教育治理体系建设的理论与实践[M].上海:上海科学技术文献出版社,2021.

10. 欧阳恩剑.法治视角下高职院校内部治理现代化研究[M].广州:广东高等教育出版社,2017.

11. 孙建.高职院校内部治理体系现代化研究[M].南京：东南大学出版社，2020.

12. 王虹，等.高职院校治理结构改革研究[M].南京：南京大学出版社，2010.

13. 辛宪章，张岩松，王允.高职院校治理研究[M].大连：东北财经大学出版社，2018.

论文类

1. 陈寿根.高职院校内部治理现代化的路径选择[J].职业技术教育，2021(21).

2. 陈向阳.高职院校内部治理结构优化的路径选择——基于268所高职院校的调查与分析[J].中国高教研究，2018(11).

3. 陈正江，周建松.基于共同体理念的高职院校治理机制构建与实践[J].高等工程教育研究，2019(5).

4. 崔炳辉.整体性治理视域下高职院校治理体系研究[J].江苏高教，2016(3).

5. 李莹.高职院校内部治理的现实考察与治理路径优化[J].职教论坛，2020(11).

6. 李政.构建共治体系："双高"建设背景下高职院校治理水平提升的关键[J].教育发展研究，2020(9).

7. 梁克东."双高计划"背景下高职院校治理现代化的理性思考及实践路径[J].中国职业技术教育，2020(1).

8. 孙长坪.高职院校治理能力建设之维：治理体系＋运行机制[J].现代教育管理，2019(12).

9. 孙翠香.我国高职院校的"善治"：一种理想治理图景的构想[J].教育与职业，2020(22).

10. 孙云志.高职院校教育质量治理：形式与内容的三重统合[J].国家教育行政学院学报，2017(8).

11. 唐智彬，方颖军.论当前高职院校内部治理现代化的现实路径[J].职教论坛，2020(2).

12. 肖纲领，罗尧成.高职院校治理组织建设现状、问题及完善策略[J].教育与职业，2018(10).

13. 邢晖,邬琦姝,王维峰.高职院校内部治理结构现状及优化研究[J].国家教育行政学院学报,2019(5).

14. 张国民,梁帅."双高"语境下高水平高职院校治理能力提升路径研究[J].职业技术教育,2020(31).

15. 张琼,石长林.高职院校多主体参与治理的模式、困境及路径分析[J].黑龙江高教研究,2021(1).

16. 张挺.类型层次视域下高职院校治理体系的逻辑解构与跨界重构[J].中国职业技术教育,2021(25).

17. 张啸宇.混合所有制高职院校内部治理的内涵嬗变、理论依据与实践进路[J].中国高教研究,2021(9).

18. 周建松."双高"建设背景下高职院校治理能力提升研究[J].教育与职业,2020(14).

19. 周建松.高职院校治理体系建设的理念与实践[J].黑龙江高教研究,2017(3).

20. 朱善元,胡新岗,李巨银."双高计划"背景下高职院校内部治理的价值意蕴、问题现状与提升路径[J].教育与职业,2021(16).

附录一　温州职业技术学院章程

（2020 年修订核准稿）

序　言

温州职业技术学院于 1999 年经教育部批准成立，由原温州商业学校、温州经济学校、温州机械工业学校和温州业余科技大学四校合并组建而成。2007 年，温州职业技术学院被确定为国家示范性高等职业院校建设单位；2017 年，温州职业技术学院被确定为浙江省重点高职院校建设单位；2019 年，入选中国特色高水平高职学校建设名单。

为保障学校自主管理、依法治校，建立和完善现代大学制度，规范学校内部治理和运行机制，依据《中华人民共和国教育法》《中华人民共和国高等教育法》《中华人民共和国职业教育法》和《高等学校章程制定暂行办法》等法律、法规和规章，制定本章程。

第一章　总　则

第一条　学校名称为温州职业技术学院，简称"温职院"；英文名称为 Wenzhou Polytechnic，英文缩写为 WZPT。

第二条　学校法定住所地为浙江省温州市茶山高教园区内，鹿城区滨江街道车站大道 737 号。学校经举办者和浙江省人民政府批准，可视需要增设或调整校区及校址。

学校网址为 www.wzpt.edu.cn。

第三条　学校是一所以工科类专业为主、设计创意类专业为特色、经管类专业协调发展的综合性高等职业院校,基本教育形式是全日制高等职业教育。学校主动适应学习型社会和终身教育体系建设的需要,适当开展继续教育等其他形式的学历和非学历教育,开展面向社会的技术技能培训。

第四条　学校以习近平新时代中国特色社会主义思想为指导,坚持社会主义办学方向,全面履行人才培养、科学研究、社会服务、文化传承创新、国际交流合作基本职能,不断提升办学品质,为职业教育改革发展和培养新时代大国工匠发挥示范引领作用。

第五条　学校的价值理念是"走产教融合之路,育厚德长技之才,做学生欢迎之师,创社会满意之校";校训是"厚德长技、励学敦行"。

第六条　学校秉持"与国家发展同频、与区域产业对接、与民营经济互动、与行业企业共赢、与国际顶尖接轨"的办学定位,坚持立德树人、服务发展、促进就业,坚持产教融合、校企合作、工学结合,推进"产学研创用一体化"办学,持续深化综合改革和内涵建设。

第七条　学校全面贯彻党和国家教育方针,以立德树人为根本任务,坚持立足地方、服务地方,坚持全员全过程全方位育人,培育和践行社会主义核心价值观,致力于培养德智体美劳全面发展、具有创新精神和实践能力、富有较高职业技能和良好职业素养的技术技能人才。

第八条　学校为非营利性事业单位,具有独立法人资格,依法享有教学、科研、行政及财务自主权,独立承担法律责任。

第九条　学校是由温州市人民政府举办的全日制普通高等职业学校。

第十条　学校举办者根据法律、法规及相关规定,指导学校制定发展规划,监督和规范学校办学行为,保障学校办学条件,维护学校办学自主权。

第十一条　根据法律、法规等相关规定,学校享有下列权利:

(一)自主设置和调整专业及相应的人才培养方案,自主调整专业招生比例;

(二)自主开展人才培养活动,自主制定课程标准、选编教材以及组织实施教学活动,自主决定学生考试考核评判标准;

(三)依法颁发学历证书和其他学业证书;

(四)自主开展各种科学研究、技术开发、产学研交流合作、社会服务及文化活动;

(五)自主与境内外政府部门、高校、科研机构、社会组织和企业等各类主体合作开展人才培养、科学研究、技术开发、文化交流等活动;

（六）根据实际需要和精简效能的原则，自主设置和调整教学、科学研究、行政职能部门等内部组织机构，自主决定人员配备;按照国家有关规定，自主评聘教师和其他专业技术人员的职务，调整津贴及工资分配;

（七）自主管理和使用举办者提供的财产、国家及地方政府财政性资助、受捐赠财产以及其他由学校合法所有的资产，不得将用于教育教学和科学研究活动的资产挪作他用;

（八）法律法规以及本章程规定的其他权利。

第十二条 根据法律、法规等相关规定，学校履行下列义务:

（一）遵守国家法律、法规，贯彻党和国家教育方针，执行国家教育政策;

（二）维护受教育者、教职员工的合法权益;

（三）依法接受举办者和有关政府部门的监督和指导，接受社会监督和评议;

（四）执行国家教育收费规定，并公开收费项目和收费标准;

（五）履行人才培养、科学研究、社会服务、文化传承创新、国际交流合作等各项基本职能;

（六）法律、法规以及本章程规定的其他义务。

第二章　组织管理体制

第十三条 学校实行中国共产党温州职业技术学院委员会（以下简称学校党委）领导下的校长负责制。学校坚持党委领导、校长负责、教授治学、民主管理，推行依法治校，坚持以人为本，落实信息公开制度。

第十四条 学校党委是学校的领导核心，统一领导学校工作，把握学校发展方向，决定学校重大问题。学校党委按照《中国共产党章程》《中国共产党普通高等学校基层组织工作条例》等开展活动，支持校长依法独立负责行使职权，保障学校各项工作的顺利进行。其职责主要是:

（一）全面贯彻执行党的路线方针政策，贯彻执行党的教育方针，坚持社会主义办学方向，坚持立德树人，依法治校，依靠全校师生员工推动学校科学发展，培养德智体美劳全面发展的社会主义建设者和接班人;

（二）讨论决定事关学校改革发展稳定及教学、科研、行政管理中的重大事项和基本管理制度;

（三）坚持党管干部原则，按照干部管理权限负责干部的选拔、教育、培养、考核和监督,讨论决定学校内部组织机构的设置及其负责人的人选,依照有关程序推荐校级领导干部和后备干部人选,做好老干部工作;

（四）坚持党管人才原则,讨论决定学校人才工作规划和重大人才政策,创新人才工作体制机制,优化人才成长环境,统筹推进学校各类人才队伍建设;

（五）领导学校思想政治工作和德育工作,坚持用习近平新时代中国特色社会主义思想武装师生员工头脑,在师生员工中培育和践行社会主义核心价值观,牢牢掌握学校意识形态工作的领导权、管理权、话语权,维护学校安全稳定,促进和谐校园建设;

（六）加强大学文化建设,发挥文化育人作用,培育良好校风学风教风;

（七）加强对学校基层党组织的领导,做好发展党员和党员教育、管理、服务工作,发展党内基层民主,充分发挥基层党组织的战斗堡垒作用和党员的先锋模范作用,加强学校党委自身建设;

（八）落实全面从严治党主体责任,领导学校党的纪律检查工作,推进惩治和预防腐败体系建设;

（九）领导学校工会、妇联、共青团、学生会等群众组织和教职工代表大会,做好统一战线工作;

（十）讨论决定其他事关师生员工切身利益的重要事项;

（十一）法律、党内法规和有关规定确定的其他职责。

第十五条 学校党委由中国共产党温州职业技术学院党员代表大会选举产生,每届任期五年。实行党代表任期制,学校党委对党员代表大会负责并报告工作。党委书记主持党委全面工作。学校党委实行"集体领导、民主集中、个别酝酿、会议决定"的议事和决策基本制度。学校发展中的重大决策、重要干部任免、重大项目安排和大额资金使用等重大问题,由学校党委会研究决定。

党委会由党委书记召集并主持,党委委员参加,非党员行政领导班子成员列席会议。党委会必须有半数以上委员到会方能召开;讨论决定干部任免等重要事项时,应有三分之二以上委员到会方能召开。党委会采用表决方式做出决定,以超过应到会委员人数的半数同意为通过;干部任免等重要事项的表决采用票决制。

第十六条 中国共产党温州职业技术学院纪律检查委员会是学校的党内监督专责机关,由学校党员代表大会选举产生,在学校党委和上级纪委双重领导下,围绕学校中心工作,维护党的章程和其他党内法规,检查党的路线、方针、政策、决议及中央、省委、市委和学校党委重大决策的执行情况,协助党委推进全面从严治党、加强党风建设和组织协调反腐败工作,履行监督执纪问责职责,保障和促进学校各项事业健康发展。

第十七条　校长是学校的法定代表人。校长在学校党委的领导下,贯彻党的教育方针,行使法律法规和本章程赋予的各项职权,全面负责教学、科研、行政管理工作。校长的主要职权是:

(一)组织拟订和实施学校发展规划、基本管理制度、重要行政规章制度、重大教学科研改革措施、重要办学资源配置方案,组织制定和实施具体规章制度、年度工作计划;

(二)组织拟定和实施学校内部组织机构的设置方案,按照国家法律和干部选拔任用工作有关规定,推荐副校长人选,任免内部组织机构的负责人;

(三)组织拟定和实施学校人才发展规划、重要人才政策和重大人才工程计划,负责教师队伍建设,依据有关规定聘任与解聘教师以及内部其他工作人员;

(四)组织拟定和实施学校重大基本建设、年度经费预算等方案,加强财务管理和审计监督,管理和保护学校资产;

(五)组织开展教学活动和科学研究,创新人才培养机制,提高人才培养质量,推进文化传承创新,服务国家和地方经济社会发展,办出学校特色,争创一流;

(六)组织开展思想品德教育,负责学生学籍管理并实施奖励或处分,开展招生和就业工作;

(七)做好学校安全稳定和后勤保障工作;

(八)组织开展学校对外交流与合作,依法代表学校与各级政府、社会各界和境外机构等签署合作协议,接受社会捐赠;

(九)向党委报告重大决议执行情况,向教职员工代表大会报告工作,组织处理教职员工代表大会、学生代表大会、工会会员代表大会和团员代表大会有关行政工作的提案,支持学校各级党组织、民主党派基层组织、群众组织和学术组织开展工作;

(十)履行法律法规和学校章程规定的其他职权。

第十八条　校长办公会议是对学校行政工作重要事项进行处理和决策的行政议事机构,是校长行使职权的基本形式,主要研究提出拟由党委讨论决定的重要事项方案,具体部署落实党委决议的有关措施,研究处理教学、科研、行政管理工作。会议成员一般为校长、副校长和分管相关行政工作的党委委员。会议议题由学校领导班子成员提出,校长确定。会议必须有半数以上成员到会方能召开。校长应在广泛听取与会人员意见基础上,对讨论研究的事项做出决定。党委书记、副书记、纪委书记等可视议题情况参加会议。

第十九条　学校设学术委员会。学术委员会是学校最高学术机构,统筹行使学校学术事务的决策、审议、评定、咨询等职权。学术委员会成员由在校内具有较高学术声望的专家学者中推荐产生。学术委员会的主要职责是:

（一）审议学校学术政策、学术发展及科学研究规划;

（二）对学校人才培养、专业建设中的重大问题提出建议和意见;

（三）评议评审教师学术成就与水平;

（四）审议科研计划方案,审议推荐部分重要的科研项目,审查评定相关教学、科学研究成果;

（五）制定学术规范,维护学术道德,处理校内学术纠纷;

（六）审议论证和咨询学校委托的其他重要学术事项;

（七）其他需要学术委员会决定的重大事项。

学术委员会会议由委员会主任主持,实际到会人数达到应到会人数的三分之二及以上方可召开,采取表决制做出决定,赞成人数达到实际到会人数三分之二及以上决议方为有效。

第二十条　学校设教学工作委员会和学生工作委员会,由学校主要领导任主任,分管校领导任副主任,成员由相关职能部门和各系负责人组成。教学工作委员会和学生工作委员会分别负责审定教学、学生工作的改革与发展规划,审议相关管理制度,研究、审定重大违反学校纪律事件的处理决定等事宜。

第二十一条　学校根据教学需要设立系部(二级学院)。系部(二级学院)作为学校人才培养、科学研究、专业建设的具体组织实施单位。系部(二级学院)在学校授权范围内自主管理。系部(二级学院)实行党政联席会议制度,集体研究决定本单位的重大事项。

第二十二条　系部(二级学院)根据学校的规划、规定或授权,制定本系部(二级学院)发展规划,组织实施专业建设、师资队伍建设、课程建设、教育教学;组织开展科学研究和其他学术活动;设置内部机构,制定内部工作规则和办法;负责学生的教育与管理;管理和使用学校核拨的办学经费和资产;行使学校赋予的其他职权。

第二十三条　教职工代表大会是教职员工参与学校民主管理和监督的重

要组织形式,校长定期向教职工代表大会报告工作。

教职工代表大会行使下列职权:

(一)审议学校章程、学校发展规划及重大改革方案;

(二)审议校长工作报告,对学校的办学指导思想、发展规划、重大改革方案、财务工作报告及其他重大问题提出意见和建议;

(三)讨论通过学校提出的校内教职员工聘任、奖惩、分配改革的原则、办法及其他与教职员工权益有关的重要规章制度;

(四)审议决定学校提出的有关教职员工生活福利的事项;

(五)根据有关工作规定和安排,民主评议领导十部。

教职工代表大会闭会期间由其执行委员会行使职权。

学校工会是教职工代表大会的工作机构,在教职工代表大会闭会期间,负责其日常工作。

学校建立二级教职工代表大会制度,保障教职员工参与本单位的民主管理和监督。

第二十四条 学校依法设置工会、妇联、共青团、学生会等群团组织。各群团组织在学校党委领导下,依照法律法规和自身章程开展活动。

第二十五条 校内各民主党派及其他统战团体,在遵守国家法律法规的基础上,依照各自章程开展活动。学校充分保障其参与学校民主管理的合法权益。

第二十六条 学校根据实际需要和精简、效能的原则,设置内部党政职能机构,各机构根据学校规定履行相应职责。学校设立图书馆、现代教育技术中心、后勤基建处等公共服务机构,为教职员工和学生提供服务,保障教学、科学研究、行政管理等各项工作的开展。

第二十七条 学校附属的具有独立法人资格的单位,依照法律和学校规定实行相对独立的运营与管理。

第二十八条 学校可以与外界签订协议,联合设立组织机构,开展合作办学、合作研究与技术开发、社会实践等活动。

第二十九条 学校根据产学合作需要,设立相关工作和研究机构(所、中心),充分发挥社会服务作用。

第三十条 学校积极支持各级各类科研基地和教学实习实践基地的建设,并将其纳入学校人才培养、科学研究、社会服务、文化传承创新、国际交流合作的统一规划,不断提高其建设水平和服务质量。

第三章　教职员工

第三十一条　学校教职员工包括教师和其他专业技术人员、管理人员、工勤人员等。

第三十二条　教师是学校办学的主体。学校尊重教师的劳动。学校教师由专任教师和兼职教师组成。专任教师由具有优良师德,具备较好的专业知识和丰富的行业企业实践经历,善于教书育人和能够进行学术、技术创新的拥有高校教师资格的人士担任。兼职教师由具有优良师德,具备丰富行业企业经历和高水平的专业技术能力的企业管理人员、工程技术人员和高技能人才担任。

第三十三条　其他专业技术人员、管理人员和工勤人员应当具备良好职业道德,并具有相应的专业知识和专业技能。

第三十四条　学校根据国家相关规定对教职员工实行下列任用制度:

(一)教师实行资格认证和职务聘任制度;

(二)专业技术人员实行专业技术职务聘任制度;

(三)管理人员实行职员制;

(四)工勤人员实行聘用合同或劳动合同制度。

第三十五条　学校依据国家相关规定制定人事管理制度,对教职员工定期进行考核,考核结果作为对各类人员聘任、晋升和奖惩的依据。

第三十六条　学校教职员工享有下列权利:

(一)按工作职责和贡献使用学校的公共资源;

(二)公平获得专业发展所需的相应工作条件,公平获得国内外进修培训及专业能力提升的机会;

(三)在品德、能力和业绩等方面获得公正评价;

(四)公平获得各级各类奖励及荣誉称号;

(五)知悉学校改革、建设和发展及关涉切身利益的重大事项;

(六)参与民主管理,对学校工作提出意见和建议;

(七)就职务晋升、福利待遇、评优评奖、纪律处分等事项表达异议和提出申诉;

(八)根据学校规定,以对外转让、合作转化、作价入股、自主创业等形式实现科技成果产业化;

(九)法律、法规、聘约及学校规定的其他权利。

第三十七条　学校教职员工除履行法律、法规规定的义务外,还应履行下列义务:

(一)遵守高等学校教师职业道德规范,勤奋工作,尽职尽责;

(二)珍惜和维护学校名誉,维护学校正当合法利益;

(三)尊重和爱护学生;

(四)遵守学校规章制度;

(五)聘约及学校规定的其他义务。

第三十八条　学校教职员工应以主人翁态度,不断提高对学校价值理念的认同度,为人师表,教书育人、管理育人、服务育人。

第三十九条　学校重视专任教师综合素质与专业教学能力的提升。在强化教师"双师素质"和"双师结构"教学团队建设基础上,打造一支教学能力突出、实践技能过硬、科研和社会服务能力强的高水平"三能型"专业骨干师资队伍,引导教师为学校、企业和社会服务。

学校重视兼职教师的聘任和管理工作,努力建设一支水平较高的外聘兼职教师队伍。

第四十条　学校规范教师的学术行为,引领教师树立良好的学术道德风尚;学校尊重和爱护人才,维护学术民主与学术自由,为教师开展教学和科学研究及自主创新活动提供必要的条件和保障。

第四十一条　学校对在教学改革、人才培养、科学研究、社会服务、学校建设等方面成绩优异的教职员工,予以表彰奖励;对于不履行义务、违反学校规章制度或聘用合同的教职员工,给予相应处分。

第四十二条　根据国家规定,学校建立与学校发展水平相适应的教职员工薪酬福利制度。

第四十三条　学校依法建立听证、申诉等教师权利保护机制,保障教职员工的合法权益。

第四章　学　生

第四十四条　学生包括在学校接受全日制学历教育、非全日制学历教育和各类长短期培训的学生以及留学生。全日制学历教育学生是指被学校依法录取、取得入学资格,依法办理学籍注册,具有学校学籍的受教育者。

第四十五条　学校主要培养全日制高职专科生,学制三年,同时在教育部、教育厅批准的专业培养本科层次技术技能人才。

第四十六条　全日制学历教育学生除享有法律、法规规定的权利外,在校期间还享有下列权利:

(一)公平接受学校教育,平等利用学校公共教育资源,获得增强实践与创新能力的基本条件保障;

(二)按规定条件和程序重新选择专业,跨专业选修课程;

(三)按照学校实行的弹性学制的管理规定,提前或延期毕业,调整学业进程或保留学籍休学创新创业;

(四)公平获得在国内外深造学习的机会;

(五)参加社会实践、志愿服务、勤工助学、文娱体育及科技文化创新等活动;

(六)获得学业指导、职业生涯规划指导和就业服务;

(七)申请奖学金、助学金、助学贷款及其他资助;

(八)为发展个性获得全面的素质教育;

(九)依照法律和学校规定组织和参加学生社团;

(十)公平获得各级各类荣誉称号和奖励;

(十一)知悉涉及个人切身利益的事项,以适当方式参与学校管理,对教学活动及管理、校园文化、后勤服务、校园安全等工作提出意见和建议;

(十二)对纪律处分和涉及自身利益的相关决定表达异议和提出申诉;

(十三)学校规定的其他权利。

第四十七条　学生除履行法律、法规规定的义务外,还应履行下列义务:

(一)珍惜和维护学校名誉,维护学校利益;

(二)遵守学校学籍管理规定和学生行为规范;

(三)努力学习与实践,完成规定学业,争取全面发展;

(四)按规定交纳学费及有关费用;

(五)爱护并合理使用教育设备和生活设施;

(六)学校规定的其他义务。

第四十八条　学校引导学生养成珍爱生命、尊重人权、尊敬师长、诚实守信、爱护自然、热心公益的良好品行。

第四十九条　学校设立学生申诉处理委员会,依照有关法律法规及学校规定,负责受理和处理学生申诉,维护学生的合法权益。

第五十条 学校关怀在学习、生活中遇到特殊困难的学生,建立帮困助学机制,积极开展心理健康、危机干预等服务,为学生健康成长提供必要的帮助。

第五十一条 学校对取得突出成绩和为学校争得荣誉的学生集体或个人进行表彰奖励;对违纪学生给予相应的纪律处分。

第五十二条 学校为修完教育教学计划规定内容、达到毕业要求的学生颁发毕业证书;未达到毕业要求的学生,根据其所修学分情况,依据相关规定颁发相应的学业证书或学习证明。

第五十三条 学校实施工学结合、校企合作的人才培养模式,推行"1+X"证书制度,全面提高学生专业技能和职业素养。

第五十四条 学校为学生参加各类科技活动、社会实践、创新创业活动、技能大赛等提供多种平台和资源支持,努力提高学生动手能力和综合素质。

第五章 校　友

第五十五条 校友是指在温州职业技术学院(含温州商业学校、温州经济学校、温州机械工业学校和温州业余科技大学)学习过的学生,工作过的教职员工及名誉教授、客座教授、兼职教授等。

第五十六条 学校设立校友总会。校友总会依照国家有关规定及章程注册登记并开展活动。学校鼓励和支持校友依法成立具有届别、行业、地域特点的校友会、校友分会和联谊会。

第五十七条 学校以多种方式联系和服务校友,为校友的继续教育提供便利和条件。积极创造条件,鼓励校友参与学校建设与发展,对学校建设做出贡献的校友,学校授予荣誉称号。

第六章 经费、资产及后勤保障

第五十八条 学校的经费来源主要包括财政补助收入、事业收入、上级补助收入、经营收入、社会捐资和其他收入。学校积极拓展办学经费来源渠道,筹措事业发展资金;鼓励和支持校内各单位面向社会筹措教学、科研经费及各类奖助基金。

第五十九条 学校坚持勤俭办学,提高资金使用绩效,建设节约型校园。

第六十条 学校按照"统一领导,归口管理,分级负责,责任到人,管用结合"的原则,建立健全资产管理制度,合理配置资源,提高资源使用效率。

第六十一条 学校对享有法人财产权的资产,依法进行自主管理和使用。学校保护并合理利用校名等知识产权。

第六十二条 学校实行"统一领导、集中核算、分级管理"的财务管理体制,建立健全内部控制制度、经济责任制度和审计制度。

第六十三条 学校不断完善后勤管理和服务体系,为学生和教职员工的学习、工作和生活提供保障。

第七章 学校与社会

第六十四条 学校设立发展咨询委员会,对学校的事业发展规划、重大改革措施、专业建设、师资队伍建设、校园建设等重大事项,提出咨询意见和建议。学校发展咨询委员会成员由学校领导、重点专业负责人、合作企业代表和国内知名教育专家共同组成。学校可以根据发展需要调整学校咨询机构的设置与架构。

第六十五条 学校设立理事会,负责学校办学重大事项的决策咨询、民主监督、社会参与、资金筹措、外部联系。学校理事会由学校主管部门和共建单位代表、学校代表、各类组织、杰出校友、社会知名人士等各界代表以自愿方式发起成立,旨在促进学校与社会建立广泛联系与合作。

第六十六条 学校积极利用自身优势和办学条件,通过多种方式服务社会,并积极争取各方面的支持和帮助。

第六十七条 学校设立成人教育学院(继续教育学院、社区学院),积极开展社会培训和非全日制学历教育,服务企业人力资源开发,服务群众学历提升及终身教育需求。

第六十八条 学校积极开展与相关行业企业、校外及国外科研机构的合作活动,深化产教融合、校企合作长效机制,提升服务行业企业及区域经济发展的能力。

第六十九条 学校设立对外合作交流机构,负责对外交流事务,通过师资、学生、学术交流以及课程互通等多种形式,不断提高学校国际化程度。

第七十条 学校设立教育发展基金会,集聚社会资源,推进学校教育事业发展,并依照国家规定及基金会章程开展奖学奖教、科研资助等活动。

第七十一条 学校根据国家需要和自身能力,积极开展面向中西部、老少边穷地区的对口支援工作。

第八章　学校标识

第七十二条　学校校标分内外两圈。两圈之间为中英文字形的"温州职业技术学院"；内圈下方的数字"1965"表示温州职业技术学院前身最早创建的年份；校标中央为篆书左右"手"字形合成的"人"字形，寓意以人为本，也昭示着学校培养的技术技能人才以动手为要；造型外圆内方，寓意为人处世要刚柔并济。校标设计代表学校"厚德长技、励学敦行"的精神。校标中文字体为书法家沙孟海字体；英文字体为黑体。

学校徽章为印有学校校标的圆形证章和题有中英文校名的长方形证章。

学校校徽为教职员工和学生佩戴的题有校名的长方形证章，教职员工的为红底白字，学生的为白底红字。

第七十三条　学校校风为求是、严谨、务实、创新，教风为敬业、爱生、博学、善导，学风为尊师、律己、勤学、善用。

第七十四条　学校校庆日为每年的 9 月 16 日。

第九章　附　则

第七十五条　本章程由学校教职工代表大会讨论，经校长办公会议审议、学校党委会审定、举办者同意后，报浙江省教育行政部门核准。

第七十六条　本章程生效之后学校制定的规章制度，不得与本章程相抵触。本章程生效之前学校制定的规章制度与本章程不一致的，以本章程为准。

第七十七条　本章程需要修订时，由学校党委会议或者教职工代表大会提出建议。章程修订程序与制定程序相同。

第七十八条　本章程的解释权归学校党委。

第七十九条　本章程自公布之日起生效施行。

附录二　温州职业技术学院中国特色高水平高职学校和专业建设方案

（部分）

第一部分　办学基础

温州职业技术学院是国家示范性高职院校、浙江省重点建设高职院校、全国优质高职学校建设单位、全国职业教育先进单位、全国创新创业典型经验高校 50 强、教育部首批现代学徒制试点单位、浙江省首批四年制本科高等职业教育人才培养试点院校，荣获 2018 年全国高职教学资源、服务贡献、育人成效3 个"50 强"，名列 2019 年高职高专排行榜第 13 位、2018 年高等教育研究最具影响力公办高职高专院校第一位。

一、办学的优势和特色

（一）以立德树人为根本的人才培养当地离不开

1.人才培养树品牌

坚持德智体美劳五育并举，将新技术应用的创新创业教育融入人才培养方案，"人人成才、人人出彩"的人才培养体系日趋完善，近三年招生计划完成率超 98％，就业率连续 13 年超 98％，毕业生留浙率达 90％，毕业生职业发展与人才培养质量、就业竞争力、薪酬水平、企业用人满意度连续多年全省高职第一。学生近五年荣获全国"挑战杯"创业大赛金银奖、国家级技能大赛奖项 100 余项，国际大奖 11 项，学生社团连续三年获"全国高校创业社团百强"称号。

2.立地研发强服务

坚持服务发展，牵头成立全国高职院校应用技术服务联盟，拥有国家级众创空间，牵头成立国家级应用技术协同创新中心、省级工程研究中心等省级以上研发机构 5 家，校企共建省级企业研究院（中心）6 家、研发中心 42 家。近五年科技到款额 7557 万元，授权专利 900 余项（发明专利 212 项，转让专利 209 项），服务企业 50000 余家，年培训、鉴定 28000 人次。

3.产教融合强实力

积极促进教育链、人才链、产业链、创新链有机衔接，牵头组建浙南职教集团，成为全国首个运营企业综合服务平台的高校和首个入驻省特色小镇的高校、全国较早与县域政府合作办学的高职院校。与 1000 多家世界 500 强企业、行业龙头企业和 50 多个行业深度合作，校行共建 5 个产业学院，吸引政府、企业等资金投入 10 多亿元。

（二）以扎根区域为特色的办学实力业内都认同

1.专业群全国一流

始终引领全国职教改革创新，示范效应辐射全国，形成"区域有什么支柱产业，就建设什么专业；区域有什么企业难题，就建设什么服务平台；区域有什么新技术需求，就培养什么新技术应用人才"的办学理念，建成三大专业集群、6 个专业群。获国家教学成果一、二等奖 4 项、省教学成果一等奖 6 项，有国家示范性重点专业等国家级专业 15 个、省级优势特色专业 24 个、高职本科试点专业 2 个，国家级专业教学资源库 1 个，国家级实训基地 5 个、省级实训基地 10 个，国家精品课程 7 门。所有专业都建立校园工厂，实训岗位数与教室座位数比为 2∶1，专业课实践教学时数超 56％，生产性实训超 80％。年生均培养经费 2.59 万元，每年另获省重点校建设经费 5000 万元。

2.专业教师实力雄厚

始终坚持"人才强校"战略,现有专任教师 512 人,其中高级职称超 40％,"双师比"超 90％。拥有国家"万人计划"领军人才、国家教学名师等国家、省市人才超 160 人次,国家级"双师"培训基地 1 个、省市级技能大师工作室和师资团队各 7 个、省专业带头人 30 人。获教育部人文社科二等奖、省科技进步奖等国家、省市级奖 35 项。名列 2015 年国家示范性和骨干高职院校科研竞争力第五名。

(三)以"一带一路"为重点的合作办学国际可交流

学校引进境外优质教育资源,中外合作办学多次获评浙江省示范性项目,开设国际工坊和国际大师工作室;响应"一带一路"倡议"伴随中企走出去",参与组建中国—东盟职教联盟和中国—南非职教联盟,成立柬埔寨丝路学院、意大利培训中心、亚龙国际智能制造学院等,创下"三个第一":全国第一所伴随中企在海外设立丝路学院、全国第一批为南非政府提供教师培训、浙江省第一个与南非政府建立留学生合作培养。学校入选中美"百千万计划"和中国—东盟特色项目。

二、面临的机遇和挑战

面对新一轮科技革命、产业变革和高职院校扩招的机遇和挑战,学校将牢固树立新发展理念,扎根中国、放眼世界、面向未来,努力建设成为一所引领改革、支撑发展、中国特色、世界水平的高职学校。

(一)新时代职业教育发展的新机遇和新挑战

党的十八大以来,以习近平同志为核心的党中央站在党和国家发展全局高度,把职业教育放在前所未有的突出位置,《国务院关于加快发展现代职业教育的决定》《国家职业教育改革实施方案》等国家重大改革和决策部署相继出台,"高职院校百万扩招计划""千亿技能提升行动"等举措相继推出,明确高职教育"不同类型同等重要",将高职教育的高质量发展摆到了前所未有的重要地位,也对职业院校提出了新要求和新挑战,带来了新的历史机遇。

（二）新一轮科技革命和产业变革的新机遇和新挑战

当前，以"信息化、智能化、数字化"为主要标志的新一轮科技革命和产业变革正在孕育兴起，新技术、新产业、新业态、新经济层出不穷，职业教育面临着重新定义和如何重新定义的课题。学校率先在全国提出新技术应用人才培养和新技术应用，在发声上取得了先发优势，但也面临着很多挑战，对新技术人才内涵、目标、模式的探索，对新技术协同研发的机制、平台、标准的探索，对新兴专业和新型专业的探索，以及这些探索转化为办学理念和实践等方面，还需要不懈努力。

（三）新一轮产教深度融合的新机遇和新挑战

产教融合已成为整个中国高等教育的总体战略布局，成为我国人才培养与社会需求供给侧和需求侧无缝对接的战略举措。作为高职教育的引领者，学校一直坚持产教融合、校企合作，政校行企同心、同向、同行的良好环境氛围已经形成。但校企合作命运共同体构建仍任重道远，如何突破体制机制、加强协调创新、提升专业群服务发展能力，是学校深化产教融合面临的新机遇和新挑战。

（四）教育国际化对高职人才培养的新机遇和新挑战

随着全球一体化发展和"一带一路"倡议的深入推进，我国职业教育也需要走出国门，成为技术技能人才培养标准的制定者和输出者。面对日益激烈的国际市场竞争，我国企业"走出去"参与国际产能合作急需国际化人才，国际化人才的缺失成为我国企业"走出去"的最大瓶颈。温州市是外向型城市，在国际产能合作、经贸合作方面走在全国前列，温州企业最早在境外开办产业园区，集群式发展趋势好、需求大。如何参与制定职业教育国际标准，对标国际先进，输出一批具有国际影响的教学标准、教学资源，服务中企"走出去"，打造中国职业教育国际品牌，是学校开放办学、实现高质量发展的新挑战。

第二部分　学校发展目标

一、总体发展目标

学校以建设国家高水平高职学校和专业群为契机,围绕办好新时代职业教育的新要求,积极创造可复制、可借鉴的改革经验和模式,引领新时代职业教育实现高质量发展。

到 2022 年,学校的办学水平、服务能力、国际影响显著提升,综合实力进入全国前 30 强,成为全国"新时代工匠培养的典范、立地式研发服务的典范、产教深度融合模式的典范、'伴随中企走出去'办学的典范",真正做到当地离不开、业内都认同、国际可交流,为职业教育改革发展和培养高素质技术技能人才发挥示范引领作用。

到 2035 年,学校办学质量和社会贡献获得全社会广泛认可,综合实力进入全国前 10 强,引领职业教育实现现代化发展,建成国际水平的大师级教学团队、国内一流国际领先的专业集群、具有强大辐射能力的技术技能创新服务平台,培养有国际视野的高素质技术技能人才,为区域经济社会发展和提高国家竞争力提供优质人才资源支撑,使学校成为特色鲜明、品质卓越、国际知名的高职学校,为世界职业教育发展提供"中国特色、浙江样本、温州模式"。

二、建设思路

以习近平新时代中国特色社会主义思想为指导,以"职教 20 条"为引领,牢固树立新发展理念,全力服务建设现代化经济体系和更高质量更充分就业需要,树牢"四个意识",坚定"四个自信",坚决做到"两个维护",秉持"与国家发展同频、与区域产业对接、与民营经济互动、与行业企业共赢、与国际顶尖接轨"的办学定位,扎根浙南大地,放眼世界,面向未来,聚焦浙江八大万亿级产业和温州支柱产业,深度推进产教融合、校企合作,铸造温职品牌,打造"四个典范"，重点建设鞋类设计与工艺、电机与电器技术两大高水平专业群，积极推进区域特色鲜明、国际先进水平的创新型高职学校建设，建设思路见图1。

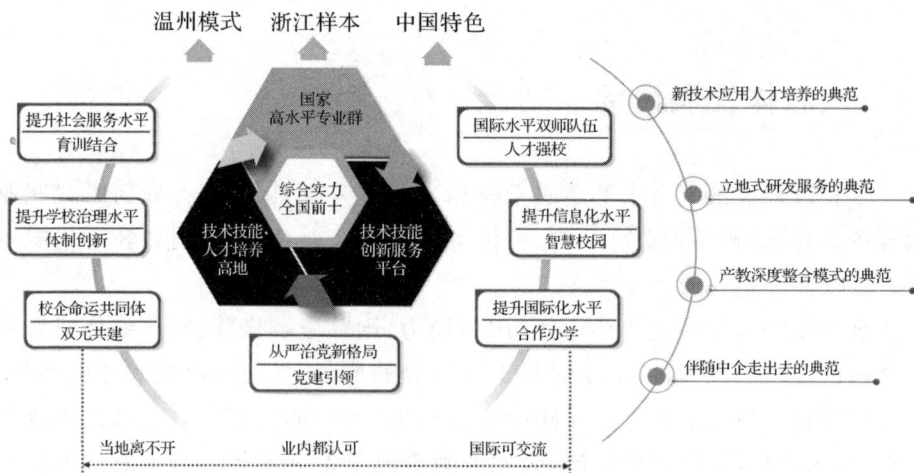

图1　高水平高职学校建设思路

第一，从严治党，健康发展。坚持扎根浙南大地，全面贯彻党的教育方针，坚定社会主义办学方向，以人才培养为中心，把牢政治方向、办学方向和职教方向，构建从严治党新格局，为学校改革发展提供组织保证，扎实办好中国特色社会主义高校。

第二，协同推进，一体发展。坚持"德技并修、工学结合"育人理念，聚焦高端产业和产业高端，下大决心，打造技术技能人才培养高地，让业内都认可；加大投入，建设技术技能创新综合服务平台，让行业企业都认同；谋大布局，建成前瞻性、带动性、辐射强的全国一流专业群。通过人才培养高地、创新服务平台和六大特色优势专业群"三位一体"协同推进，一体发展，服务国家重点产业和区域支柱产业发展，为地方经济社会发展提供不可替代的人才支撑。

第三，一流引领，特色发展。以现代学徒制试点为基础，坚持高起点站位，率先在重点关键领域形成突破。改进"双层次多方向"人才培养方案，模块化设计课程体系，打通"1＋X"学分互认通道，有效应对高职百万扩招后的生源结构变化；在能力培养上强化"实训—技术研发—创新创业创造"相融合，培养创新型技术技能人才,夯牢职业教育标准制定中的话语权;强化引领优势,加快形成"温职特色"的中国职业教育发展模式。

第四,面向未来,创新发展。学校坚持放眼世界、面向未来的办学视野,对标世界一流职业院校建设,对接国家重大发展战略,切实提升学校治理水平、社会服务水平、信息化水平及国际化水平,引领中国职业教育实现现代化,学校整体办学实力和若干专业群建设水平居国际领先地位,并积极为世界提供中国特色职业教育模式和教学资源。

三、预期成效及标志性成果

在学校党委领导下,通过高水平学校建设,推动学校管理走向现代治理,综合实力进入全国前列,建成 6 个支撑和引领区域产业发展的优势特色专业群,其中,鞋类设计与工艺专业群实力在全国高职同类专业排名第一,电机与电器技术专业群进入全国前三,并取得一系列标志性成果(见表 1)。

表 1　高水平学校建设标志性成果

序号	成果内容	数量	级别
1	教育部"三全育人"综合改革试点\高校思想政治工作精品项目	1 个	国家
2	全国党建工作示范高校\标杆院系\样板支部	1 个	国家
3	本科职业教育专业试点	6 个	/
4	国家级职业教育教学成果奖	2 项	国家
5	全国职业院校技能大赛获奖	36 项	国家
6	全国职业院校教师教学能力比赛获奖	6 项	国家
7	承办全国职业院校技能大赛	2 项	国家
8	国家地方联合智能电气工程研究中心或\国家级协同创新中心	1 个	国家
9	校企共建省级企业研究院(研发中心)	20 家	省级

续表

序号	成果内容	数量	级别
10	授权发明专利	280 项	/
11	科技成果转化	300 项	/
12	服务到款额	2 亿	/
13	国家级职业教育教师教学创新团队	2 个	国家
14	国家级教学名师	2 人	国家
15	全国高校黄大年式教师团队	1 个	国家
16	国家级"双师型"教师培养培训基地	1 个	国家
17	国家级示范性职教集团(联盟)	1 个	国家
18	国家级高水平产教融合型实训基地	1 个	国家
19	国家职业教育专业教学资源库	3 个	国家
20	国家精品在线开放课程	4 门	国家
21	国家思政精品课程	1 门	国家
22	推行"1+X"证书试点专业	30 个	/
23	校企"双元"合作出版国家级规划教材	22 本	国家
24	国家级职业教育教学改革典型案例	2 个	国家
25	国家级中小企业公共服务示范平台	1 个	国家
26	中外合作办学项目或中外合作办学机构	1 个	国家
27	育人成效 50 强	入围	/
28	教学资源 50 强	入围	/
29	服务贡献 50 强	入围	/
30	黄炎培职业教育成果奖	1 项	国家

第三部分　重点任务与举措

一、党建引领把方向，构建从严治党新格局

（一）建设基础

学校坚持"围绕中心抓党建，抓好党建促发展"，实现党建工作与学校事业发展同步提升、同步发展。认真落实党委领导下的校长负责制，充分发挥党委把方向、做决策、管大局、保落实的作用，开展了党总支领导下的系主任负责制试点工作，推动党建在基层落地生根。"三师六微"党建示范群和"五红五亮"工程入选浙江省首批高校党建示范群和党建特色品牌，11个基层党组织获省市级党内各类集体荣誉，荣获2018年度浙江教育新媒体创新奖。学校坚持"思政课程"与"课程思政"相统一，建有浙江省高校思想政治理论名师工作室，"课程思政"经验做法被《人民日报》专题报道。

（二）建设目标

以习近平新时代中国特色社会主义思想为指导，全面贯彻党的教育方针，坚持社会主义办学方向，落实立德树人根本任务，加强党的领导和建设，把党的建设与学校发展、教育改革、师生成长融合起来，不断完善党建工作大格局，推动党建工作质量全面提升全面创优，为建设"双高"校提供坚强的组织保证。

（三）内容与举措

1.坚持党的领导，把牢政治方向

实施"全面加强党对高校的领导"专项，努力使学校的政治建设更加有力、党建工作体制机制更加顺畅、党的基层基础更加夯实，构建党建带群建高地。

（1）增强党的政治领导力。坚持把政治建设放在首位，深入推进"不忘初

心、牢记使命"主题教育常态化，树牢"四个意识"，坚定"四个自信"，坚决做到"两个维护"，自觉在政治立场、政治方向、政治原则、政治道路上同以习近平同志为核心的党中央保持高度一致，扎实办好中国特色高水平高职学校。坚持和完善党委领导下的校长负责制，将党建与学校事业发展同部署、同落实、同考评，不断优化学校各项议事规则，推进党建工作和教学科研、管理服务工作的深度融合。坚持党管意识形态，完善意识形态工作制度体系和工作机制，着力提高党的领导水平和办学治校水平。

（2）提升基层党组织的组织力。构建"标准＋责任"党建质量责任体系，把党建静态标准与党建责任落实的实施过程紧密衔接起来，为党建责任主体编制正面清单和负面清单，健全责任考评、正向激励、责任追究等相关制度。树立党的一切工作到支部的鲜明导向，实现教研室、科研平台、学生公寓、实训车间等党组织全覆盖，完善"堡垒指数"星级考评实施细则和党员"先锋指数"考评管理指标体系。创新支部"B＋T"（标准＋特色）模式，推进支部党建特色品牌建设，充分发挥党组织在学校同级组织中的领导核心作用。坚持党建带群建，坚持群众组织发展到哪里，党的工作就跟进到哪里，带动学校工会、共青团等群团组织和学生会组织建设，构建"同心圆党建"格局。

（3）增强拒腐防变免疫力。落实全面从严治党责任体系，建立完善校内巡察和内审制度，实施二级单位四年一轮校内巡察、审计全覆盖计划。持续加强作风建设，健全作风建设长效机制，持续加强师德师风、教风、学风等专题教育，进一步拓展"最多跑一次"改革覆盖面。强化执纪监督问责，推行日常监督"五查五谈五报备"工作法，积极运用监督执纪"四种形态"，实现责任、监督、建议、整改、问责互动的闭环效应，推动形成风清气正的政治生态。

2.坚持立德树人，把牢办学方向

实施"全面落实立德树人"专项，完善全员全过程全方位思政育人格局，努力培养又红又专、德才兼备、全面发展的中国特色社会主义合格建设者和可靠接班人，筑牢思政教育高地。

（1）打造主平台。建立全国高职院校"三全育人"研究中心，加强"三全育人"理论研究，设置研究中心专项研究课题，定期组织优秀研究成果评选与论文汇编，促进高职院校"三全育人"理论研究与学术交流。加强"三全育人"工作交流，定期召开高层论坛、书记校长对话会，开展典型工作案例征集，促进高职院校"三全育人"工作实践探索与经验交流，将全国高职院校"三全育人"研究中心建设成为在国内有影响力的高职院校"三全育人"研究机构。

（2）奏响主旋律。深化四课堂联动的"三全育人"体系，强化理想信念教育，推进社会主义核心价值观教育，开展"百堂专家报告会、百名骨干上讲堂、百场师生微宣讲"活动，推动习近平新时代中国特色社会主义思想进教材、进课堂、进学生头脑。强化课堂育人，推进"思政课程"与"课程思政"双轮驱动，逐步建立思政课"微课程"视频资源库，制定专业课教学、育人"双大纲"，形成"课程门门有思政，教师人人讲育人"格局。强化实践育人，构建"项目＋基地＋导师"的实践育人模式，建立产教融合、乡村振兴、国际交流等各类实践育人基地，推进专业教师指导且不少于30天的70％学生参与的暑期实践活动，构建"大实践"格局。强化网络育人，推进新媒体平台聚合，在内容生产、协同传播、联动支撑等方面最大限度汇聚"育人资源"，构建教育、管理、服务一体化推进的精细化服务Ｅ张网，助推思政教育网络化。

（3）建强主力军。实施"全导师"计划，开展校领导"同学日"，与学生同堂听课、同会交流、同桌进餐、同舍座谈、同场活动，健全校领导、中层干部、教师三级联动育人机制，实现师生结对全员全覆盖，增强思政教育实效性。探索"1名思政教师＋2名辅导员＋多名专业课教师"结对机制，打造思政育人共同体，协同突破思政工作的难点问题。依托骨干型学生教育工作室等载体，共同开展课堂教学和实践育人活动。

3.坚持改革创新，把牢职教方向

落实"职教20条"精神，实施"全面引领'双高'建设"专项，推动学校由一元向多元办学的格局转变、由追求规模扩张向提高质量转变、由参照普通教育办学模式向类型教育转变，打造一流职教高地。

（1）服务社会经济发展。建立非公企业党建研究中心，依托温州改革开放先发优势和民营经济肥沃土壤，联合党建工作突出的非公企业党委（支部），成立"非公企业党建研究中心"，组织开展非公企业党建工作优秀典型经验评选活动，并建成中心网站，服务温州"两个健康先行区"建设。实行混合所有制改革，推进产教融合战略，打造校企党建共同体，通过互派兼职党支部书记，共聘导师、共建基地、共办活动、共建共享党课等，实现优势互补、经验互鉴；为民营企业家开办党课，让民营企业家心中有党、身边有党；针对企业面临的党建难题，以非公企业党建研究中心为主体，共同成立课题组，开展专项研究，提高非公企业党建水平。

（2）服务科技发展趋势。集聚优化"双高"建设的人才,坚持党管干部、党管人才原则,加大引培用力度,打造适应"双高"建设需要的高素质干部队伍和一流师资团队,面向市场建立产学研创深度融合的技术创新体系,加快科技成果转化,帮助企业解决一线中的科技难题。抓住"选优配强"党支部书记这个关键,大力推进教师党支部书记"党建带头人、专业带头人"培育工程,教师"双带头人"党支部书记覆盖率达100%。充分发挥党员专业群带头人的先锋模范和示范带动作用,撬动党建活力,推动教学科研发展。

（3）服务就业与改善民生。实施"党建＋扶贫""党建＋就业"双推进行动,制定"党建＋就业服务"行动工作方案,将就业扶贫项目作为重点工作任务,安排党员专员为贫困学生提供一对一职业介绍、职业指导、就业信息等就业服务。弘扬工匠精神,开展有针对性的就业技能培训、岗位技能提升培训和创业培训,实现职业技能与职业精神培养高度融合,培育一批党员技能带头人。

（四）预期成效

学校以"三大专项"为载体不断提高党建水平,争取创建全国党建工作示范高校、全国党建工作样板支部,成立非公企业党建研究中心和全国高职院校"三全育人"研究中心,创建教育部"三全育人"综合改革试点高校。通过党的政治建设、思想建设、组织建设、作风建设、纪律建设、制度建设,推动全面从严治党向纵深发展,使学校党建工作走在全国前列,为同类院校开展党的建设提供借鉴榜样。

二、德技并修全育人,打造技术技能人才培养高地

（一）建设基础

学校聚力于德技并修、工学结合人才培养创新,从人才培养方案的顶层设计到教师每堂课的具体实施均贯穿思政教育主线,将"育人功能""德育元素"有机地融入"课堂教书"中。2018年4月,学校探索"课程思政"教学改革,被《人民日报》专题报道。在全国率先开展新技术应用人才培养,针对不同生源个性特点,系统性设计出"双层次多方向"复合型人才培养方案,积极推行双证书制度和小班化教学,并创造性地提出"训研创"一体的实践教学体系,实现创

新创业创造教育与技术技能人才培养深度融合。2016 年 6 月,学校作为全国唯一受邀院校,在教育部召开的"高职教育改革发展和高水平高职学校建设"新闻发布会上作经验介绍;2018 年学校被评为全国高等职业院校育人成效 50 强院校,毕业生就业率连续 13 年超 98%。毕业生人才培养质量和就业竞争力名列全省第一。

(二)建设目标

坚持"人人成才、人人出彩"理念,以现代质量观为引领,健全德技并修、工学结合育人机制,实施"四养融合"尚德工程,全面提升学生"政治修养、职业素养、生活涵养和健康培养";强化"新技术应用能力、复合型技能、创新创业能力和国际交流能力"四个能力的培养,秉承"厚德长技、励学敦行"的校训,培养"大国工匠、能工巧匠",将学校打造成技术技能人才培养的高地,全国新时代工匠培养的典范;开发研制职业教育人才培养标准体系,为全国乃至世界提供成熟的、可复制的育人模式,见图 2。

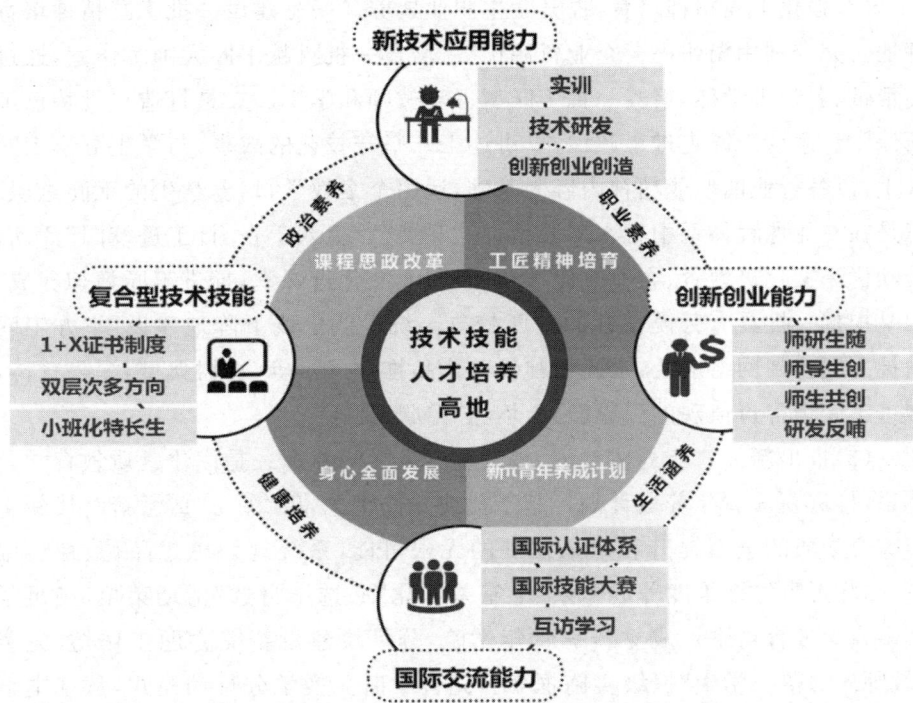

图 2　德技并修打造技术技能人才培养高地

(三)内容与举措

1.实施"四养融通"尚德工程,实现"三全育人"

(1)深化"课程思政"改革,提升学生政治修养。一是实施"课程思政"全覆盖工程。成立课程思政协同育人中心,全部课程明确育人要素,全体教师明确课程育人职责,所有课程体现育人效果。引入社会资源,协同专业教师、思政工作者成立"学生成才导师团",形成"育人共同体"。二是实施"课程思政"示范课程建设工程。深入挖掘提炼各专业课程蕴含的思政内涵元素和承载的德育功能,打造一批"金课";建设"课程思政"教学资源库,将思政教育融入教学实训、顶岗实习等各环节,确保课程标准、教材、教师、课时和考核"五落实"。三是实施教师政治理论素养提升工程。邀请知名专家教授开坛设讲,不断提升任课教师的政治理论素养和"课程思政"方法和能力,全方位打造有理想信念、道德情操、扎实知识和仁爱之心的教师队伍。

(2)强化工匠精神培育,提升学生职业素养。一是建设一批工匠精神培育基地。充分利用温州民营企业资源优势,培育一批瓯越工匠大师工作室,通过传帮带、名师带学徒,培养一批工匠型青年教师和学生。二是打造一批特色工匠课堂。邀请工匠走进思政课堂,讲述工匠坚守技艺的故事,与学生分享工匠人生;以各行业的职业精神内容为基础,运用个案教学,培养学生的工匠意识。三是在专业课程体系中融入工匠精神。开展"万生入千企、百工进校园"活动,推动优秀文化进教育、企业文化进校园、职业文化进课堂,推进工匠精神养成。四是挖掘一批具有劳模精神的工匠校友。统筹线上线下阵地建设,举办工匠精神主题校园网络巡礼、工匠精神优秀作品推选展示等,选树典型,深入宣传,推进工匠精神价值观的引导教育,培养"温职工匠"。

(3)推出新 π 青年养成计划,提升学生生活涵养。一是优化素质教育学分体系,推进新 π 青年养成计划。基于德技并修理念,以"新 π"寓意新时代新青年综合素质的全面提升和未来发展的无限可能,系统规划思想品德、社会服务、国际视野等多维度养成体系,丰富差异化"必选+自选"活动菜单,满足学生多元化教育需求。成立新 π 青年学院,分模块建设新 π 主题工作坊,完善"教师—部落—学生"三级实施框架。完善学时兑换学分行动模式,从基本素质、专业能力、未来创就业潜质等方面为学生提供个性化指导。二是健全劳动教育与劳动实践体系,制定《劳动教育与实践实施方案》,将劳动教育与实践纳入人才培养方案;构建"指导教师＋劳作助理＋学生"管理模式,建立校内外劳动责任区、实践基地不少于 150 个。成立劳动教育研究中心,建立劳动与职业启蒙教育基地,每年为至少 10 所中小学校提供劳动与职业启蒙教育体验,形成校内外联动的劳动教育格局。

（4）推进身心全面发展,提升学生健康培养。一是构建"双维度"心理育人模式,开设分年级知识发展课堂,制定实施"素质＋素养"双维度课堂建设方案,以"年级＋朋辈＋项目"形式学习心理疾病、求助互助基础知识。搭建家校、社会交流平台,构建校内外培训诊疗基地、中小微企业心理健康服务基地,全员强化心理健康和"患病知病治病"认知。制定实施"身体＋心理"双维度多群体能力培养计划,以"群体＋朋辈＋项目"形式,点面结合开展团体训练和活动。二是深化体育"课内外一体化"教学改革,构建教授体育健康知识、体育健身方法、运动疲劳监控、运动伤病预防和保险"四位一体"的目标体系。筹建温州武术学院,打造温州非奥武术项目培训基地、温州南拳非遗传承与教学基地、浙南传统武术文化传承与研究基地,承办浙江省武术交流大会、中国(温州)海峡两岸武术公开赛,打造具有区域特色的"民族传统体育"校园文化品牌,建成全国体育工作"一校一品"示范基地。

2.完善"四个能力"培养途径,实现人人出彩

（1）深化"训研创"一体化实践教学体系改革,强化新技术应用能力培养。深度对接区域智能制造、时尚设计、现代服务行业企业转型发展需求,深化以实训为基础、以新技术应用为核心、以研发为动力、以创新创业创造为导向的"实训＋技术研发＋创新创业创造"一体化实践教学体系改革。将原来的"做中学""探中学"向"做中创""探中创"延伸。"做中创",即以真实的综合实践项目、毕业设计的应用型课题、高水平技能竞赛等形式,将创新创业创造面向由个别学生向全体学生转变。"探中创",即以学校研创大楼为依托,为学生提供开放实训室、加工车间、产品设计辅导、供应链管理服务和创意思想碰撞交流的空间,通过建设校园形态发生根本性改变,即由教学工厂向创新创业工场转变,见图 3。

（2）改进"双层次多方向"人才培养方案,对接"1＋X"证书试点,强化复合型技术技能培养,有效应对高职百万扩招后的生源结构变化。继续实施分层分类培养,开展小班化教学和特长生培养,从学生学习能力和学习水平的实际

图3 "实训＋技术研发＋创新创业创造"一体化实践教学空间的转变

出发,组织不同层次的学习内容。在通识课程、行业入门等基础课程上,设置技能型、技术型双层次专业核心课程,根据学生特点和就业意愿,设置岗位方向课程,培养新技术应用型、技术营销等多元复合型人才。同时积极申办本科层次职业教育试点,与应用性本科院校联合试点开展专升本培养,继续与温州大学联合培养专业学位硕士研究生,探索、凝练长学制新技术应用人才培养。

对接"1＋X"证书试点,完善学分互换制度。通过专业人才调研明确市场需求和学生就业能力提升点,率先从两个高水平专业群做起,试点"1＋X"证书制度,将相应职业技能等级标准所要求的技能点、知识点进行解构,以职业活动导向进行重构纳入整个教学过程,形成基于"1＋X"证书的职业活动导向课程体系;在"双层次多方向""校内课外技能考证"等教学改革和学分互换机制基础上,继续加大改革力度对"X"证书予以认定学分并转换,实现"课证融通",见图4。

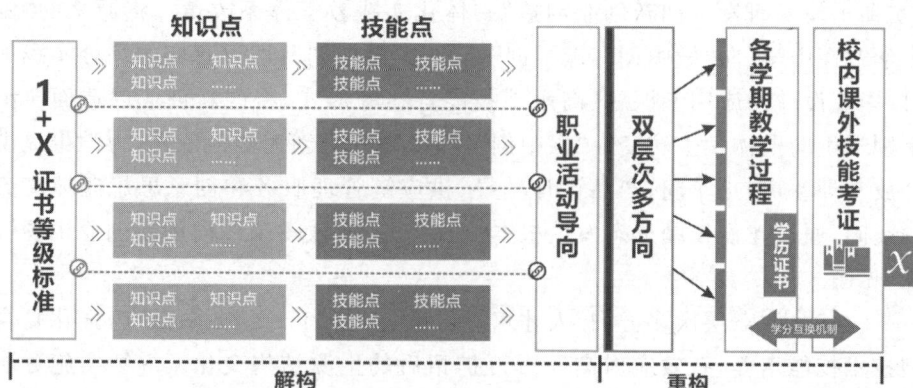

图4 推行"1＋X"证书制度

（3）重构创新型人才培养模式，实施"三师三生"项目，强化创新创业能力培养。一是"师研生随"，即以教师的科研项目带动学生参与研发。二是"师导生创"，即教师给予学生创业团队技术指导，通过培养多支创业团队孵化多家小微企业相互竞争，并采用技术中介方式帮助生创企业承接业务并给予技术指导，促进生创企业成长。三是"师生共创"，即学生出资当法人，教师出力当技术总监。

在创新支撑上，学校国家级"众创空间"和各级研发平台面向学生开放，为学生创新创业创造提供基础条件，每年预计拨款额500余万元用于创新创业创造人才的培养，并通过企业投资和社会捐助等多渠道做大创新创业基金。成立温州大学生创业就业服务中心，为创业大学生提供低成本的生产经营场所和企业服务，细化、规范服务流程，建立全方位、阶梯形的大学生创业服务平台，提供创业培训、苗圃培育、项目推介、经营指导、跟踪帮扶等"产学研创"一条龙服务。

（4）创新国际化技术技能人才理念，对接国际标准，强化国际交流能力培养。以"同能力同技术、不同语言"为理念，不断拓宽学生国际通行的技术技能培养路径。一是稳固与加拿大、韩国的应用型大学和职业院校的交流合作，完善与加拿大不列颠哥伦比亚理工大学（BCIT）相关专业的学分互认、课程互认、专业互认计划，逐步扩大境外合作院校的数量和范围。同时积极引进具有较高国际认可度的职业资格认证体系，通过加强互访学习、技能比武、学术交流，提升学生技术技能水平的国际认可度。二是充分挖掘学校海外分校即柬埔寨丝路学院、意大利培训中心、亚龙国际智能制造学院的需求，定期选送专兼职教师赴海外分校教学，鼓励教师积极参与国际职业教育培训项目、高端非学历培训项目、资格认证培训项目，以及国际紧缺人才培训项目，提升国际化教学能力。

3.推行"三教联动"改革工程，实现人人成才

继续开展学校优秀教学团队建设项目，打造高水平、结构化的教师教学创新团队；紧跟行业新技术、新工艺、新设备，继续与行业企业合作开发实践导向校本教材，修订出版工作手册式、活页式等新形态教材；完善鞋类设计与工艺专业国家教学资源库，建设环境艺术专业国家教学资源库；继续实施课程信息化建设，对接区域优势和行业特色，打造一批专业核心课、专业群共享课等优质网络教学资源，适应"互联网＋职业教育"新要求；继续推行课堂教学

改革项目，着眼于学生个性化需求，深耕教学模式改革，让课堂"动"起来，实现人人成才。

营造"教师乐教、学生乐学"的良好校风。完善师德师风教育制度，继续开展教师教学能力竞赛，培养"四有"和"六要"教师；完善优秀学生典型评选机制，继续开展学习风尚奖和技能标兵评选，培育"教师乐教、学生乐学"的良好校风，以教风带学风，以教风、学风育校风，打造"三风"建设示范品牌，提升学校核心竞争力。

（四）预期成效

打造技术技能人才培养高地，成为全国新技术应用人才培养的典范，育人成效显著，在全国职业院校中起到标杆示范作用。

（1）国家职业教育教学成果奖、全国职业院校技能大赛获奖数量稳居全国高职院校前30；学生就业率、就业对口率、用人单位满意度、学生就业满意度等招生就业质量的各项指标持续保持全国前30；连续入围全国高等职业院校育人成效50强院校。

（2）教师、教材、教法，"三教"改革持续深入开展，小班化、分层分类教学、选修课比例三项教学创新指标超过50%。改革成果引领职业院校发展，教师教学技能比赛成绩、国家级规划教材数量保持全国领先。

（3）成功开发新技术应用人才培养标准体系、职业教育"课程思政"设计规程与标准；高水平专业群成功试行"1+X"证书制度，复合型技术技能人才培养成为全国标杆。

（4）形成以在校大学生、研发平台科技人员、专业教师等为代表的创业人才群落。至2022年，培养创业引领者40余人，对全体在校生开展岗位创新创业教育，形成创新创业人才群落。

（5）实现学生德智体美劳全面发展，建成全国体育工作"一校一品"示范基地，大学生体质测试水平位居浙江省前列。

三、立地研发促转型,打造高水平技术技能创新服务平台

(一)建设基础

学校主动服务区域产业发展,立地式研发已显特色,打造高端平台已有良好基础:一是平台建设呈现高起点。先后牵头成立了43家省、市、院三级科技研发平台,其中,省级4家、市级18家;同时建有科技成果推广转化中心(温州市重点科技中介服务机构)和浙南鞋革知识产权联盟各1家。二是科学研究凸显较高水准。2014年以来,科技立项1457项(其中市厅级以上483项);授权专利904项(其中发明专利212项),专利转让209项;作为第一单位获市厅级以上奖项35项,其中,教育部人文社科、中国机械工业科学技术二等奖各1项、省科学技术进步三等奖2项;科技服务到款额7557万元。三是创新创业取得卓越成效。学校众创空间先后被评为省级优秀众创空间、第三批国家级众创空间,获2017年度全国创新创业典型经验高校50强等众多荣誉。四是社会评价享有较高声誉。2015年,学校科研综合实力位居"2015国家示范性和骨干高职院校科研竞争力40强"(名列全国第五);2015年以来,学校3次荣获全国高等职业院校服务贡献50强;2017年,学校牵头成立了全国高等职业院校技术应用服务联盟。

(二)建设目标

学校主动对接高端装备制造、信息、时尚、现代服务等区域支柱产业,依托全国高等职业院校技术应用服务联盟、浙南职教集团、长三角高职院校应用技术协同创新等产教融合大平台,与地方政府、产业园区、行业企业深度合作,着力打造"科技研发—创新创业—成果转化"相融合,集"技术开发—应用研究—决策咨询—技术服务—人才培养—创新创业"于一体,资源共享、机制灵活、产出高效的"全链式"技术技能创新服务平台,见图5。并通过国家级协同创新中心或国家地方联合智能电气工程研究中心做强研发平台,引领区域产业转型升级;做优双创平台,促进人才技术集成供给;做大转化平台,推进科技成果产业化。通过五年建设,将平台打造成全国高职院校立地式研发服务的典范。

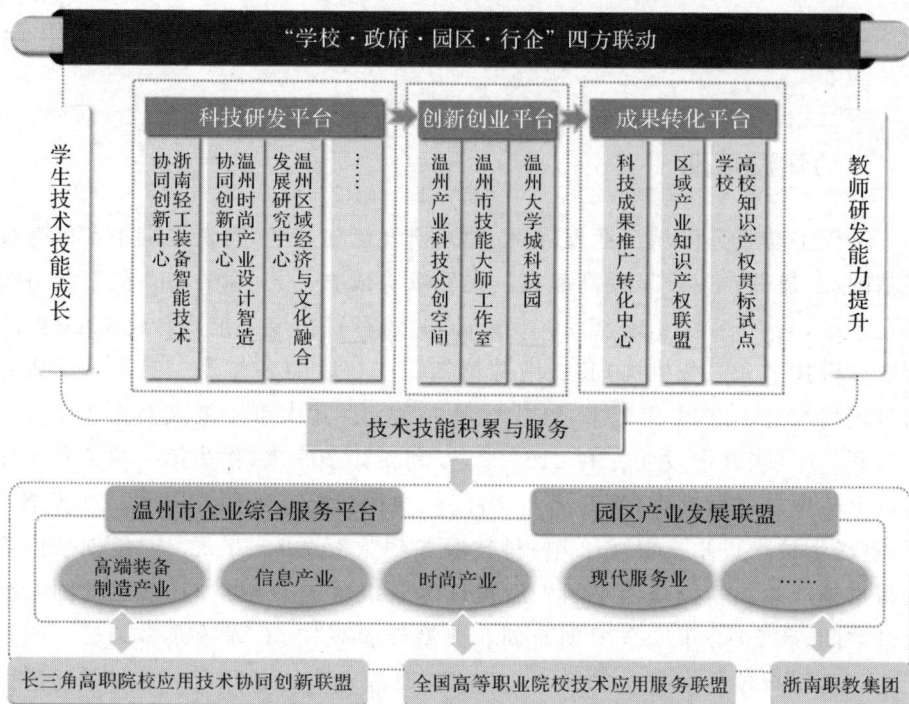

图5 "研发—双创—转化"相融合的技术技能创新服务平台

(三)内容与举措

1.做强科技研发平台,主动引领区域产业转型升级

(1)实施科技研发平台提质增效工程。按照"需求—方向—条件"的理念建设科技研发平台,围绕产业战略和学校专业群建设框架,进行校内研发平台的整合优化,重点打造智能制造、时尚设计、决策咨询等领域"两工一文"三大科技研发平台,创建国家级协同创新中心或国家地方联合智能电气工程研究中心,以此引领各专业群技术技能平台建设工作的有序开展,见表4、图6。

表 4　科技研发平台建设基础与研发方向

研发平台	浙南轻工装备智能技术协同创新中心	温州时尚产业设计智造协同创新中心	区域经济与文化融合发展研究中心
建设基础	☞ 省级研发平台(3家) 浙南轻工装备智能技术协同创新中心； 浙江省轻工装备智造技术工程研究中心； 浙江省轻工机械技术创新服务平台 ☞ 高级研发平台(3家) 温州职业技术学院智能制造应用技术中心； 温州市聚合物材料与机电产品表面改性技术重点实验室； 温州市材料成型工艺模具技术重点实验室 ☞ 市级团队(1个) 温州市轻工构件表面改性技术重点科技创新团队	☞ 省级研发平台(1家) 浙江省温州服装产业技术创新服务平台 ☞ 市级研发平台(3家) 温州时尚产业设计智适协同创新中心； 温州整革翻过来科技创新公共服务平台； 温州市家具工程技术研究中心 ☞ 市级团队(1个) 温州市鞋服时尚产业智造科技创新团队	☞ 市级研发平台(7家) 区域经济与文化融合发展研究中心； 温州职业技术学院国际商务研究院； 温州市产业经济研究与服务中心； 温州中小微企业金融研究与服务中心； 温州市房地产政策研究中心； 温州市微电影艺术研究中心； 温州海洋旅游研究与信息服务中心 ☞ 院级团队(2个) 区域金融创新发展研究团队； 温州开放性经济转型升级创新团队
专业群背景	先进装备制造、智能电气技术、信息技术应用专业群	时尚产品智造专业群	现代服务业专业群
研发方向	轻工装备数字化设计与系统开发； 关键零都部件制造新工艺技术； 设备互联与远程运维技术； 工业机器人应用	鞋、服、家具产品舒适性人机工程学技术； 功能型鞋服家具的材料表面改性技术； 基于运动生物力学的产品舒适性测评与改进技术； 时尚产品数字化设计技术	区域开放型经济发展； 产业转型升级；文化创意产业发展

　　具体措施：一是凝练科技研发与服务主题。依据区域轻工装备、时尚产业及现代服务业共性关键技术、核心需求，确立每个平台的研发方向，集聚分散资源进行协同攻关，并将技术研发与高素质技术技能人才培养共融。二是打造高水平协同创新团队。按照平台研发与服务方向，通过内培外引、政校互

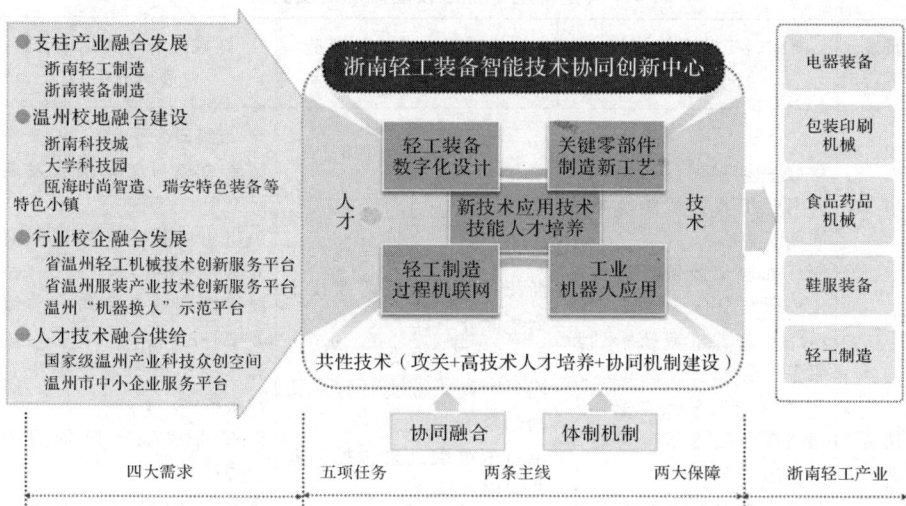

图 6　浙南轻工装备智能技术协同创新中心建设思路(示例)

补、建立院士工作站等方式,打造技术研发与服务一流的协同创新团队。三是共建应用技术中心。加大两大工科平台与国际科研机构、产业界、政府的合作力度,按研发与服务方向共建共享应用技术中心、长三角高职院校应用技术协同创新联盟、国际科技合作平台。四是打造新型高校智库。加大文科大平台与政府、行业企业的合作力度,凝练三大研究方向,构建区域发展新路径,培育社会发展新动能,为政府提供决策参考,打造温州乃至浙江的高校智库新样板。通过三大平台的重点打造,率先形成科技研发的集群优势与比较优势,引领其他平台建设的有序开展,点面结合,实现全方位提升。

(2)实施科技服务进万企工程。以科技研发平台为依托,与产业园区共建产业发展联盟,与龙头企业共建省级企业研究院(研发中心),与中小微企业共建研发中心,实现共建共享;依托温州市企业综合服务平台,捕捉企业技术共性需求与个性需要,以服务中小微企业技术研发和产品升级为重点,实现与超万家企业科技研发服务精准对接,引领区域产业转型升级。

2.做优创新创业平台,促进人才技术集成供给

重点实施创新创业平台提升工程。一是以现有研发平台为依托,通过教师将承接项目转化为课程实践、综合实践与毕业实践的训练内容,融解决企业

问题于具体教学之中。二是以众创空间、大学城科技园等为依托,结合学生兴趣与特长生培养,按照一个研发平台对接一个创新创业团队的方式进行创新创业创造能力的培育,并同时实施创新创业创造项目提质工程。三是通过"内培外引"等方式创建国家、省、市三级技能大师工作室,着力打造技术创新、同业交流、带徒传技等高技能人才研修平台。四是实施科研反哺教学专项工程,并通过专项研究、经验推介实现科研、教学良性循环。

3.做大成果转移转化平台,推进科技成果转化与核心技术产业化

重点实施成果转移转化平台升格工程。一是对现有科技成果转移转化中心进行功能拓展,率先在瑞安、鹿城等地设立分中心,升级开放性成果转化信息管理平台,重点打造面向全国的科技成果转移转化网络。二是在浙南鞋革产业知识产权联盟的基础上进行拓展,扩大联盟影响力。三是对接市场需求,以校企共建研发中心为纽带,以开发任务为方向组建校企双元研发团队,开展技术开发,探索混合所有制科技服务公司运作模式,推进科技成果市场化运作,提升科技研发"增溢效能"。

4.重构科研管理新体系,建立技术技能积累与服务长效机制

重点实施科研管理体制机制创新工程。一是重构科研管理新体系。依据国家政策导向,重构大学章程框架下的科研管理新体系,并通过机制创新、流程优化与体系完善,推进管理重心下移,优化管理过程,激发科技研发活力。二是建立科研运作新机制。以制度建设为抓手,创新校企共建共享、科技研发、成果转化与创新创业运作新模式,完善突显价值评价与应用导向的"需求—技术—成果"循环递进产业化运作新机制,切实增强工作绩效与实际利益的关联度,探索赋予科研人员科技成果所有权或长期使用权,进而推进创新成果和核心技术的产业化。

(四)预期成效

通过体制机制创新与研发条件升格,进一步提升学校研发整体实力与服务区域发展影响力,成为全国技术技能创新服务高地和高职院校立地式研发服务的典范。一是创建国家级协同创新中心或国家地方联合智能电气工程研究中心1个、国际科技合作平台1个,校企共建省级企业研究院、企业研发中

心超过 200 家。二是新增科技创新团队 5 支、技能大师工作室 3 家、园区共建产业发展联盟 3 家。三是获授权发明专利超 280 项，获科学技术奖励或其他科研奖 10 项以上，成果转化收入 800 万元以上。四是孵化科技型中小微企业 12 家以上。五是完成企业委托开发项目 600 项以上，为企业提供科技服务 10000 家以上，服务到款额超 2 亿元。

四、服务产业强内涵，打造高水平专业群

（一）建设基础

坚持"区域有什么支柱产业，就设置什么专业"的理念，专业设置全面对接浙江八大万亿级产业和温州区域支柱产业，现有鞋类设计与工艺、电机与电器技术等 38 个专业，形成以工科类专业为主体、鞋服设计类专业为特色、经管类专业协调发展的专业布局。

在原有专业布局的基础上，基于"产业链、产业复合型人才和跨界要求、传统学科逻辑"三条路径，组建时尚产品设计、智能电气技术、先进装备制造、信息技术应用、中小企业经营管理、智能建造与管理六大专业群。同时，每个专业群确定一个龙头专业，并以此为核心，引领专业群发展。

学校是首批国家级现代学徒制试点单位，现拥有国家示范性重点专业 6 个、国家骨干专业 6 个、教育部高等职业学校提升专业服务产业发展能力专业 2 个、全国职业院校装备制造类示范专业点 1 个、四年制高职人才培养试点专业 2 个、省级优势特色专业 24 个、国家级教学资源库 1 个、国家级实训基地 5 个、省级高技能人才公共实训基地 1 个、省级示范实训基地 9 个；获国家级教学成果一等奖 2 项、二等奖 2 项，省级教学成果一等奖 6 项。

（二）建设目标

围绕国家重大战略，专业群紧密对接浙江省八大万亿级产业和温州区域支柱产业转型升级需要，推进内涵发展，全面提升人才培养质量和社会美誉度。到 2022 年，鞋类设计与工艺专业群（即时尚产品设计专业群，下同）建成同类专业群行业影响力、服务引领区域产业发展能力全国第一，电机与电器技术专业群（即智能电气技术专业群，下同）建成同类专业群综合实力全国前三。

到 2035 年,学校六大专业群水平达到国内一流、国际知名。

(三)内容与举措

1.扎根区域,优化结构,形成专业群新布局

当前,温州正努力做强做大电气、鞋业、服装、汽摩配、泵阀五大传统支柱产业,培育发展网络经济、现代物流、文化创意等十大新兴产业;建成以先进装备为核心的智能制造集聚区,推动传统制造业向中高端装备制造业转型,积极培育高端装备产业集群;推进鞋业、服装、家具等传统轻工产业向时尚智造转型;注重本土建筑龙头企业培育,推动生产性服务业向专业化和价值链高端延伸、向精细化和高品质转变。

为提升专业群协同服务区域产业发展能力,学校健全专业群建设管理等相关制度,构建专业群考核与动态调整的运行机制,建立专业群产业发展数据库,做好产业发展和人才需求数据调研,通过定量与定性相结合的方式分析数据,并以此为基础动态调整专业设置,优化专业群结构。对文秘、城市轨道交通机电技术 2 个未参与组群的专业停止招生;新增大数据技术与应用专业,并将其加入时尚产品设计专业群;新增信息安全与管理技术和虚拟现实应用技术 2 个专业,替换信息技术应用专业群中原软件与信息服务、数字媒体应用技术专业;打造各专业群"训研创"一体化公共实践平台和公共服务平台,形成学校六大专业群建设新布局,实现专业群与区域产业发展的动态契合。

(1)智能电气技术专业群。电气产业是温州第一大支柱产业,温州也是全国最大低压电器产业基地,占全国市场份额的 60%,拥有"中国电器之都"、国家级电气产业基地等国家级名片。该专业群精准对接温州建设智能电气国际产业集群的发展战略,培养"电气产品＋自动化生产线"的技改与研发、装调与维护及产品质量控制人才,引领电气产业智能化转型升级。

(2)时尚产品设计专业群。温州是中国鞋都、中国男装名城,该专业群紧密对接温州第二和第三大传统支柱产业鞋服产业和家居特色产业,融入文化创意、智能制造、数字经济新趋势,培养能独立完成"造型、结构、工艺"全流程产品开发、熟练应用智能制造技术的设计工匠,为区域经济发展和传统时尚产业转型升级提供智力支撑。

(3)先进装备制造专业群。温州是中国汽摩配之都、中国泵阀之乡,汽摩

配、泵阀是温州第四、第五大支柱产业,该专业群紧密对接汽摩配、泵阀和食品制药机械、包装印刷机械等特色优势产业,培养覆盖机电产品全生命周期的设计、制造、营销和运维等工作的技术技能人才,支撑汽摩配、泵阀等传统制造业向中高端装备制造业转型。

(4)信息技术应用专业群。在"互联网+"与"中国制造2025"国家战略背景下,该专业群对接浙江省数字经济一号工程和温州传统制造产业向智能制造转型升级需求,将新一代信息技术与工业化深度融合,围绕产品设计研发、生产管理和销售服务等环节优化专业群布局,培养温州本地智能制造信息化人才,支撑产业转型升级。

(5)中小企业经营管理专业群。温州是我国民营经济发祥地,到2018年底,有各类市场主体96.9万户,其中企业24.6万户。为配合新时代"两个健康"先行区等试点工作的实施,该专业群精准对接温州现代服务业中的中小企业集群,培养具有创新精神和创业意识的中小企业经营管理人才,为温州中小企业"上规升级"向"专精特新"发展提供新零售、新物流等管理技术支持与人才支撑。

(6)智能建造与管理专业群。该专业群对接温州传统建筑产业升级改造需求,适应建筑数字化、智能化发展,培育满足新时代、新建筑、新教育的新型建筑行业人才,推动建造方式创新,促进建筑行业现代化,实现温州建筑产业转型升级与跨越式发展。

2.创新模式,提升内涵,打造两大高水平专业群

深度对接区域产业转型升级需求,学校联合地方政府、行业、企业创建专业群产教联盟,协同深化以培养新技术应用能力为核心的"训研创"一体化实践教学体系,构建产教融合公共实践平台和协同创新服务中心;结合岗位群技能要求,动态构建通识课程、专业群公共课、专业核心课和专业拓展课等,推进"1+X"证书课程模块融入人才培养,形成"基础共享、核心分立、拓展互选、能力递进"的专业群课程体系;以专业群负责人为核心,通过专业人才培养平台和专业研发服务平台,根据课程组组建相应教学组,各成员分工协作,实现模块化教学;契合产业岗位,以岗位工作内容为载体建设课程内容和教学项目,借鉴岗位工作过程,创新基于岗位流程和技术操作过程的教学方法;深化"双层次多方向"人才培养模式改革,校企共同实施现代学徒制、订单班、创新创业班等多元差异化培养,将新技术、新工艺、新规范等产业先进元素纳入教学标准和教学内容,推进专业群课程建设,实现专业之间的协同创新,培育具有新技术协同创新精神和创新能力的高水平技术技能人才。在"一带一路"沿线国家和地区建设海外丝路学院,引进欧美先进职教理念,制定出一套国内一流、国际知名的专业群教学标准。

制定相关倾斜政策,确立发展特色,深化内涵建设,集中优势重点打造鞋类设计与工艺和电机与电器技术两个国内一流、国际知名高水平专业群,推动学校专业群向高水平、特色化发展。

(1)围绕"时尚始于足下",打造以鞋类设计与工艺为核心的轻工智造专业群。依据时尚产业人才需求,形成"技能晋级线"专业群课程体系,构建"设计工匠＋"复合型人才培养模式(培养既精通设计及转化,又擅长轻工产品智能制造新技术应用,同时具备较强研创意识与研创能力的设计智造中高端人才),深入开展现代学徒制,实施"1＋X"证书制度,构建国家级教学创新团队,打造全国时尚产品设计智造复合型创新人才培养高地,确保人才培养质量为同类专业群全国第一。

依托鞋类国家资源库,建设"一院四馆一库"(虚拟设计学院,"科创资源、企业名品、师生作品、社会培训"虚拟馆,国内外高端大师数据库)。围绕培养"设计工匠＋",建立时尚产品设计智造类教材群,创新富媒体全感知循环教学法,促进个性化教学的实施。

建设国家级产教融合实训基地,建立国家级时尚产品设计智造产教联盟和职教集团,打造全国时尚产品设计智造社会服务高地。打造面向全国的时尚产品设计智造技术创新平台,深化中国青年脚型数据库应用研究,研发产业急需的设计智造新产品新技术,助推中小企业技术转型提升。

以世界温州人为纽带,引进欧美高端设计大师和前沿设计资讯,成立海外时尚产业研究院和研发中心,建立国际时尚设计院士工作站,打造世界时尚潮流的中国化集成创新高地。开展国际流行时尚发布、国际高峰论坛、国际设计大赛等活动,依托柬埔寨亚龙丝路学院等机构输出课程标准,助力中企国际化,培训境外员工,为中企在"一带一路"沿线国家和地区发展提供人才和智力支撑。

(2)围绕"电器智创未来",打造以电机与电器技术为核心的电器智造专业群。优化"平台联动、导师协同"智能电气技术技能人才培养模式,完善基于"产品智能化＋生产智能化"的专业能力递进课程体系,实施"1＋X"证书制度,深化"训研创"一体化实践教学改革,逐步推广实施"导师＋项目＋团队"教学方式,培养智能电气技术技能人才,打造电气产业技术技能人才培养高地,为"中国电器之都"提供全产业链的优质人才。

打造"教师导师+企业导师+学长导师"三导师教学创新团队,将智能电气教学团队打造成为国家级教学创新团队,建设国家级"双师"培养培训基地,开展基于 VR 技术的教法创新,建设产业特色鲜明的新形态教材体系,政校行企四方共建国家级教学资源库。

新建 10000 平方米开放性智能制造公共实训与服务中心,打造智能电气国家级产教融合实训基地、国家地方联合智能电气工程研究中心,建成面向全国的智能电气产品可靠性检测服务中心;实施产业工人"百千万"培训工程,培训万名初级中级技术工人、千名高级技术工人和百名新生代民营企业家,服务电气产业转型升级。

实施中企伴随计划,面向"一带一路"国家和地区,建设海外分校或培训中心,建好柬埔寨亚龙丝路学院电气自动化技术专业,定向培养输送"专业懂电气、国际能交流"的复合型人才,为中企在当地发展提供人才和智力支撑;引进海外优质教育资源,建立产业研究院和国际研发平台,输出教学标准和课程资源。

3.健全机制,形成保障,支撑专业群可持续发展

一是"招生—培养—就业"一体化考核,实施专业动态调整。制定以生源质量、过程质量和毕业生发展质量为主要内容的专业建设工作业绩考核指标体系,与专业动态调整相结合,建立专业与区域社会发展互动调整机制。将专业分为优势特色专业、发展潜力好的知名专业、需要调整警示的专业三大类型,持续完善专业设置与管理机制,提升专业内涵建设与企业需求的契合度,全面提升学生就业竞争力,见图 7。

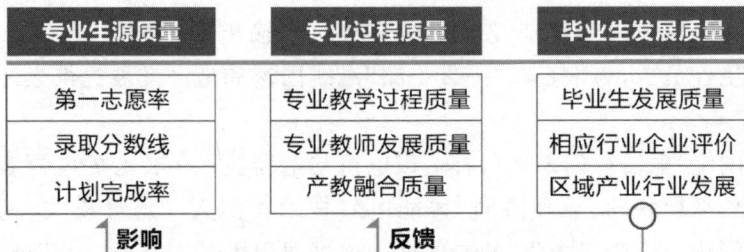

专业生源质量	专业过程质量	毕业生发展质量
第一志愿率	专业教学过程质量	毕业生发展质量
录取分数线	专业教师发展质量	相应行业企业评价
计划完成率	产教融合质量	区域产业行业发展

影响　　　　反馈

图 7 "招生—培养—就业"联动改革

二是开展诊断与改进工作,保障专业群发展质量。按"需求导向、自我保证,多元诊断、重在改进"的工作方针,推进专业教学诊改工作。根据区域产业、行业及社会人才需求,精准定位人才培养目标,完善专业标准体系,以专业群建设为核心开发课程体系,注重课程标准与行业职业标准、职业资格标准的对接,创新课堂教学模式,建设专业群教学创新团队。通过专业、课程(含课堂)、教师、学生等各项考核性诊改制度建设,依托大数据分析平台,结合人才培养质量状态数据、毕业生跟踪调查数据对专业人才培养目标的达成度进行实时监测、诊断与预警,及时对专业群进行动态调整,逐步形成专业建设质量的上升螺旋。

(四)预期成效

每个专业群形成一套国内领先、国际适用的个性化特色人才培养体系,力争建成与区域产业发展高度契合的六大专业群,形成特色鲜明、国内一流、国际知名的专业群体系。

鞋类设计与工艺专业群:建成国内第一、国际领先、引领时尚产业智能化转型发展的专业群。获国家级、省级教学成果奖 1 项,建成国家、省精品在线课程 6 门,出版国家规划、省新形态教材 5 本;引育国家级教学名师 1 人、国家级教学创新团队 1 个,全国、省教师教学能力比赛获奖 3 项;校企共建国家级产教融合示范基地 1 个,助推打造国家级产教融合型企业 6 家;发明专利及实用新型数 200 个,到校科研经费 1000 万元,学生获国家国际级奖 20 项;新增专升本职业教育试点专业 2 个。

电机与电器技术专业群:综合实力跻身全国同类专业群前三,领头专业电机与电器技术排名全国同类专业第一。获国家级教学成果奖 1 项,建设国家职业教育专业教学资源库 1 个,建成国家精品在线开放课程 2 门,出版国家规划教材 3 本;新增教学名师 1 人、国家级教学创新团队 1 个,全国、省教师教学能力比赛获奖 2 项;申报国家级产教融合实训基地 1 个,助推建设国家级产教融合型企业 5 家;授权发明专利 150 项,到校科研经费 2000 万元,学生获国家国际级技能竞赛奖超 12 项;新增专升本职业教育试点专业 2 个。

五、人才强校提素质,打造高水平"双师"队伍

(一)建设基础

学校始终坚持实施人才强校战略,经过多年建设,师资队伍总量稳步上升,结构逐步优化,"双师"素质和国际化水平不断提升,师资水平居全省领先地位。现有专任教师 512 人,其中硕博 426 人,占 83.2%;高级职称 205 人,占 40.03%;"双师"比例占 90.48%。拥有国家"万人计划"教学名师 1 人,国家教学名师 1 人,国务院特殊津贴专家 1 人,二级教授 3 人,省教学名师等市级以上人才 101 人次,国家级"双师"培养培训基地 1 个。

(二)建设目标

引进和培养一批专业领军人才、技术技能大师等高层次人才,使教师师德师风、教育教学、实践指导、科研创新和社会服务等能力明显提升,教师队伍结构显著改善。打造以鞋类设计与工艺和电机与电器技术两大专业群师资团队为核心的大师领衔、专兼结合、视野高端、国际水平的高水平"双师"队伍。

(三)内容与举措

完善模块齐全、功能先进的人事管理系统,实现各部门信息融通和可视化数据分析,构建教师全生命周期"引育用"系统。精准对接专业群师资需求,围绕高水平专业群建设,制定高水平"双师"队伍建设规划;精准对接教师个性化需求,开展教师职业生涯规划工作,营造关心关爱关注人才发展的环境;精准对接教师能力水平,构建"人尽其才,才尽其用"的用人制度;以精准引才、精心育才、精确用才为通道,构建"识才、聚才、爱才、用才、容才"的人才发展生态,全力打造"四有"的高水平"双师"队伍,见图8。

1.实施"领雁"工程,实现精准引才

(1)实施高层次人才引进计划。实施"领雁"工程,引进国家"万人计划"领

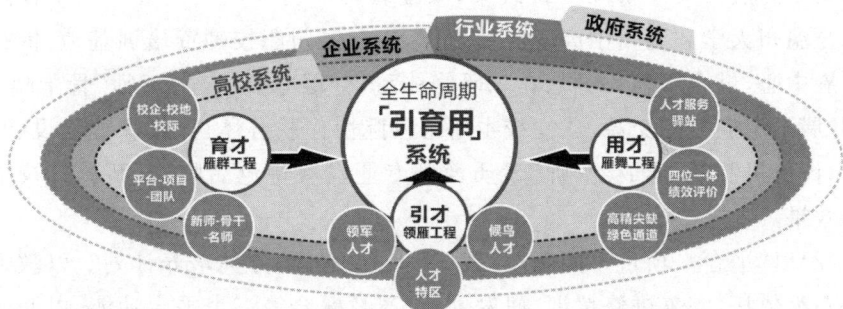

图 8　教师全生命周期人才发展生态

军人才和国内外具有影响力的专业群带头人,采取一事一议、协议工资制;依据各级人才新政,制定重点专业群人才特区新政,给予重点专业群特殊引才政策;建立旋转门、长短聘结合制度。

(2)实施高技能人才集聚计划。依托行业协会,建立专业群高技能人才信息数据库,设立特聘岗位,面向国内外招聘技术能手、大国工匠等高技能领军人才;依托温州海外人才工作站,设立中德、中意人才联谊站,加强海外高技能人才引进工作;引进国家技能大师工作室。

(3)实施大国工匠柔性引进计划。实施"候鸟"工程,通过政府购买服务、校企共享大师等,柔性引进行企领军人才、大师名匠;通过人才租赁、项目合作、技术入股等方式,构建市场调节、智力流动、契约式用人的新型人才引进模式。

2.实施"雁群"工程,实现精心育才

制定专业群教师发展标准,开展"雁群式"分层分类"双师"共育计划。

(1)以"校企—校地—校际"为形式,实施"双师"素质共育计划。一是校企合作。依托温州企业综合服务平台,遴选龙头企业,建立 10 个博士企业工作站;聚焦"1+X"证书制度,培育一批职业技能等级证书培训教师;开展"双百双师活动",每年百名教师进企业参与技术研发服务,百名企业技术骨干进校园指导实践;完善"固定岗+流动岗"新机制,建立校企人员双向交流协作共同体,促进资源共享。二是校地协同。利用政府购买服务政策,建成职教师资培训网络,共建多元立体的培训服务市场;激活浙南职教集团培训资源,提升服务发展能力,实现师资互派、资源互通、学术共研;落实温州市"人才新政 40

251

条",给予高层次人才特殊支持政策,激励教师向更高层次发展。三是校际联动。与温州大学和温州中高职院校合作,成立温州职校师资培训基地,依托教师发展中心,健全职前、入职、在职研修体系,分层分类培养"双师"骨干超200人;开展不定期校际交流,建立校本研修校际协作联合体,探索课程建设、制度建设、评价机制等,形成"双师"素质教师专业发展特色品牌,不断提升校本研修的效果。

(2)以"平台—项目—团队"为载体,实施"双师"分类培养计划。以教师发展中心为依托,完善进修培训、研发创新、产教融合等三个平台功能,以职业能力提升、研发能力提升、行业影响力提升等三类项目为载体,体现产业与专业特色的师资团队建设,开展契合区域产业发展的高水平"双师"队伍分类培养,见图9。

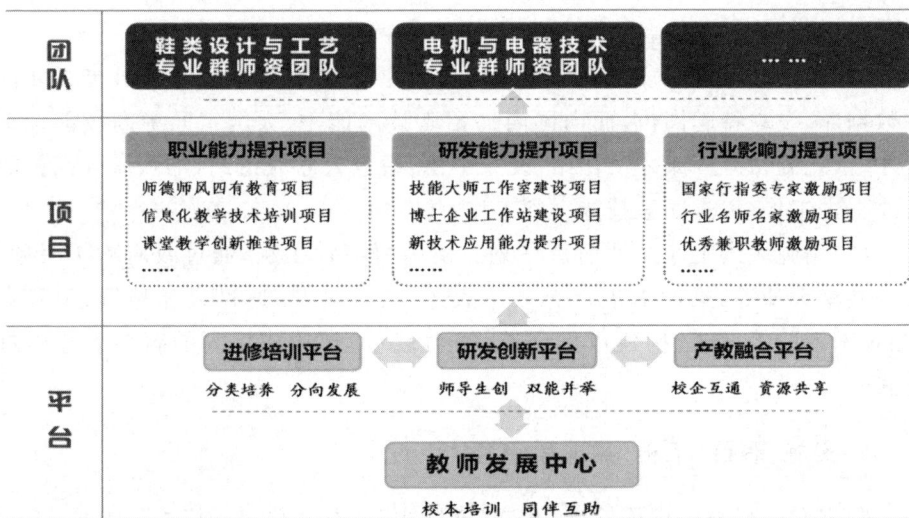

图 9　契合区域产业发展的高水平"双师"分类培养载体

一是完善三大平台功能。拓展进修培训平台功能,整合校内外优质培训资源,开展"双语能力提升"工作坊、"双栖企业家"论坛和"名师名家"讲坛等,提升职业能力;拓展研发创新平台功能,依托各级研发机构,激励教师参与立地式研发,培养教师创新能力和社会服务能力;拓展产教融合平台功能,充分运用行企资源,选派教师名企挂职,实现校企互通共育"双师",提高实践指导能力。二是实施三类提升项目。实施职业能力提升项目,开展师德师风"四有"教育、信息化教学技术、课堂教学创新等项目培训,提升职业素养和教学能力;实施研发能力提升项目,激励教师参加技能大师工作室、博士企业工作站、新技术应用能力提升项目等开展技术服务,提升研发能力和实践能力;实施行业影响力提升项目,制定国家行指委专家、行业名师名家、优秀兼职教师等激励政策,增强教师的行业影响力。三是打造两大高水平专业群教学创新团队。实施"领雁"工程,以国际大师、国家"万人计划"为引领,开展"雁群式"培养专业群教学创新团队,争创国家级专业群教学创新团队。通过校内外研发培训网络对接、校企"双师"互聘等举措,打造大师领衔、专兼结合、研发服务能力领先、具有高端视野与较强行业影响力的鞋类设计与工艺和电机与电器技术两大专业群团队。

(3)以"新师—骨干—名师"为通道,实施"双师"分层提升计划。一是实施新任教师成长工程。依托教师发展中心,开展新任教师岗前培训、助讲培养,夯实教学基本功;实施新任教师为期三年的企业实践制度,提高实践指导能力;制定个性化培养方案,实行校企双导师制,开展"一对一"帮带培养;开展"教坛新秀"评选活动,使新任教师入职五年内通过"双师"认定,成长为"合格"教师。二是实施骨干教师提升工程。开展教师每年至少一个月下企业和五年一周期的全员轮训;通过完善教师职称评聘和工作业绩考核制度,引导教师朝骨干方向提升发展;分批选派骨干教师赴国外研修,学习借鉴职教先进经验,挖掘骨干教师"升格"为名师名家的潜能。三是实施名师名家培育工程。构建专业群带头人能力模型,建立选拔成长机制,开展选拔活动;推进"校市省国"名师名家梯队培养,开展教学名师或技能大师评选活动,设立名师或大师工作室,培育国家级教学名师、全国高校黄大年式教师团队、省级以上技能大师或工匠,建设国家级技能大师工作室,让名师名家发挥榜样引领作用。

3.实施"雁舞"工程,实现精确用才

实施"雁舞"工程,构建"人尽其才,才尽其用"的制度体系。

(1)"点"上着力,实施高端人才效能开发。制定向"高精尖缺"人才倾斜的职称评聘办法,为高水平专业群、海外分校教师开通评聘绿色通道;实行专业群高层次人才聘任制和年薪制,视其期满业绩给予20万～100万元不等的年薪;每年为专业群团队提供团队建设津贴,设立特殊贡献奖。

(2)"线"上协同,形成各大载体整体合力。建立以专业群为核心的二级管理体系,优化资源配置,激发办学活力;依托教师发展中心、企业人才工作站,

建立"人才服务驿站",配备高层次"人才服务管家";创新选聘制度、培训制度、考核激励制度和兼职教师管理模式,设立兼职教师特聘岗,打造选得好、能用上和留得住的兼职教师队伍。

(3)"面"上拓展,深化用人留人机制改革。以业绩贡献和能力水平为导向,完善年度考核、聘期考核、专业考核和部门考核制度,构建"四位一体"的绩效评价体系;制定向专业群倾斜的岗位聘任办法,完善高职低聘、低职高聘制度,推进教职工能上能下、非升即走的岗位管理模式;完善基于绩效、向高水平专业群倾斜和重点工作激励的薪酬分配制度。

(四)预期成效

建设期内,计划投入专项建设资金 1563 万元。通过建设,拥有国家"万人计划"、国家教学名师、国际设计大师、省级突出贡献专家、省级教学名师、省"百千万"高技能人才工程、省技术能手等人才 8 人,力争建成国家级"双师型"教师培养培训基地和全国高校黄大年式教师团队;通过多种形式引进企业高技能人才 100 人,"双师"比例保持在 90% 以上;聘请 80 名行企领军人才、大师名匠、技术骨干兼职,建成至少 200 人的兼职教师资源库。以"四有"标准建成大师领衔、国家教学名师引领、数量充足、专兼结合、结构合理的高水平专业群"双师"团队。

六、双元共建深融合,提升校企合作水平

(一)建设基础

紧扣产教融合新要求,紧密对接区域主导产业和龙头骨干企业,校企合作成效显著。一是校企共建载体"质量高"。率先组建服装学院、鞋都学院等 5 个产业学院;牵头组建浙南职教集团;联合凤凰教育、华为等知名企业成功立项国家、省、市级产教融合基地各 1 个。二是校企合作育人"特色明"。联手金蝶、奥康等企业实施"导师—团队—项目"订单班 12 个;被教育部列为首批现代学徒制试点,校企合作育人实践被评为全国优秀案例。三是校企合作国际办学"模式新"。携手亚龙集团成立柬埔寨亚龙丝路学院;与泰力集团共创"4+4+4"模式培养南非留学生。四是校企合作开发"成果实"。五年来,完成

校企共同开发课程 305 门,人才培养标准 32 个,共建实训基地 1016 个,年均企业服务到款额达 2000 万元。"与民营经济互动、与行业企业共赢"的办学实践被《光明日报》等主流媒体誉为高职教育的"温州模式"。

(二)建设目标

打造"校企命运共同体",构建校企合作新生态,力争成为全国产教深度融合的典范,见图 10。

图 10　校企命运共同体构建示意

(三)内容与举措

优化校企合作新机制,创新合作新载体,丰富校企育人新路径,加大校企合作成果转化,系统推进校企合作向纵深迈进。

1.打造"战略共同体",谋划产教融合新布局

深度融入区域产业链与创新链,建成五大战略性项目,打造"当地离不开"的高职院校,见图 11。建设凤凰创意学院,加强与凤凰教育集团合作,主动对接温州市宣传部,精准吸引文创企业和文创人才集聚,做大做强创意基地,推动温州创意产业发展。建设温州设计学院,协同瓯海区政府将设计学院打造成为最优秀人才、最时尚作品、最先进设计技术的集市。完善瑞安学院,加大与瑞安市政府合作,推进瑞安学院混合所有制及相关项目建设以提升人才培养质量,强力支撑瑞安制造产业高质量发展。优化企业综合服务中心,深入推进校企需求对接,提高"帮企云"与"帮企行"的协同能力,打造校企合作新窗

口。建设温州智能制造公共实训与服务中心,紧密对接相关行业、部门与企业需求,规划智能制造建设项目,完善技术服务与实训服务的功能构建。

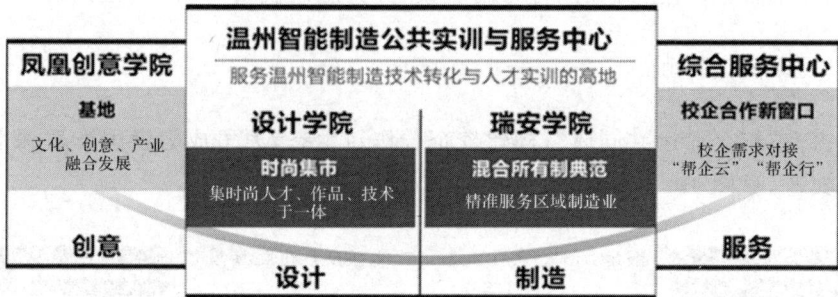

图 11 基于产业价值链构建的产教融合新布局

2.打造"治理共同体",培育校企合作新载体

创新校企合作机制,优化校企合作载体,推动职教集团、产业学院等载体创新发展,见图 12。以"架构优化"做强职教集团。健全集团组织结构,完成"政校行企"四方联动的工作委员会与专业分会建设;强化集团合作机制,推动专业分会与行业、企业的合作;统筹专业布局,完善集团服务体系,健全成员对

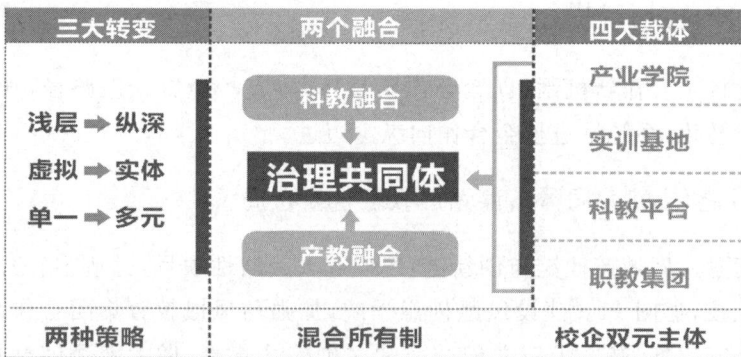

图 12 校企合作治理共同体构建体系示意

话机制,设立产教融合专家人才库。以"机制序化"做实产业学院。推进凤凰、安恒等 7 家产业学院建设,形成决策、执行和监督相互制衡的现代法人治理结构;以瑞安学院混合所有制改革为引领,推动二级学院引入市场机制实现自我

造血功能;强化投资主体利益保障,建立规范化的运行机制。以"激励强化"做活实训基地。借鉴德国"双元制"和澳大利亚"新学徒制"模式,建立校企共建实训基地利益补偿机制;在电气自动化等 15 个实训基地开展真实化生产和市场化经营,建立基地造血机制;构建校园文化与企业文化共融系统。

3. 打造"育人共同体",创新人才培养新机制

实施"引企驻校、引校进企、校企互通、合作共赢"策略创新共同育人机制,提升协同育人成效。实施"双师共建"完善现代学徒制。在现有现代学徒制试点基础上,深入研究现代学徒制教学特色,建立校企双主体开发机制,加强与企业在课程、标准、师资等方面的合作,打造"技·思论坛",完善现代学徒制人才培养机制,形成可复制、可推广的模式。引入"孵化＋"人才培养模式。以国家级众创空间为依托,采取"师生共创"实施创新创业人才培养;依托各级政府、大学科技园建设校外创业教育基地和创业孵化园实施人才培养;与万洋集团等共建小微创业创新园,打造"项目孵化＋人才培养"模式,孵育 100 余家小微企业。实施"双师共评"构建学分互认与弹性学分制。以项目化培养为导向,建立企业导师考核赋分机制;鼓励通过非常规授课学习方式如网络课程、科技竞赛活动等获取学分,具有较好社会效益和经济效益的毕业设计、调研报告等可替代相应课程学分。

4. 打造"利益共同体",提升社会服务新成效

创新形成"创投孵化＋技术咨询＋信息服务"的成效转化方式,实现成果、效益共享。构建"创投孵化"平台。与浙南科技城共建智能制造孵化器,并依托温州大学城创新园和浙南科技城创业园,构建"一体两翼"成果孵化平台,推动"创意孵化—创业孵化—企业孵化"有效衔接。构建"技术转化"平台。以温州智能制造公共服务与实训中心为依托,校企共建虚拟仿真中心、企业研究院、产教融合研究院等,推动校企共同研发与成果转化,为温州产业高端化注入新动能。构建"信息服务"平台。依托温州企业综合服务平台,构建"线上(帮企云)＋线下(帮企行)"综合服务系统,为企业提供精准服务。拓展服务边界,助推国家级产教融合型企业 30 余家,实现增效 30 亿元,完成产教融合项目 1000 个,项目资金达 1 亿元。

5.完善校企合作机制,打造创新发展新动能

完善校企合作组织体系,将校企合作理念渗透到职能部门和教学单位,建立"学校—系部—专业—教师"为架构的校企工作组;深化学校激励制度改革,引导教师主动为企业和社会服务,促进技术研发和成果转化,实现校企互利共赢;强化校企合作对接机制,建立人才培养对接企业需求、专业教师对接能工巧匠、教学内容对接工作任务、素质教育对接职业素养、能力考核对接技能鉴定、研发方向对接企业难题的机制,实现行业企业与学校在教学育人、技术创新、社会服务等方面的深度融合。

(四)预期成效

通过创新合作方式,力争成为全国产教深度融合模式的典范。

(1)建成凤凰创意学院、温州设计学院、瑞安学院、温州企业综合服务平台、温州智能制造公共实训与服务中心。

(2)建成产业学院7个和民非法人产教融合研究院3个,争创全国示范性职教集团1个,筹建全国时尚智造职业教育集团。

(3)引进合作企业、风投机构助推"师生共创"企业,培养"三创"人才5000人,转化师生创新创业项目1000项,孵育小微企业100余家,累计营业额超7000万元以上。建成国家级产教融合基地2个。

(4)校企共建省级研究院等研究中心200家,联合华为、西门子等国内外知名企业打造全链式虚拟仿真中心5个,服务企业1000家。

(5)助推国家级产教融合型企业30余家,实现增效30亿元,完成政校行企产教融合项目1000个,项目资金达1亿元,依托企业综合服务平台累计服务企业70000家。

七、育训结合升能级,提升服务发展水平

(一)建设基础

围绕国家经济社会发展战略,紧密对接区域产业,坚持全日制教育与非学历培训并举,面向社会积极开展成人高等学历教育和非学历教育的师资培训、

职业培训、技能鉴定及资格认证等业务,重点培养培训企业高技能人才、退役军人、下岗工人、农村劳动力,提高他们获取薪酬的能力。2016—2018年开展培训项目116个,培训4.3万人次,其中,退役军人培训5期475人,农村劳动力培训3000人,合计创收约3500万元。2016年承接温州市经信局主办的温州市企业综合服务平台,成为平台的运行单位,积极利用平台通过线上和线下为企业服务,对企业实施帮扶工作,优化营商环境。目前,平台已在温州市除泰顺、苍南以外全部县(市、区)建成分平台,累计线上注册企业63154家,在线注册服务机构747家。2016—2018年开展各类活动123场,惠企9505家企业,惠企人次达44152人次,网站各类信息点击量达110794次,连续两年被评为全省企业服务网络体系优秀平台称号。

(二)建设目标

认真履行高校社会服务职能,依托立地式研发服务平台,利用学校雄厚的教学资源与科研实力,积极培养适应高端产业和产业高端需要的高素质技术技能人才,"育训结合"打造"产学研培"一体的高水平社会服务品牌,见图13。一是打造高技能人才培训基地,助力温州区域经济发展;二是打造温州特色的社区学院,建立多元化、开放化的社区教育,普惠市民;三是打造全国性企业综合服务平台,立足温州,面向全国,走向世界,将其建成国家中小企业公共服务示范平台。就此,各部分相互作用,良性循环,形成学校社会服务系统。

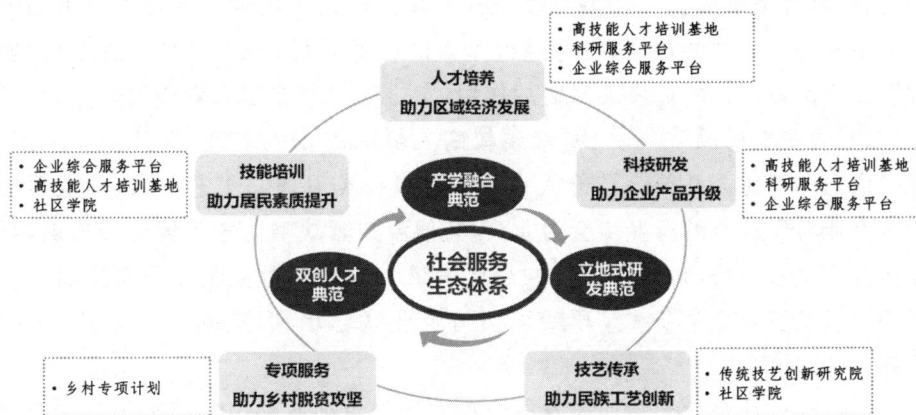

图13　学校社会服务系统

（三）内容与举措

对接省七大万亿级产业和温州支柱产业，政校行企紧密协作，聚焦经济社会发展需求，为企业提供精准服务。

1.建立基于科创的技能培训基地，助力温州经济发展

通过"政府—行业—学校—企业"四方联动的办学模式，针对当前劳动力技能结构重心偏低、高技能人才总量不足的现状，围绕经济发展和产业布局，依托学院智能制造、时尚设计、现代服务三大专业集群和五大优势特色专业群的技术力量与教学资源，开展高技能人才培训、企业职工培训，助力温州经济发展。

（1）"产学研用"结合，开展高技能人才培训。结合温州区域经济发展，尤其是针对日益突出的"技工荒"现象，大力开展高技能人才培训，根据产业和行业发展的需要和特点，实现产业布局到哪里，技能培训定向到哪里。依托学校立地式研发服务平台，"产学研用"结合，通过校企合作共育、技能培训鉴定、工艺技术推新等措施，加快培养素质优良的技术技能型、复合技能型和知识技能型等不同类型高技能人才。

（2）"政校行企"互动，做好企业职工培训。以国家的可持续发展战略高度科学制定培训方案。"政校行企"合力用高校的技术、政府的政策，由行业协会搭台，做好各类培训。一是借力政府开展高技能人才培训。联合温州市退役军人事务局开展技能培训，提升退役军人的就业质量；借力温州市总工会，发挥温州市产业工人职业发展联盟的作用，实施温州产业工人素质提升工程；借力市、县农业农村局，实施农村素质较高人群的高技能培训，提升就业水平。二是借力行业协会开展高技能人才培训。以鞋类设计与工艺、电机与电器技术等专业群所涉及的行业协会为龙头，其他温州紧缺型人才为辅开展培训，行业协会直接参与培训，达到培训的最佳效果。三是借力企业开展高技能人才培训。以送教入企等方式，开展学校与企业联合培训，针对不同企业，精准培训。

（3）"政校社企"合力，加大农村劳动力技能培训。利用温州市企业综合服务平台、技能培训基地、社区学院，建构有效的政府、企业、农村社区、培训机构之间的合作机制，按照"缺什么补什么"的原则，借助企业平台以"线上＋线下"

服务模式,精准对接市场需求,有针对性地开展农村劳动力培训。把农村劳动力培养成高素质的劳动者,努力将人力资源转化为经济资源,最大限度地释放人口红利,为乡村振兴、扶贫攻坚、全面建成小康社会贡献力量。

(4)"研学育训"融合,加大职业教育师资培育。创建省、市职业师资培训基地,通过研究、学习、教育、培训提高职业教育骨干教师的专业能力、实践教学能力、运用现代教育技术能力,缓解目前师资严重匮乏的现状,为职业教育培养一批领军型、专家型适应职业教育需求的师资队伍。

2.打造温州特色的社区学院,普惠温州市民

建立社区学院,学历教育与培训并举,改革入学与学习方式,利用各种教育资源,扩大招生规模,重点提升退役军人、职工、农民工等人群的技能水平和获得高薪酬的能力。

(1)构建技能与学历相通机制,服务高职扩招百万。落实教育部四部门印发的《关于在院校实施"学历证书+若干职业技能等级证书"制度试点方案》等和国家对高职"扩招百万"的有关精神,创新入学、学制、培养、证书获得等形式。

改革入学方式,通过注册入学,延长学制,学习线上为主、线下为辅,技能与课程学分互认,学分积累兑换学历证书等社区教育全生命周期方式,突破教学空间,扩大招生规模和培训能力,重点提升退役军人、职工、农民工等人群的技能水平和获得高薪能力。简化入学方式,退役军人凭退役军人证和高中毕业证书或同等学力证书,可以直接注册入学。职工和农民工可以凭高中毕业证书或同等学力证书,经测试合格,可安排入学。

改革学习方式,以按累计线上学习占70%和线下集中学习占30%的比例实行,获得一项技能,先就业,之后通过线上学习,线下辅导考试,合格后积累学分进入国家、省和校级学分银行;延长学制,积分互换,技能学分可转换为相应的课程学分,学员只要完成相应学分,可以兑换学历证书。在全日制在校生中,如学生因创业或因病等因素休学超过规定时间未完成学业的,可携学分转入社区学院的相关专业学习,完成学业后可以获得学历证书,搭建全民终身学习立交桥。

(2)普惠市民,打造终身教育品牌。利用各种教育资源,帮助在职人员、下岗工人、家庭妇女、退休老人、学业未完成者等进一步学习,为全体社区居民提供旨在丰富精神文化生活,提高居民综合素质、技能和生活质量的教育服务。

(3)传承工艺,推进传统技艺创新。设立传统技艺创新研究院,致力传统工艺、民间技艺传承创新的研究与教育。通过建立鞋类手工技术专业网站、举办各级技能大赛、举办高峰论坛等形式,培养更多的鞋类手工样板技术的传承人,让传统制鞋技艺发扬光大。开展基于传承南拳文化的中华优秀传统文化普及教育活动,通过课程建设、社团建设、场馆建设、科学研究、展示交流等方法,普及南拳教育,弘扬南拳文化。

3.打造全国示范性企业服务平台,助推企业升级

(1)开辟线上线下两个服务渠道,服务企业发展。线上建设企业服务云(帮企云),打造成为全市企业"政策的百度、服务的京东";线下实施以政策、法律、金融、科技四大模块为主题的"帮企行"系列活动,构建市县联动、资源共享、信息畅通、服务便捷的企业综合服务平台,并力争将其建成全国领先的企业服务示范性平台。

(2)整合政府、高校、服务机构三大资源,反哺教学科研。利用政府惠企政策,以高校对企服务为抓手,组织中小企业在高校设立订单班、委托培养班和行业提升班;组织中小企业参加学校大型毕业生招聘会,为企业技术和中层管理提供人才储备;有效引导和调动企业资源入校,助推学校科研平台开展立地式研发,促进产教融合,技术成果转化及学生就业创业,推动中小企业的技术升级。

(四)预期成效

到2022年,建成高技能人才培训基地1个、职业教育师资培养培训基地1个、温州特色的社区学院1所、国家级中小企业公共服务示范平台1个,打造"产学研培"一体的高水平社会服务品牌。

累计培训达15万人。其中,高技能人才0.9万人;企业职工、退役军人、农民工培训8.8万人;职业教育师资培养1.7万人;社区学院开展的"技能证书+学历证书"培训退役军人、农民工、下岗职工达0.48万人;市民终身教育培训2.6万人;传统技艺培训0.52万人。

线上服务企业发展7万家,线下服务企业发展0.8万家;按照政府下达目标发放企业服务券。

建设以南拳文化为特色的演艺厅1个,设立南拳非遗技艺大师工作室,辐射带动当地30余所的中小学校和30余个社区,开展基于传承南拳文化的中华优秀传统文化普及教育活动。

　　建立鞋类手工样板技术专业网站,培养更多的鞋类手工样板技术的传承人,推动鞋类手工样板技术继续发展和制鞋行业发展做出更大贡献。

八、体制创新引改革,提升学校治理水平

(一)建设基础

　　学校始终坚持现代大学制度,坚持党委领导下的校长负责制,制定学校章程并经省厅核准,成立理事会,在处理内外部关系、创新体制机制及推进内部治理现代化方面进行了积极探索,形成了系统完备、科学规范、运行有效的治理结构。学校与政校行企四方联动办校区、建平台、深合作,以人文传播系和时尚设计系整合为试点推进院系整合,以瑞安学院为试点推进院系二级管理,较早开展招生—培养—就业联动改革,教学诊改案例荣获 2018 年全国校长联席会议优秀案例;学校成为教育部首批现代学徒制试点单位,在服务县域经济发展、服务特色小镇建设、服务"双创"发展战略等方面成为全国职业院校的典范。

(二)建设目标

　　学校坚持现代大学制度,以章程为核心创新体制机制和治理改革,努力把学校打造成为"活力最强、秩序最优、效率最高、风气最正"的高职院校,为全国高职治理体系和治理能力现代化提供"温职方案"。

(三)内容与举措

　　学校坚持现代大学制度,构建权力边界清晰、内部运转顺畅、外部关系协调的体制机制。

1.以章程为核心,强化治理体系顶层布局

　　充分发挥学校章程的引领保障作用,完善以章程为核心的制度体系建设,对外实行"管办评"分离,对内实行"党委领导、校长负责、教授治学、民主管理"。

　　完善决策管理机制。坚持和完善党委领导下的校长负责制,完善各项决

策议事制度及程序,坚持科学决策、民主决策、依法决策;优化学术管理体制机制,保障教授治学;发挥专业建设委员会和教材选用委员会等各类专门委员会对学校相关工作的决策、审议和咨询等作用;创新民主管理机制,加强教代会、学代会建设,通过"书记有约""校长请你喝咖啡"等畅通师生参与学校管理、审议重大问题的渠道,鼓励支持党外人士为学校改革发展建言献策,形成学校自主管理、自我约束的体制机制。

(2)完善内部质量保证体系。健全内部质量保证体系框架,基于"五纵五横一平台"的内部质量保证体系,对标全国一流、国际先进,持续提升校本标准体系,打造目标链,做实标准链,形成制度链,按照试点先行、分步实施、整体推进的步骤完善常态化的人才培养质量自主保证机制和内部质量保证体系,实现从管理走向治理。优化校本化诊改工作机制,实施"8字形"质量改进螺旋,建立"确定目标—明确标准—设计方案—组织实施—自主诊断—自我改进—调整目标"的改进循环,将诊改工作与协商式目标考核挂钩,形成常态化诊改工作机制,并建成诊改信息管理平台,提供大数据支撑。建设温职特色质量文化,以现代质量观和诊改工作重塑校园文化,以质量为引领,培育新精神文化,建设新物质文化,强化新制度文化,激活新行为文化,塑造新专业文化,形成独具温职特色的质量价值体系和全院师生普遍认同的核心文化理念,见图14。

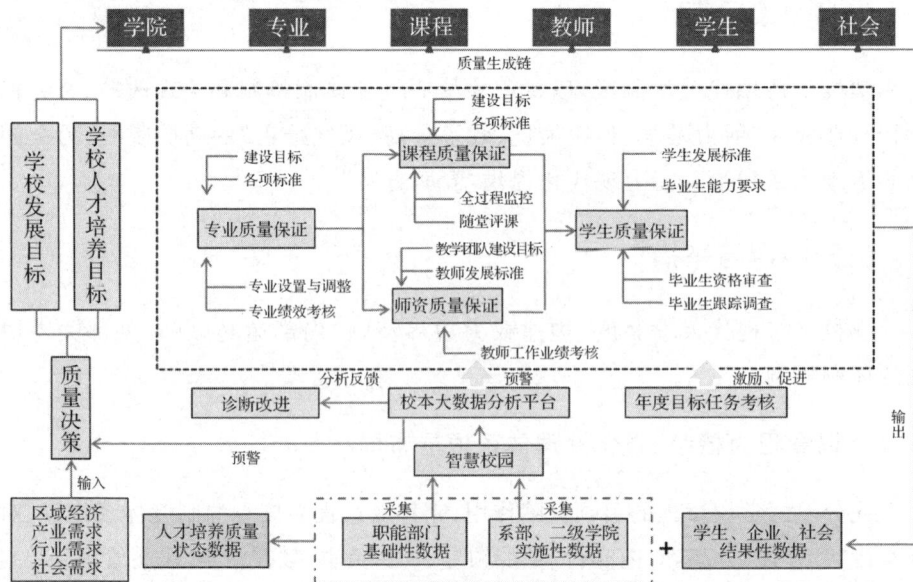

图14　内部质量保证体系校本化诊改工作机制

（3）完善社会参与机制，推进"三会两联盟一集团"建设。通过理事会、咨询会、校友会等吸收各办学相关方参与学校的建设、发展、管理和监督，发挥全国高等职业院校应用技术服务联盟、中国—柬埔寨职业教育合作联盟、浙南职教集团的牵头优势，在科技协同创新机制、国际办学体制机制、产教融合发展机制等方面做出创新探索，举办相关主题活动，拓宽社会参与和支持学校办学的方式与途径，与政校行企联办平台等，建立产业学院等，实现政校行企共治共建共享。

2. 以改革为动力，强化治理体系中层运行

（1）深化混合所有制二级学院改革。按照"移校入区"的办学战略，以学校与瑞安市政府创建在产业集聚区的瑞安学院作为创新体制机制改革的突破口，构建"双元共融共育共享"的混合所有制办学模式，见图15。

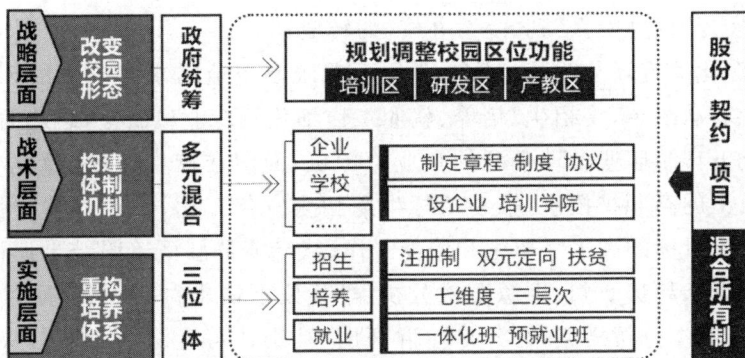

图15　瑞安学院混合所有制办学模式

通过改变校园形态，打造产教融合新空间，规划调整校园区位功能，在传统基础上增设产业工人培训区、技术服务区、产教合作区，推动龙头骨干企业参与混合所有制职业教育办学。通过构建体制机制，打造多元混合新载体，完善瑞安学院章程、混合所有制实施办法等制度，实践股份式、契约式、项目式三种混合所有制形式，通过引企入校，实现设备共融、师资共享、人才共育，形成"校园＋工厂"办学模式。通过重构培养体系，打造校企共育新格局，推进招生培养就业一体化改革，探索双元定向和精准扶贫招生；以现代学徒制招生培养就业一体化与预就业培养为核心，校企共同制定人才培养方案，实现专业设置与产业需求对接、课程内容与岗位要求对接、教学过程与生产过程对接、学校招生与企业招工对接、工作就业与企业岗位对接、职业素养与企业文化对接、

毕业证书与资格标准对接等"七维度"对接;构建校内基础实训、产教专业实训、校外顶岗实训三层次实训实践体系,做到实践性教学课时占总课时的50%及以上,把瑞安学院建成混合所有制改革、高职院校服务县域经济发展的典范,同步推进温州设计学院混合所有制的探索和改革。

(2)深化内部管理改革。以专业群逻辑重构院系,复制推广设计创意学院整合经验,优化专业群运行机制,研究院系建设的新路径,建设保障专业群发展的组织体系、人事体系、财物体系。以推进专业群发展的逻辑重组院系,激发校院跨专业教学、科研组织活力,推进行政机构改革,促进从管理逻辑、专业逻辑向专业群逻辑转变;以"院系办校"原则推进院系二级管理,按照"放管服"改革的要求简政放权,增强院系自主发展动能,推广瑞安学院二级管理试点经验,建立面向市场、产业导向的院系自主设置和建设机制,重新切割配置人财物,建立健全院系自我发展、自我管理、自我约束机制,构建责权利相统一的管理体制,实现"校办院系"到"院系办校"的转变。

(3)深化关键环节改革。从专业层面着眼以企业需求为导向的招生—培养—就业联动改革,将招生、培养、就业工作细化到专业教研室,组建面向中高职一体化五年制职业教育生源的企业订单班、面向在校生的校企联培班和面向企业员工的高职扩招班,推动目标生源招生宣传工作,实现以精准就业、高质量就业为目标的高水平招生和培养工作;从专业群层面着眼结果评估,开展产业人才需求趋势研判、生源质量分析、学生发展需求调研、培养质量跟踪调查等,建立数据分析模型,对各专业群开展"社会认可度综合评估";从学校层面着眼结构调整,以各专业群的"社会认可度"评估结果为依据,动态调整招生规模,为学校专业结构优化提供参考,实现招生—培养—就业深度联动。

3.以绩效为抓手,强化治理体系基层建设

构建向重点工作、重点专业和骨干人员倾斜的人财物动态管理体系,打造全国高职人财物管理的样板。

(1)提升人才管理的匹配性。以人事杠杆撬动学校工作,制定新一轮定编定岗定员方案,实施政校行企联动引才聚才机制,重点加强专业领军人才的引进;实施师资分层分类培养体系,建立人力优质资源倾斜机制,深化部门考核、个人考核、职称评审、薪酬改革等多元化绩效评价体系,推进人力资源管理与学校改革发展的高匹配。

(2)提升财务管理的针对性。构建完善项目库管理系统,确保学校资源向

重点工作重点专业倾斜。建立和完善网络报销系统,完善以绩效为导向的差异化经费投入制度,推进绩效工资分配向重点工作、重点专业和骨干人员倾斜。完善内控体系建设,改革二级管理经费分配办法,将综合绩效作为二级管理经费分配依据之一;建立二级单位创收机制,完善校院社会培训二级分配制度,激发二级单位社会服务能力。

(3)提高资源管理有效性。推进资产管理改革,健全资产管理标准体系,严把资产入口关、使用关和出口关,健全动态、开放的资产共享共用平台,完善国有资产评价考核机制,提高闲置资产利用率,以"亩产论英雄"为理念做好研发机构动态调整工作,健全实训基地清理机制,发挥资产功效。

(四)预期成效

在体制机制创新、内部治理改革方面取得突破性成果,创新多元主体参与办学的路径,争创国家级职教集团(联盟)1 个、产业学院 7 个、混合所有制二级学院 2 个,把瑞安学院打造成为全国混合所有制改革、高职院校服务县域经济发展的典范;构建温职特色的内部质量保证体系、院系整合与二级管理方案、人财物动态管理体系,为全国同类院校提供借鉴。通过打造现代化、高水平的治理结构和治理模式,实现治理环境法治化、治理主体多元化、治理模式多样化、治理结构层级化,为全国高职院校治理提供"温职样板"。

九、智慧校园助升级,提升信息化水平

(一)建设基础

学校网络基础设施完善,高可靠支撑信息系统安全稳定运行,按"全校一张网"的目标建成覆盖学校所有校区的校园专网,实现有线无线网络校园全覆盖,千兆到桌面,万兆上联,存储容量达 120TB;搭建"智慧校园"云平台,提高业务响应能力;数字安防系统功能完善,网络管理和安全设施齐备,多方位保护校园网络的安全。教学平台及资源丰富,高并发支撑线上线下融合教学,以主持的国家职业教育教学资源库项目为龙头,深入推进专业群资源库建设。统一规划并有效集成应用服务,高效率支撑校园服务管理,完成统一身份认证系统和大数据中心等建设,实现统一身份认证、统一数据中心、统一服务门户,

拥有各类业务系统 40 余个。

(二)建设目标

围绕信息化助力培育高素质技术技能人才的核心目标,以云计算、大数据、人工智能、区块链等技术及先进 IT 服务理念为引领,打造一个互动学习无处不在、优质资源触手可及、信息数据实时共享、校务管理透明高效、生活服务便捷周到的"5G＋智慧校园",持续以人工智能植入打造"校园大脑"(数据中台),以物联网全覆盖打造"校园神经网络",以能力开放模式打造业务中台,为全国教育数字化发展提供"温职范式"。

(三)内容与举措

1.打造智慧学习工场,构建职教新生态

以专业群为中心,利用校园"云架构",将专业群的智能化学习环境、数字化教学资源、协同化创新创业工场、大数据分析等学习要素进行有机整合,形成既开放共享又闭环迭代的"有痕"(数据留痕)智慧学习工场,构建以学习者为中心的全新职教生态。

(1)利用校园"云架构",构建智慧学习空间。打造智慧教室—智慧实训室—智能车间—数字化场馆多维一体智慧学习环境,依托大数据伴随式采集与深度分析深化教学改革,见图 16。

图 16　专业群智慧学习工场示意

增建空中智慧教室,借助空中智慧教室实施以跨越时空、资源共享、集中控制、课堂专递为特色的远程互动混合式教学,服务于校内教学、社会培训及国际互联教学,发挥学校的职教龙头作用,为跨区域师生架起知识传递和教学互动的桥梁,推动优质职教资源效益外溢,促进教育均衡化;增建智慧实训室,打造集校企在线互动、分组实操、实训录制、视频回看于一体的互动智慧实训课堂;增建虚实结合的智能车间,依托智慧实训室、智能车间实施双师互动、校企互通、国际互联教学模式,企业导师、国内(外)导师线上传道授业,校内助教、国外(内)助教现场答疑解惑,使企业指导、教师教学、学生实训三点无缝对接。增建数字化场馆,通过建设虚拟展馆、时尚大师数据库等数字化场馆形成富媒体全感知的智慧学习环境。

(2)搭建与对接在线学习平台,构建泛在学习环境。构建校本在线学习平台,对接有影响力的 MOOC、SPOC 平台,推进校内外优质课程共享共建,全面支持线上线下混合教学;搭建虚拟校园学习社区,支持学生组成网上学习社区,学生之间形成相互协作的学习伙伴关系,凝聚多人智慧,共同解决同一类问题,构建泛在学习环境。

(3)建立信息素养评价及培育体系,提升师生"计算思维"能力。从信息化意识、信息化思维、数字化创新能力、信息社会责任 4 个维度搭建全员信息素养提升架构,并不断创新迭代,引导师生主动适应信息化环境,提升信息化思维能力(即计算思维),养成信息化行为方式,见图 17。

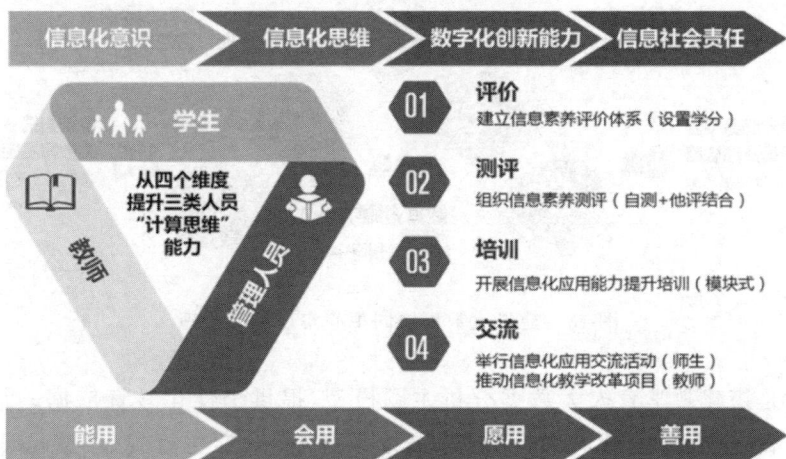

图 17　师生信息素养持续提升架构

2.深耕特色化职教资源,助力"精准扶智"

打造职教特色教学资源中心,深耕优质职教资源,形成优质职教资源"聚集地",依托在线学习平台、在线开放课程、知名 MOOC 平台,成为优质职教资源的"辐射源",辐射贫困地区、教育落后地区,构建职业院校数字化社会服务体系,助力"精准扶智",服务国家脱贫攻坚战略部署。一是融合行企、引进国外优质职教资源,升级校内"职教专业群资源中心""虚拟仿真实训资源中心""新形态教材资源中心",以专递课堂、名师课堂、名校课堂等方式开展联校网教。二是完善国家级、校级两级资源库体系建设,实现资源推荐智能化、资源库覆盖全部专业。三是升级移动学习客户端,构建"处处能学、时时可学"的碎片化移动学习新模式,促进泛在、移动、个性化学习方式的形成。

3.建设大数据协同中心,实现个性化教学与精准治理

以人工智能植入打造智慧校园的"校园大脑",以数据驱动业务,倡导用数据管理、用数据决策、用数据评价,依托学校大数据协同中心,实现多维度数据挖掘分析、无感知数据服务,激活数据价值,享用数据红利,见图 18。

图 18 建设大数据协同中心实现精准治理

一是搭建教学育人大数据分析主题模型,提供个性化教育依据。基于教学全过程、学生全生命周期大数据,描绘教师教学、学生行为、学生心理等画像,提供个性化教学与育人依据,如根据学生学习画像开展个性化教学,根据学生行为画像进行相应学情预警等。二是搭建教学诊改大数据分析主题模

型,完善教学质量评估。构建教学诊改主题模型,采用多维大数据分析,为学校教学诊改提供客观而深层次的决策依据。三是搭建学校治理决策大数据分析主题模型,提供精准治理依据。支持面向学校治理的大数据主题应用,构建学校管理服务动态调整及反馈机制,为学校决策提供数据支持,为精准治理提供依据,提升管理及服务水平。四是搭建学校中小企业公共服务平台大数据分析主题模型,为企业提供精准数据服务。作为全国首个运营中小企业公共服务平台的高校,学校致力于与政府、行企进行广泛合作,通过大数据分析为企业提供精准的数据服务。五是搭建学校舆情大数据分析主题模型,提供正确舆论引导。整合互联网信息采集技术及信息智能处理技术,帮助学校实现舆论事前预测和事后跟踪。

(四)预期成效

一是完成智慧学习工场提升工程。增建智慧教室 44 间、智慧实训室 49 间、智能车间 15 间,增建虚拟展馆 4 个、时尚大师数据库 1 个;升级在线学习平台移动客户端,对接 SPOC 和 MOOC 平台;建立多元化信息素养评价培育体系,提升师生"计算思维"能力。

二是完成特色职教数字资源深耕工程。升级辐射全国的职教专业群资源中心、虚拟仿真实训资源中心、新形态教材资源中心;深化校本职教专业群资源库建设,引入云端优质校外资源,向社会输出优质职教 MOOC、SPOC 课程 90 门;采用线上线下混合式教学的课程超过 80%。

三是完成大数据分析应用工程。围绕各类业务需求开展大数据分析主题应用约 40 个,为学校实施个性化教学、精准化治理与科学化决策提供依据。

十、合作办学推开放,提升国际化水平

(一)建设基础

大力推进国际化战略,响应"一带一路"倡议,实施中企"走出去""温职伴随"计划。参与组建中国—东盟职教联盟和中国—南非职教联盟;成立亚龙国际智能制造学院、柬埔寨丝路学院、意大利培训中心、南非培训中心等,创下全国第一所伴随中企在海外设立丝路学院、全国第一批为南非政府提供教师培训、浙江省第一个与南非政府建立留学生合作培养等"三个第一",柬埔寨亚龙丝路学院入选中国—东盟特色合作项目。与意大利、加拿大、美国等国家建立合作关系,与加拿大哥伦比亚理工大学合作办学项目引入 21 门国际化课程,2次获得"浙江省示范性项目"。柬埔寨亚龙丝路学院完成 2 个实训中心、5 个实训室建设等初期工作。3 名骨干教师赴海外为联合培养的两个班级学历留学生开班授课;与南非政府合作开展国家级技能培训和留学生联合培养,创新"4+4+4"培养模式(专业理论+企业顶岗+项目管理)。完成各类师生海外培训访问千余人次,境外交流教师比例超 18%。学生参与国际化赛事热情逐年上升,年国际赛事 20 余项,多次获得一等奖和金奖。

(二)建设目标

学校坚持开放办学理念,积极开展国际交流合作,参与组建中国—东盟、中国—南非等国际职教联盟,发挥联盟辐射优势,以高质量服务国家"一带一路"倡议为主旨,以中企"走出去""温职伴随"计划为举措,借鉴和引进国际优质职教资源,打造科研合作和人文交流平台,深化丝路学院和培训中心建设,输出中国职业教育标准,打造区域性国际化特色高职院校,成为"伴随中企走出去"的典范,见图 19。

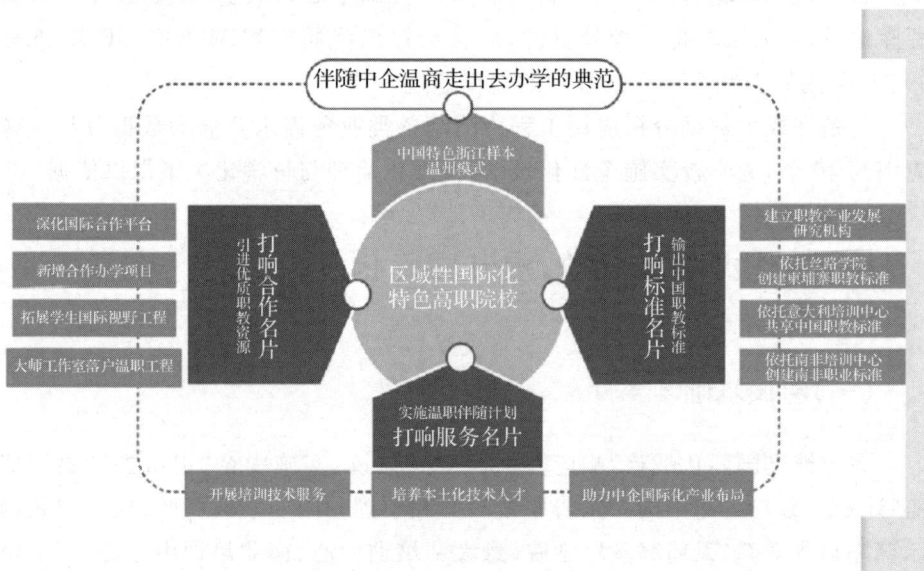

图 19 "三张名片"打造职教国际化典范

（三）内容与举措

1.引进优质职业教育资源，打响合作名片

（1）引进资源，新增合作办学项目。与美国、德国、意大利、加拿大、澳大利亚等职业教育强国开展合作，扩大合作院校，创新合作模式，提升人才培养国际化层次，学习引进国际先进成熟适用的职业标准、专业课程、数字资源，推进优质教育资源移植内化，培育特色创新教育服务项目和国际合作品牌，加大鞋类设计与工艺、电机与电器技术等优势专业群国际化建设力度，探索"学历证书＋国际职业证书"双证模式，新增中外合作办学项目或办学机构，打造示范性中外合作办学高地。

（2）资源内化，深化国际合作平台。以学校投资 2.5 亿元建设的温州智能制造公共实训与服务中心为平台，发挥技术研发优势，构建与美国、德国、意大利、澳大利亚等先进国家院校机构合作机制，对海外中企尤其是温商企业提供转型升级和技能人才培养服务。建立跨专业、跨学科、多维度科研创新、产品开发、新技术应用科研合作模式。建设支柱产业国际研发中心，打造集引才引智、创业孵化、专业服务保障等功能于一体的国际化产学研平台。

（3）开展"大师工作室落户温职"工程。引进国际大师，建成大师工作室及海外人才联络站。开展时尚产品设计，创新设计研发，提升产品国际竞争力；举办外籍专家讲座，增加学校国际学术人文交流氛围，提升国内师生的国际素养。

（4）拓展学生国际视野工程。利用侨乡资源，加强与职业教育发达国家院校和企业交流合作，共同开发一批学分互认的国际资格证书培训等项目，依托优势专业群拓展海外教育服务，引导学生参与联合培养、交换生、短期交流、海外实习实践、国际竞赛等各类项目，拓展国际视野。

2.输出中国职业教育标准，打响标准名片

学校已建立较为完善的现代职业教育体系和软硬件基础，相比"一带一路"沿线多数国家和地区的职业教育，具有一定优势。在推动职教标准走向国际上坚持自我与他者兼顾、规模与质量并进、共性与个性相结合，以优势专业群领域为重点，利用国家教学资源库辐射功能，依托"一院三心"优势，在意大

利、柬埔寨、南非等"一带一路"国家和地区推出一批具有中国特色高质量专业教学标准、岗位标准和课程资源,新增一所丝路学院(或海外分校)。

(1)建立研究中心,迈出"温职步伐"。建立聚焦"一带一路"职业教育及产业发展的研究机构和专家队伍,开展职业教育标准的国别研究和相关数据库建设,深入了解目标国家的相关法律、制度规章、职业教育发展状况和需求,针对不同国家制定不同的标准输出对策,为"温职模式""走出去"提供政策咨询。

(2)依托丝路学院,创建柬埔寨职业标准。完善柬埔寨亚龙丝路学院运行机制,借鉴双方标准共同打造"一带一路"职业教育共同体。每年派遣骨干教师前往柬埔寨开展教学和专业建设。按照"职业培训十学历教育"双形式、"海外十本土"双校区、"柬埔寨十中国"双标准、"外派主讲十本土助教"双师资、"知识十传承"双课程等教学创新模式,对接国际通用的专业教学标准,传承温职校本教学模式,建立专业课程目录、课程标准、顶岗实习标准和实训条件标准等海外办学专业标准体系。为在柬优质中企提供人才支持和技术支撑的同时,进一步探索将企业的技术标准转化成专业课程标准。

依托优势专业群,结合柬埔寨人力资源现状及发展需求,围绕电气自动化等专业开发岗位标准,建设若干门适合丝路学院的教材和课程资源包,推出一批具有国际影响并具有中国职教特色的高质量专业教学标准、课程标准和教学资源,使之成为中柬两国职业教育合作交流的品牌工程。

(3)依托意大利培训中心,共享中国职业标准。继续依托酒店管理、鞋类设计与工艺的优势专业和教学资源库,对接意大利酒店及时尚相关产业行业,建设专业团队系统化援外培训课程体系,制定统一的课程标准;探索学校现有职业培训标准和意大利相关行业现行培训标准的对接与互认机制,共享中国职业标准。力争到2022年,输出若干个标准化培训项目,在意大利和周边国家及地区得到推广。

(4)依托南非培训中心,创建南非职业标准。响应国家"一带一路"倡议及留学中国计划,发挥电机与电器技术等专业群优势,利用南非培训中心平台,依托省市校级和南非政府奖学金,吸纳"一带一路"沿线目标国优质外国学生来校留学。利用国家教学资源库,增加英文授课课程,推进国际化课程品牌建设,完善有"温职特色"的中国通识课程体系,构建国际化设施建设和制度建设,传播中国声音、讲好中国故事,形成多文化交流的校园氛围。做大做强留学生学历教育和职业培训项目,切实提升留学生教育质量和水平。

3.实施"温职伴随"计划,打响服务名片

(1)搭建平台,提供语言技术服务。筹建"中柬语言文化交流中心",针对海外中企员工开展专业汉语培训,解决本地员工语言沟通问题,同时讲好中国故事,传播好中国声音,成为中柬两国文化沟通的桥梁。以柬埔寨亚龙丝路学院为中心,依托中国—东盟职业教育联盟平台辐射湄公河流域等国家拓展海外培训点,在中企产业园区和华人华侨集聚区开展各种有针对性的技术培训服务,培养本土化技能人才。建设海外校企科研合作平台,针对海外中企存在的技术问题提供解决方案,帮助企业解决生产中遇到的困难,为其提供智力支持。

(2)精准培训,助力海外中企优化升级。针对柬埔寨、南非、意大利等"一带一路"沿线国家和地区本土企业实际情况和海外中企的生产需求,在当地开展精准定制化培训课程。重数量更重质量,不仅为企业培养大量的普通技术员工,同时为企业培养一批本土化高级技术及管理人才,协助企业制定岗位标准与设备操作准则,通过系列员工培训计划,助力企业结构优化升级。

(3)多元合作,打造国际化应用型人才。积极探索跨境人才培养模式改革,扩大留学生招生数量,以满足"一带一路"沿线国家和地区的人才需求。同时,依据丝路学院(或海外分校)当地的产业与教育基础,结合当地中企海外生产、经营及贸易的布局,瞄准企业"走出去"所需的中国技术技能人才的培养目标,进行针对性的专业设置与课程设计。搭建丝路学院与中企校企合作平台,利用当地政府部门、海外温州商会等资源,建设海外实训基地,带动课程体系、教学管理体系的系统变革,构建政企校共同育人模式。

(四)预期成效

合作办学国际影响力显著提升,伴随中企"走出去"办学成为全国典范。新建中外合作办学项目或中外合作办学机构 1 个,拥有"一带一路"丝路学院(或海外分校)2 个、海外培训点 4 个,开发并输出专业教学标准 5 个,课程标准 50 个,岗位标准 10 个,开发全英文教材课程资源包 30 个,引入国际化课程 40 门,获得国(境)外技能大赛奖项 5 项,学生参加国际交流比例超 1%,培养国(境)外学生累计超 500 人,国(境)外人员培训量超 5 万人/日。

附录三　温州职业技术学院贯彻落实《教育部 浙江省人民政府关于推进职业教育与民营经济融合发展 助力"活力温台"建设的意见》工作实施方案

为贯彻落实《教育部 浙江省人民政府关于推进职业教育与民营经济融合发展 助力"活力温台"建设的意见》（浙政函〔2020〕136 号）和温州市关于落实温台职教高地建设的实施意见，进一步彰显职业教育类型特征，高质量推进学校各项事业发展，助力"活力温台"建设，特制定本实施方案。

一、总体要求

为深入贯彻落实习近平总书记考察浙江重要讲话精神和《长江三角洲区域一体化发展规划纲要》《国家职业教育改革实施方案》《深化新时代教育评价改革总体方案》要求，强化党建对新时代工匠人才培养的引领，落实好立德树人根本任务，进一步彰显职业教育类型特征，加快形成政府统筹管理、社会多元办学的格局。我校以"两新两高"发展方位为指引，协同推进"双高计划"和"提质培优行动三年计划"建设，融入温州"五城五高地"建设，强化温台职教高地建设在我校"五个典范"建设中的支撑作用。坚持问题导向和发展导向，结合温台两地民营经济转型升级和职业教育发展的现实需要，以"东西南北中"办学布局为引领，产教融合、校企合作为主线，通过制度创新、项目谋划，将《意见》十大建设任务转化为我校的具体行动，系统推进办学层次、办学内涵和产教融合三个层面的提升,在混合所有制办学、职教数字大脑、中高职衔接、社会培训、国际化等方面开拓创新,促进学校持续进等升位,为高水平建设温台职业教育高地,助推温州高质量发展建设共同富裕示范区市域样板贡献温职力量,为国家"双高计划"建设提供温职经验。

二、工作目标

以落实《意见》十大建设任务为基础,结合"双高计划"、"提质培优行动计划"、十四五发展规划等学校建设任务,构建"一个中心点、七个基本项",全面推进温台职教高地建设。"一个中心点"即推动学校整体升格为职业本科学校,"七个基本项"即探索混合所有制办学模式、建设温台"职教大脑"、构建开放式培训体系、完善中高职一体化、打造时尚科创高地、塑造"双创"新标杆、助力民营企业"走出去"。

通过三年建设,率先在同类高职院校中升本,走在全国职业教育最前列;"东西南北中"分布式办学布局基本完善,混合所有制、中高职衔接改革稳步推进;校企合作、工学结合机制进一步深化,产教融合成效显著;政校行企共建服务中小微企业的"育训并举"体系逐渐完善,大幅提升职业培训和职业教育社会服务能力;针对温台两地、产教两端的师资认定、流动、评价等机制基本建立,师资共享能力进一步提升;"双创"人才培养体系和科技创新人员的待遇不断优化,助力县域产业转型升级的作用日益明显;巩固夯实柬埔寨丝路学院办学成果,积极建设"鲁班工坊",加快建立"人才标准、职教标准、产业标准"三大标准体系,构建"走出去、引进来"相结合的国际化办学模式;全力配合温州市教育局打造职业教育产教融合"数字大脑",实现校企人才供求智能匹配,实训、实习、就业的智能撮合。

三、具体任务

(一)激发企业参与职业教育新动能

把握新时代中国特色社会主义高职院校的办学定位,贯彻落实"职教 20条"相关精神,通过机制体制创新,激发民营经济参与职业教育的积极性,加快推进职业教育办学主体的多元化进程,推动职业教育由政府举办为主向政府统筹管理、社会多元办学的格局转变。以瑞安学院为试点,与瑞立集团共建职业教育产教综合体,完善多元主体参与的办学机制和治理结构,健全国有资产评估、产权流转、权益分配、干部人事管理等制度,明确混合所有制体系下二级学院与产业学院等办学主体的属性及其定位,打造以瑞安学院为引领的混合所有制办学典范。探索以企业为核心主体的多元共建机制,进一步明确政校、校企等主体之间的权利义务,建成瑞安学院混合所有制产业工人培训学院、混合所有制研发中心、混合所有制生产性实训基地各 1 个,形成由教学区、实训区、生活区、运动区、行政区、产业工人培训区、产业技术服务区、产教合作区的"八区一体"新校园形态,实现"校园+工厂"混合所有制办学模式;联合广联达优势资源,由企业投入价值约 665 万元的软件使用权,共同建设数字建筑产业学院,以"三教改革"和"1+X"证书试点为切入点,共建 BIM 创新技术实训中心,共建课程资源 30 门以上,精品在线开放课程 5 门以上,完成 1 个国家级教学资源库建设,与产教融合型的企业开展"订单式"培养 100 人次/年。

(二)完善协作开放的职业培训体系

积极落实"育训并举"法定职责,遵照校企共建职业培训综合体的目标要求,通过整合社会资源,推动校政行企联动,创新培训服务项目,拓展培训实现路径,推进职教培训综合体的建设,将培训综合体建设成为培训特色鲜明,培训质量高,品牌突出,与区域经济联动发展的基地,力争成为全国育训结合的典范。以企业员工和行业协会技术技能培训、管理层管理培训、新技术展示与培训、农民工技能培训、社区技能推广和职业技能认定评价等项目为重点,建设温台职业教育师资培训基地、技术技能人才培训基地和菜单式综合培训超市,持续为温台两地培养高素质高水平技术技能人才。每年培训职业教育师资 1000 人,与大中型企业校企共建培训基地 1~2 个,建成企业培训智慧空间不少于 2 个,面积不少于 300 平方米,培训企业员工 3 万人以上。围绕温台区域数字经济等新兴产业和特色产业发展的人才需求,以茶山校区数字经济产业创新实训大楼为依托,高质量建设数字经济产业公共培训中心。推进"1+X"证书试点,与中望龙腾软件公司建设机械设计实训基地,同步开展省级"互联网+"数字经济高技能人才培训基地建设,实现职业院校技能培训考核评价学生 3000 人次,为龙头企业员工职业技能培训考核评价 10000 人次,引进企业一线工程师每年为学生提供 600 学时的"学做合一"课程指导,力争获得国家级技能竞赛奖项 1 项、省级技能竞赛奖项 6 项。

(三)创新产教融合校企合作方式

贯彻落实《国家产教融合建设试点实施方案》,强化产教融合、校企合作在职业教育内涵提升中的关键作用,以服务区域产业转型升级为重要指向,积极探索产教融合新路径,在实训基地、现代学徒制、职教集团等方面主动构建政校行企协作新模式。对标国家、省市产教融合型企业创建标准,系统谋划助力产教融合型企业培育的实施方案,有序推进各级产教融合型企业的培育和申报,分别助力完成 15 家市产教融合型企业和 5 家省级产教融合型企业的创建。以全国高等职业院校技术应用服务联盟为主体,整合浙南职教集团资源,成功创建国家级的、实质化运作的职业教育集团。打造高职财经类专业产教融合综合体,完成师资培训 100 人次和特长学生培养 200 余人,开展学生实训 3 万多人次,指导学生各类获奖 200 多项。实现科技到款 300 万元,完成社会培训 1000 人次,实现社会服务收入超 80 万元。建设装配式建筑实训基地,通过"1＋X"证书培训和面向企业社会的技能培训,每年完成培训不少于 5000 人次。推进现代学徒制和新型企业学徒制建设,联合瑞立集团等智能制造装备龙头企业,开办产教融合型现代学徒制班 3～5 个。开展网络安全学徒制人才培养,通过新型企业学徒制带教学生每年不少于 45 人,实现高水平就业不少于 40 人。制定现代学徒制教学标准 20 项,校企共同开发专业课程 40 门,合作开发教材 80 册,建立 20 个与企业密切合作的生产型实训基地。

(四)提升技术技能人才培养能级

聚焦新产业、新业态、新技术,不断优化区域职业教育办学层次,建立中职、高职专科、高职本科"纵向贯通"的职业教育人才培养体系,提升温台区域高水平高素质技术技能人才培养能级。推动学校整体升格为职业教育本科学校,深化智能制造类专业为主,设计创意类专业为特色、现代服务类专业协调发展的专业群布局,培养高层次技术技能人才,打造服务区域产业转型升级和先进技术转移应用的职业教育本科学校,在校生规模控制在 15000 人左右,中期本科层次在校学生占学校总体规模的三分之一,远期规模依据发展情况确定。推进温台区域中高职一体化衔接人才培养,以永嘉学院、瑞安学院为试点,探索区域连通、师资融通、课程贯通的中高职衔接人才培养新模式。重点发挥永嘉学院中高职校区一体化特有优势,加强温州职业技术学院与永嘉职教中心在招生、培养、就业以及后勤保障等方面的有效衔接和一体化运行,力争将永嘉学院打造成为中高职一体化办学的典范,为创新中高职衔接路径提供"永嘉方案"。到 2023 年,与永嘉、瑞安以及台州地区合作中职学校达到 8 所,合作专业达到 6~8 个,其中永嘉学院中高职一体化培养年招生规模为 400 人/年,瑞安学院总体学生规模为 5000 人,中高职一体化培养规模超过 50%,为职业教育服务县域高素质技术技能人才培养提供"温职样本"。牵头成立温州市职业教育改革指导委员会,引导在温职业院校根据社会需求调整学科专业设置,创新人才培养模式,提高决策科学化水平,全面提高职业院校人才培养能力。深化浙江省课程思政教学研究中心建设,引导"课程教学"向"课程育人"深化,使各类课程与思政课程同向同行,实现显性教育和隐性教育相统一。

(五)协同推进产教人才高效流动

面向温台建立开放的温台人才服务中心资源库,搭建两地高素质技术技能人才信息库和专家智库,推动两地职业院校教师及企业人才高效流动。建立教师发展研究中心,强化教师发展中心功能,提升教师发展中心辐射能级。依托龙头企业、行业协会和高水平学校,建设教师实践流动站、技术技能传承创新工作室、博士企业工作站或"双师型"教师培养培训基地等平台,培育覆盖温台重点产业的"工匠之师"。到 2023 年,招引产业教授 10 人,建设 10 个左右高水平教师企业实践流动站、技术技能传承创新工作室、博士企业工作站或"双师型"教师培养培训基地,培育 10 名以上覆盖温台重点产业的"工匠之帅"。到 2023 年,至少派遣校内专业教师或管理干部 25 人次,接纳其他高职院校专业教师或管理干部 25 人次,至少派遣 125 名专业教师,聘请 125 名企业专业人员。

(六)打造职业教育助力"双创"新标杆

弘扬"敢为人先、特别能创业创新"的温台企业家精神,在创新创业人才培养模式、资源条件、机制体制以及创新创业项目孵化等方面取得新突破。校企协同建设创业苗圃、孵化器、加速器,开设创业实验班、创业先锋班和企业接班人培训班,培育一大批"创二代""企二代",建设省级新技术应用创业创新基地。进一步协调与整合相关资源,准确把握以科创为主、教学为辅的办学定位,围绕瓯海区时尚产业创新发展需求,从运行模式、功能布局、规模设计、配套建设等方面系统推进温州设计学院建设,精准谋划足踝健康装备研究院、温州时尚产业设计智造协同创新中心、新媒体网红电商中心等项目,打造扎根特色小镇、服务县域经济高质量发展的科创高地。建设依托浙南轻工装备智能技术协同创新中心,建设产业技术(温州)转化研究院、瑞安市温职毓蒙智能制造研究院、温州市温职汽车新技术研究院等产业研究院,打造融合"应用研究、技术开发、产业化应用、企业孵化"于一体的科技创新产业链条,实现研究、开发、产业化与孵化同步推进,实现全国乃至全球科技成果与温州、台州产业界的有效对接,进一步提升温州职业技术学院立地式研发服务能力。通过三年建设,累计孵育小微企业 60 余家,其中科技型企业 20 家以上,累计营业额超5000 万元,开设创新创业类课程 40 门,培养创新创业人才 5000 名。建成全国乃至全球科技成果温州转化中转站,完成科技成果转化落地项目 300 项以上,年均技术服务与培训到款额 2000 万元以上,年均获授权发明专利超 120 项,其中足踝健康装备研究院三年累计为企业开发新产品 30 项,预计合作企业新增相关产值 1 亿元。

(七)推动温台职业教育助力民营企业"走出去"

围绕温州、台州地区电气、泵阀、包装装备、鞋类制造等特色优势产业,打造标准助企服务平台,建设标准孵化基地项目,帮扶企业提高标准质量和标准制修订水平。围绕服务国家"一带一路"倡议,积极推动温台职业教育"伴随中企走出去"计划,在柬埔寨、非洲国家和地区建设丝路学院、"鲁班工坊"等国际化办学载体,全面开展"中文+职业技能"教育和技术培训,为"一带一路"沿线国家和地区培养中资企业在当地生产经营需要、符合中资企业用人标准的本土化高素质技术技能人才。加强与意大利的交流合作,申办中外合作办学项目或机构,建设中意职教园区,组织师生研习,借鉴国际先进职业标准、专业课程、数字资源等,提升合作办学质量。与亚龙等行业龙头企业联合开发行业技术标准 40 项,开发并输出符合东南亚、非洲等地当地要求的专业教学标准、课程标准、技能培训标准等 30 个,配套信息化教学资源包 30 个。依托"中文

＋职业技能"培训传播中国职教模式和中国文化,培训境外人员累计5000人日。开展国际化校企合作项目不少于20项,聘请不少于10名行企领军人才,引进国际优质课程不少于15门,开展中外合作办学培养国际化人才每年不少于80名。

(八)建设温台职业教育"数字大脑"

以"数字浙江"建设为引领,围绕数字浙江建设目标,将数字化技术、数字化思维、数字化认知贯彻到职业教育全过程、全领域和全环节,把握一体化、全方位、制度重塑、数字赋能、现代化的改革特征,推动温台产教大数据平台、多维一体化智慧教学等项目建设,推进职业教育数字化、智能化水平,实现温台职业教育产教两端和教学两端整体智治、高效协同,助力打造温台职教数字变革高地。以深化产教融合为主线,充分发挥温州市企业综合服务平台功能,通过产教数据互动互通、共建共享,系统打造温台产教综合数据平台,汇聚温台两地10万家以上企业和相关职业教育机构、政府部门,形成政校行企四方联动格局,为职业教育产教融合提供专业建设、课程设置、教育培训、人才实习、就业智能撮合等大数据支撑,助力打造温台职教"数字大脑"。每年实现企业人员继续教育培训5000人次,高校人才企业实习2000人次、企业就业1000人次。到2023年,全校基本实现智慧化泛在教与学环境,增建智慧教室与多媒体教室占比≥15%,学习共享空间与学生数配比≥1:2000,建设虚实结合的虚拟演播室1个、智能微课录播室2间。

四、保障措施

(一)优化职业教育发展环境

(1)进一步落实学校办学自主权。推进落实"五权下放",全面激发学校办学活力和创造力。在限额内按规定自主设置内设机构和岗位,自主设置管理岗位、专业技术岗位、工勤岗位的数量和结构比例,自主聘用内设机构干部,自主确定招考标准、内容、程序。自主确定年度用编计划,引进的高层次人才不占用学校的编制总数。根据职业教育发展规律和需求,可突破年龄、学历、资历等限制,引进急需紧缺人才。(责任部门:组织部、人事处)

(2)进一步健全校内绩效激励机制。充分激发广大教职工、各职能部门以及二级学院开展社会化培训等社会公共服务的积极性,在国有净资产不减少的前提下,培训及社会服务等所得收入最高可按50%的比例作为绩效工资来源,绩效工资总量(含激励性绩效额度)可在市里核定的基础上上浮50%,培训及社会服务收益幅额的40%用于奖励一线教职工。每年按事业编制总额的20%,设立专业技术人员、高技能人才兼职教师专项经费,标准参照同等级专业技术职务人员平均薪酬水平。对获批浙江省高水平职业院校或专业(群)的,从次年起办学层次人均额度参照学士学位授予学校标准,对获评国家高水平职业院校或专业(群)的,从次年起办学层次人均额度参照硕士学位授予学校标准。(责任部门:人事处、计划财务处、考绩办)

(3)进一步完善人才引育机制。建立高水平教师引进"绿色通道",以测试专业技能和执教能力为主,对业界优秀人才采取试讲、技能操作、专家评议或直接考察的方式组织招聘。建立以年薪制、协议工资、项目工资等方式的高端人才引育机制,其薪酬支出从单位绩效工资总额外支出。学校自主制定编外人员薪酬发放标准,探索设立特设岗位引进高层次急需紧缺人才,不受岗位总量、岗位等级、结构比例限制,安家费和薪酬支出不纳入单位绩效工资总额。积极争取温州市对温州职业技术学院升格为职业教育本科院校或转型为职业技术师范大学的高职院校后,按本科办学标准核增本科层次职业高等学校事业编制并划拨经费。向温州市有关部门争取人才项目单独评审、单列标准、单列指标。(责任部门:人事处、计划财务处)

(二)加强组织实施保障力度

(1)成立高地建设小组。建立由书记、校长任组长,其他党政领导班子成员任副组长,二级学院和相关职能部门负责人为成员的高地建设工作领导小组,负责统筹协调推进。领导小组下设办公室,办公室设在发规处,发规处负责人兼办公室主任。(责任部门:党院办、宣传部、人事处、教务处、发规处〈产教融合处〉、创业教育学院、科技开发处、教学质量监控处、国际合作交流处、招生就业处、计划财务处、资产管理处、后勤基建处、现代教育技术中心、教师发展中心、图书馆、各二级学院负责人)

(2)拓宽办学经费来源。积极落实国家、省市有关"土地+财政+信用+金融"等相关激励政策,充分发挥财政资金的杠杆作用,主动引导社会资本参与职业教育,逐步提升社会资本投入比重。遵循市场规律及职业教育发展规律,研究制定学费动态调整机制,根据专业的社会影响力、办学成本以及办学实力等因素,争取政策支持,将现有学费上浮不超过 30%。进一步推动"双高计划"建设经费落地落实,积极争取高地建设专项经费,确保高职专科生均拨款达到省内重点校平均水平,高职本科生均达到温州大学本科层次平均水平。(责任部门:计划财务处)